本书系教育部人文社会科学研究一般项目：中国城镇化进程中城乡结合部“准市民”包容性发展研究（12YJA790002）最终成果

中国城镇化进程中城乡结合部“准市民”包容性发展研究

蔡秀玲　严思屏　柳　杨　著

中国财经出版传媒集团

图书在版编目（CIP）数据

中国城镇化进程中城乡结合部“准市民”包容性发展研究／蔡秀玲，严思屏，柳杨著．—北京：经济科学出版社，2017.9
ISBN 978 -7 -5141 -8441 -9

Ⅰ．①中…　Ⅱ．①蔡…　②严…　③柳…　Ⅲ．①农民 - 城市化 - 研究 - 中国　Ⅳ．①D422.64

中国版本图书馆 CIP 数据核字（2017）第 223270 号

责任编辑：侯晓霞
责任校对：隗立娜
责任印制：李　鹏

中国城镇化进程中城乡结合部“准市民”包容性发展研究
蔡秀玲　严思屏　柳　杨　著
经济科学出版社出版、发行　新华书店经销
社址：北京市海淀区阜成路甲 28 号　邮编：100142
教材分社电话：010 -88191354　发行部电话：010 -88191522
网址：www.esp.com.cn
电子邮箱：houxiaoxia@esp.com
天猫网店：经济科学出版社旗舰店
网址：http://jjkxcbs.tmall.com
北京密兴印刷有限公司印装
710×1000　16 开　16.75 印张　300000 字
2017 年 9 月第 1 版　2017 年 9 月第 1 次印刷
ISBN 978 -7 -5141 -8441 -9　定价：46.00 元
（图书出现印装问题，本社负责调换。电话：010 -88191510）

PREFACE 前 言

改革开放以来，伴随着城镇化与非农化进程的不断深入，中国的城镇化水平以年均约1%的速度提升，这不仅极大地促进了经济的持续快速发展，而且推动了政治结构、经济结构、组织结构和社会结构的有序调整。根据中国国家统计局2017年1月20日发布的数据显示，截至2016年底，我国城镇常住人口约为7.93亿人，乡村常住人口5.90亿人，城镇常住人口占总人口的比重（城镇化率）为57.35%。目前中国的城镇化已经进入快速发展的阶段，将有越来越多的农民在城镇化进程中“主动城镇化”或“被动城镇化”。

从理论角度上看，城镇化作为生产力发展所引起的改变人类生产方式和生活方式、涵盖城镇和乡村两大地域空间的转型过程，在我国肩负着体制改革层面上突破城乡二元分割、协调城乡发展的历史使命。然而，长期以来，由于城镇化进程中利益分配格局的失衡和产权的不明确，政府在城市发展、城乡统筹及城乡一体化进程中对于农民更倾向于“取”，而削弱了城乡的有机联系以及农民发展的“予”，使得众多为城镇化作出贡献的失地农民与非农化的农民工没能共享城镇化的发展成果。流动的农民工出于生活成本及其他因素的考虑，往往选择城乡结合部生活，因此，城乡结合部也就成为了流动的农民工和失去土地的"原住"农民的主要集中区，从而造就了城乡特质交织、社会矛盾集中的城乡结合部和所谓的"准市民"，这一现象甚至已经在一定程度上推动着中国社会从城乡二元结构向三元结构转变，严重影响了城镇化的发展进程。

"包容性发展"概念的提出，赋予城镇化新的内涵，改变了城乡结合部研究的视角。而城乡结合部"准市民"的包容性发展，是城乡结合部发展的重点。"准市民"地域空间和自我认同的转变，"准市民"与市民共享城镇化带来的发展机会、利益和相同的公共福利待遇，进而推动国家层面和制度层面的改革，势必成为促进具有"深层次、丰富内涵"的中国特色城镇化健康发展和实现包容性、共享式增长的重要途径。

作为极具中国特色的城市空间扩张概念，城乡结合部及其"准市民"是我国城镇化进程中的必然产物，也是坚持走中国特色城镇化道路无法回避的节点。城乡结合部和"准市民"的发展方向和定位决定着城市的发展模式、城镇化的发展质量和"三农"问题的解决途径。伴随着城镇化进程的不断推进，学术界针对城乡结合部的研究从未间断过，研究成果也呈现出概念定位趋同、研究视角丰富、研究方法多样等特点。从概念定位的角度，"城乡结合部"经历了由空间界定到全面阐述、由静态描述到动态演化、由抽象概括到具体明晰的嬗变过程；在研究视角方面，学术界关于"城乡结合部"的研究可主要归纳为社会学、经济学、公共管理学、地理学等。

由于城乡结合部在地域空间和社会属性等方面的特殊性和过渡性，近些年来，学术界针对城乡结合部的研究更多地侧重于城乡结合部自然特性的解读，研究的定位更倾向于政府机构与农民之间关于"地"的利益分配和一些社会问题的解决，在政策解读和利益诉求方面也更多地侧重于"自上而下"的体制改革。在第五届亚太经合组织人力资源开发部长级会议上，时任总书记的胡锦涛同志提出"中国强调推动科学发展、促进社会和谐，本身就具有包容性增长的含义”，在这个过程中，“我们应该坚持社会公平正义，着力促进人人平等获得发展机会，逐步建立以权利公平、机会公平、规则公平、分配公平为主要内容的社会保障体系，不断消除人民参与经济发展、分享经济发展成果方面的障碍。”由此，在以人为本，关注民生的政治、经济、社会大背景下，针对城乡结合部的研究视角将会逐步由关注“地”转变到关注“人”上来，从人的包容性发展角度，“自下而上”研究并体现城乡结合部“准市民”在城镇化进程中的制度诉求——“包容性”，最终实现有中国特色城镇化道路上政府机构与农民“在共建中共享、在共享中共建”。

基于这样的认识，本书的研究将以实现包容性、共享式增长为宗旨，遵循城镇化进程的演化规律，借助制度经济学、社会学和心理学的分析工具，达到以下基本的研究目标：(1) 从制度经济学和社会学的角度，探究城镇化进程中包容性发展的内涵与特征，城乡结合部包容性发展的重点与表现，拓展城镇化研究的视角与范围。(2) 从社会特性出发，将研究视角从重点关注城乡结合部的“地”转变到关注城乡结合部的“人”，关注“准市民”的发展，从促进人的机会平等与成果共享的角度，规划城乡结合部及城镇化的发展路径。(3) 厘清城镇化进程中城乡结合部“准市民”、市民与政府在城镇化的利益分配格局中的博弈关系，从制度设计和制度构建的角度出发，体现城镇化进程中城乡结合部“准市民”对“包容性发展”的制度诉求，促进制度层面与国家层面的体制建构与调整，实现城乡结合部“准市民”与市民共享城镇化发展所取得的成果与利益。为实现这些基本的研究目标，本书通过理论和实证分析，重点研究了以下六个方面的问题：

(1) 城镇化推进中城乡结合部“准市民”的维度研究。在城镇与乡村两大地域空间的转型中，作为城镇化的产物——城乡结合部是城乡共同作用形成的独特的聚落空间形态。在城乡结合部，无论是“离土不离乡”的失地农民，还是“离乡不离土”的农民工均游离于农民与市民之间、农村与城市之间、传统与现代之间，是时间和空间、身份和区位的双重性矛盾在一定的社会历史条件下的体现。本书认为，失地农民是城镇化推进中遵循政府行政主导的逻辑而“被动城镇化”的社会群体。在城市“适应性”和“现代性”的价值判断中，失地农民缺乏基本的心理过渡和弹性，容易导致自我认同的失调。相比较而言，流动农民工更多的是遵循市场经济的规律而“主动城镇化”，对城镇化进程中的自我认同具有可遵循的适应经验和路径。但从时代变迁的视角分析，“准市民”对城镇化进程中的自我认同会随着代际繁衍、教育程度、体制改革等因素的变化而变化。

（2）城乡结合部“准市民”与市民经济福利差异的具体内容及其诉求分析。基于“空间维度”“时间维度”的考察和分析，从城乡结合部“准市民”的空间、认同、共享的逻辑关系与理论价值，厘清城镇化进程中不同性质、不同时期“准市民”对自我认同和定位的演化过程。从户籍管理、就业状况、社会保障、公共服务供给等角度分析城乡结合部“准市民”在空间转换与发展机会等方面不均等的具体表现，以及比较分析城乡结合部“准市民”与市民在经济福利水平方面不均等的具体表现。

（3）城镇化进程中城乡结合部“包容性”发展的内涵及特征解析。就目前来说，“包容性发展”还没有一个统一的定义，就学术界普遍的观点来看，“包容性”发展的核心含义是公平合理地分享经济发展成果。本书的研究将具体探究城镇化进程中的城乡结合部“包容性”发展的基本内涵和主要特征。探讨“被城镇化”的“准市民”如何分享城镇化的成果。

（4）城镇化进程中城乡结合部“包容性”发展的重点剖析。在城镇化进程中，城乡结合部的“包容性”发展涉及诸多方面的内容，既涉及城乡结合部自身的产业发展，也涉及人的发展。其中，人的包容性发展是城乡结合部发展的重点，也是城镇化进程“包容性”发展的关键。人的包容性发展主要表现为发展机会平等和成果分享平等两个方面。本书的研究将着力探讨体现城乡结合部“人”的包容性发展中发展机会平等和成果分享平等的具体内容与表现。

（5）探究城乡结合部“准市民”包容性发展与城镇化进程的相关性。包容性意味着制度公平，而包容性发展则是经济发展、人口发展和制度公平的有机协同。但在探索城镇化发展与促进城乡经济协调发展的进程中，“大城市化”和“小城镇化”在实质上仍局限于“概念性市区”，传统的城乡二元结构并没有得到根本转变。偏离以人为本发展方向的城镇化致使中国社会面临着从城乡二元结构向城乡三元结构转变的困境，城乡结合部“准市民”的社会生活环境、文化生活质量没有与城镇化进程同步。由此，本书的研究基于包容性发展的视角，深刻揭示城乡结合部“准市民”的生存状态，城乡结合部“准市民”包容性发展与城镇化进程的协同关系。

（6）提升城乡结合部“准市民”自我认同，促进城镇化进程中城乡结合部“准市民”包容性发展的制度性建构研究。从发展的角度，加快城镇化进程有利于城市与农村在地域空间上的转型，对于突破城乡二元分割、实现城乡协调发展具有重大的现实意义。当然，在实现城市与农村空间转型的同时，在制度设计上，侧重从“人”的视角，着力促进城乡结合部“准市民”对城市的“适应性”和“现代性”，促使他们在城镇化推进中不仅不被边缘化，而且能够与市民共享城镇化进程中所取得的成果。并且，从“包容性”发展的视角，在全面梳理城乡结合部阻碍“准市民”发展的制度障碍的基础上，深入分析“准市民”的制度诉求，促进制度层面和国家层面的制度与体制的建构与调整。

城镇化建设是我国全面建成小康社会，实现现代化和“中国梦”的必由之路。加快推进以人为本的新型城镇化建设，是以习近平总书记为核心的中央领导集体的重大战略决策。作为我国城镇化进程的典型区域，城乡结合部“准市民”的城镇化问题的解决，将对我国新型城镇化建设发挥较好地示范性和推动作用。总之，城乡结合部是我国新型城镇化道路要迈过的第一道坎，对城乡结合部“准市民”的研究及其问题的解决对推进我国新型城镇化建设和城乡一体化具有重要的现实意义和示范作用。

蔡秀玲

2017年7月于福州

CONTENTS 目 录

第一章

城乡结合部"准市民"的形成与特征

城市化或城镇化（urbanization）[①] 是指第二、第三产业在城镇集聚，农村人口不断向非农产业和城镇转移、集中，以及由此引起的产业、就业结构的非农化重组，是现代化过程的主要内容和重要表现形式。从理论上讲，城镇化作为生产力发展所引起的改变人类生产方式和生活方式、涵盖城镇和乡村两大地域空间的转型过程，在我国肩负着体制改革层面上突破城乡二元分割、协调城乡发展的历史使命。但是，由于城镇化进程中利益分配格局的失衡和产权的不确定性，致使众多为城镇化作出贡献的失地农民与非农化的农民工无法分享城镇化的成果，出于生活习惯与成本考虑，他们多数选择居住在城乡结合部区域，从而造就了城乡特质交织、社会矛盾冲突的城乡结合部和"准市民"，这一现象甚至已在一定程度上推动中国社会从城乡二元结构向三元结构转变，严重影响了城镇化的健康发展。

第一节　城乡结合部范畴的内涵与特征

区域经济发展是一个非平衡过程，这种非平衡必然在区域空间上形成核心

---

① 在大多数西方国家，"urbanization" 过程是通过农村人口向城市转移来实现的，因此，我们称西方国家的"urbanization"为城市化；在我国，由于农村人口众多，城市经济发展水平有限，小城镇在"urbanization"过程中起着十分重要的作用，为了强调小城镇的重要性，我们把中国的"urbanization"称为城镇化。但需要说明的是，这里的城镇化并非单纯指农村人口向小城镇转移，而是指农村人口既可以向城市转移，也可以向小城镇转移。

与外围的二元结构。随着城市化的迅速发展，尤其大城市的迅速膨胀导致城市及其周边地区地域结构的变化，虽然不同的国家情况各异，但类似的城市空间扩张所带来的城市边缘区或城市郊区、城乡结合部的形成与扩大则是多数国家的共同现象，只是由于中国特殊的工业化背景和户籍管理等制度的影响，使得中国现阶段的城乡结合部形成了"市民、村民、外来农民工"的"三元"结构，成为新型城镇化建设的关键区域。

一、城乡结合部内涵界定

（一）国外对城乡结合部概念的相关研究

根据经济和社会发展规律，城市化是一个国家走向现代化的必然选择。无论是在发达国家，还是在发展中国家，城市化进程最明显的特征之一就是城市空间的不断扩张，由此形成城市边界地区，这些地区处于城市与乡村的结合地带，兼具城乡生活方式，因而不同于一般概念中的郊区与农村。虽然从国外大城市区域空间形态的发展来看，并没有出现中国"城乡结合部"的概念。但是，随着20世纪20年代后西方国家郊区化现象的出现，形成了城市与乡村之间的过渡带，西方学者才先后提出"城市边缘区（带）""边缘城市""城市蔓延区""城乡交错带""都市扩展区""灰色区域"等区域称谓。

德国地理学家赫伯特·路易斯（H·Louis）于1936年最早使用了"城市边缘带"的概念，他在研究柏林城市地域结构时发现，一些土地利用带原先属于城市的边界区，后来被城市建成区所侵吞，成为市区的一部分，这些地区是城市新区和旧区的分界，他将其称之为城市边缘区。此后这一概念被城市学、规划学、生态学、地理学、建筑学等学科广泛运用并不断引申与发展，虽然不同的学者所用的概念与称谓略有不同，但对这一空间的关注与研究自此从未停止。

1942年，安德鲁斯（R. B. Andrews）认为城市边缘带不能完整地表述城乡过渡地带的全部内涵，他提出了"乡村—城市边缘带"概念，认为乡村边缘带和城市边缘带才是整个城乡过渡地带的全部。1968年，吉隆坡马来西亚大学著名学者罗宾．普里沃（Robin J. Pryor）对城市边缘带提出了比较权威的定义，他认为城市边缘带或乡村—城市边缘带是一种土地利用、社会和人口特征的过渡地带，它位于中心城的连续建成区与纯农业腹地之间，兼具城市与乡村的特征，人口密度低于中心城区，但高于周围农村地区①。20 世纪 70 年代以后，以卡特（Carter）与维特雷（Wheatlay）为代表的一些学者认为传统的城市边缘区研究已不能适应这一地区的功能变化，认为“城市边缘区不仅仅是城市地域内部一种独特的景观类型，还是一个介于城市与农村之间的独特区域，其特征既不像城市，也不像农村，土地利用具有综合的特点，应从多个方面研究城市边缘区的演化，特别应注重人口、社会特征的城乡过渡性”②。1987 年，加拿大地理学家麦吉（T. G. Megee）写了一篇名叫“Urbanisasi or Kotadesasi？The Emergence of New Regions of Eeonomic Interaction in Asia”（城镇化还是乡村城镇化？亚洲新经济交互作用区域的出现）的文章，提出亚洲某些发展中国家和地区的核心区域出现了类似于西方的大都市区和大的都市带的空间地理结构。此后，麦吉接受朋友的建议，提出了城乡一体化区域 Desokota（也译为灰色区域），这是一种集合了农村和城市特征的一种新型空间结构与形态。

近 20 多年来，随着西方主要发达国家城市化进程的完成，国外对此方面的主流研究重点逐步转向了对城乡经济联系、城乡土地转换及管理方面的探讨。

（二）国内对城乡结合部概念的研究

新中国城镇化历程，以 1978 年的改革开放为界，分为两个时期：改革开放以前是计划经济体制中的城镇化发展时期，这个时期中国实行的是计划经济。户籍管理等多方面政策导致了典型的城乡二元结构。改革开放以后，中国农村实行了联产承包责任制，开创了发展乡镇企业的新路子，使农村生产力获得极大的解放，特别是 20 世纪 80 年代实行的土地有偿使用制度，使城市与农村的部分生产要素开始流动，在一些沿海地区，随着乡镇企业的不断发展，农村剩余劳动力大量涌入，导致城市规模和用地不断蔓延，由此，我国一些城市的外围也出现了与西方国家类似的要素逐渐过渡、性质变异明显、结构与功能

---

① Robin J. Pryor. Defining the Rural-Urban Fringe［J］. Social Forces，Vol. 47，No. 2（Dec，1968），pp. 202 – 215.

② Carter H，Wheatlay S. Fixation Lines and Fringe Belts，Land Uses and Social Areas：19 – Century Change in the Small Town［J］. Transaction of the Institute of British Geographers，1979，4（2）：214 – 238.

独特的城乡过渡地带。对这种地带的研究，我国学术界主要有四种观点：一是郊区，一般意义上讲郊区历来是包括城市周围以农村景观为特征的地区。二是20世纪80年代中期从国外引进的“城市边缘带”。20世纪80年代初期，顾朝林从地理学和城乡规划学的角度开始对城市边缘区的研究，他认为“城市边缘区位于城市建成区的外围，从社区类型看，它是从城市到乡村（或者是乡村到城市）的过渡地带；从经济类型看，这一地域自然成为城市经济与乡村经济的渐变地带。城市边缘区又分为内缘区和外缘区”①。到1995年，顾朝林编著的《中国大都市边缘区研究》一书中指出，城市边缘区是同时受城市和乡村双重辐射的过渡区域。三是20世纪80年代中期，我国国土规划部门和土地管理部门提出的“城乡结合部”。我国规划界和土地管理部门为了对城市规划外缘进行管理与研究，正式提出“城乡结合部”的概念。1988年，广州市城市规划管理局制定的《广州市关于城乡结合部管理范围的意见》中提出了划分城乡结合部的四项原则，对城乡结合部概念进行了首次界定。2002年，国务院发布的《关于加强城乡规划监督管理的通知》中，再次提到“城乡结合部”这一概念。之后建设部、中央机构编制委员会办公室、国家计划委员会、财政部、监察部等部门在贯彻落实这一通知中指出，城乡结合部是指规划确定为建设用地，国有土地和集体土地所有用地混杂地区；以及规划确定为农业用地，在国有建设用地包含之中的地区。四是以陈佑启等学者为代表提出的“城乡交错带”②。

（三）本书对城乡结合部空间区域概念的界定

综览国内外对城乡过渡地带概念的研究，我们认为，上述各概念在本质上基本相同，都反映了城市与乡村之间的地域的人口、社会、经济与土地利用、生态等诸方面的特殊性——动态性、渐变性、过渡性。但“城乡结合部”概念更接近于中国本土的现实，更能体现城乡之间独特地域空间的本质。首先，从字面上讲，“城乡”是指城与乡之间的地域属性，比城市边缘区概念更能反映这一地域的区位状态；“结合部”反映了这一地域与城市和乡村之间的相互衔接、相互渗透的关系，更能反映出该地域过渡的性质；其次，城乡结合部不

---

① 顾朝林，陈田，丁金宏，虞蔚．中国大城市边缘区特性研究［J］．地理学报，1993（4）．

② 陈佑启．城乡交错带名辩［J］．地理学与国土研究，1995，11（1）．

带明显的地理倾向，反映的是地理、经济、社会诸多方面的交错衔接。由此，我们认为，城乡结合部是处于城市与乡村的结合地带，在经济发展、生态景观、人民生活方式等方面受城市和乡村双重辐射影响，由市民、农民和外来流动人口构成的社会生活共同体，是典型城市与传统乡村之间出现的城乡相互作用、相互渗透，兼具城乡双重特征的特殊区域。它既是城市向外扩展的区域，也是农村人口向城市集聚的过渡地带。

二、城乡结合部的特点

由上述城乡结合部的定义可知，城乡结合部是一个动态的概念，受城市经济发展、城镇化进程推进及城市行政区划调整等因素的影响。如果不考虑其他因素，把城市假想成一个以城区中心为圆心的圆，而把圆周看作城乡结合部，那么，随着城市这个圆圈的扩大，城乡结合部也必然随之扩大。原有的城乡结合部逐渐发展成为城区，新的城乡结合部也不断由周围的城市毗邻区演化而来。所以，城乡结合部可以看作是城市边缘地区由乡村走向城市这一城镇化过程的中间阶段，它受城市与乡村的双重辐射，具有不同于城市与乡村的特点。

（一）经济结构复杂性

城乡结合部是城市与乡村的结合地带，在经济、人口、土地利用等方面兼具城市与乡村双重特征。在经济方面既有城市经济，又有农村经济、城乡混合经济和外来经济，是多种行业、多种经济成分和多种经营模式的混合地带，存在着频繁的能量与物质对流；人口方面表现为既有城市人口，也有当地农村人口，还有外来流动人口。这些人既有从事非农产业的劳动力，也有从事农业的劳动力。这些不同职业类型、不同生活方式、不同信仰、不同价值观念、不同需求以及不同的心理文化素质的人群相互形成强烈的对比与共存；在土地方面表现为既有国有土地，又有集体土地；既有城市建设用地，又有农业用地。土地交易频繁、市场活跃，土地价格表现形式多样化。

（二）区域空间动态变化性

城乡结合部是农村向城市发展的过渡地带，也是社会转型速度最快，内容最为集中的地带，具有明显的动态性。随着城镇化率的不断提高，城市规模不断扩大，城乡结合部处于不断演变的动态过程中。伴随着城镇化的推进，一些原先的城乡结合部逐渐变成城市建成区，从而转化成真正意义上的市区，另一些城乡结合部的外围农村成为新的城乡结合部地区。在这一演变过程中，经济、社会、人口、土地、环境景观以及管理体制等，也随着区域性质的变化而不断变化。动态性成为城乡结合部区域空间的基本特征。

（三）管理体制的多元性

在城乡二元管理体制下，城乡结合部地区必然存在着城乡二元管理体制并存的交叉性矛盾。城乡结合部在行政区划上属于城市的区的组成部分，但它又附属于乡镇，其乡镇定位意味着它的社会属性是农村社区，这就带来其社会属性的交叉性。社会属性与自然属性不统一，特别是社会属性的交叉成为城乡结合部的本质特征。社会属性的交叉又导致管理体制的二元化。农村管理体制与城市管理体制混杂，导致城乡结合部地区管理乏力与管理效率低下，使土地所有权与户籍管理问题难以得到有效解决，导致城乡结合部的社区建设不能纳入城市发展整体规划，形成了特有的户籍身份与职业身份严重不相符的特殊人群。加上大量的外来务工人员在城乡结合部地区租房生活，又增加了城乡结合部的管理方式与制度问题的复杂性。

总之，城乡结合部的区域特征是多元交叉，即城乡地域交叉、农民、市民交叉、街乡行政管理交叉等。正是因为存在这些“交叉”，才导致引起广泛关注的城乡结合部现象。

第二节　城乡结合部“准市民”的形成

从理论上讲，只要有城市与乡村存在，就会有城乡结合部。随着城市化率的提高，城市的不断扩张，城市与农村地区的结合地带必然会存在。但“准市民”的形成却是中国城镇化进程的特殊产物。中国城镇化道路之所以有着自身的特殊性，这是由中国城乡二元制度决定的。城乡二元制度是中国城镇化特殊性产生的决定性因素，也是中国城镇化进程推进中产生“准市民”群体的主要原因。

一、中国城乡二元制度的内涵与形成

（一）城乡二元制度的内涵

城乡二元制度指的是城乡分割、城乡有别的制度体系。“具体来说，城乡二元制度是指在二元经济结构中为了加快城市工业化进程和限制劳动力等生产要素在城乡之间的自由流动而建立起来的城乡分割、城乡有别的制度体系。”① 中国的城乡二元制度几乎涉及人民生活的方方面面，具体包括户籍制度、住宅制度、粮食供给制度、副食品和燃料供给制度、生产资料供给制度、教育制度、就业制度、医疗制度、养老保险制度、劳动保护制度、人才制度、兵役制度、婚姻制度、生育制度等 14 种制度。②

城乡二元制度既是对城乡居民身份的认定，也是对利益关系的界定，它具有二元性、城市偏向性以及城乡分割性等基本特征。

（二）中国城乡二元制度的形成

中国城乡二元制度的形成，是中国二元经济结构、计划经济体制、赶超战略和人口因素等多因素共同作用的结果。城乡二元制度开始于 20 世纪 50 年代初期，20 世纪 70 年代最终形成，改革开放后个别制度有所调整，但至今二元制度尚未消失。从城乡二元制度形成的整个历史看，可以将其分为三个阶段。

1. 城乡二元制度的萌生阶段（1949 ~ 1952 年）

由于帝国主义、封建主义和官僚资本主义的长期统治和战争，新中国建立初期，中国经济处于十分落后的状况。1949 年与历史最高年份相比，工业总产值减少 50%，其中重工业减少 70%，轻工业减少 30%，煤炭产量减少 48%，钢铁产量减少 80% 以上。粮食产量减少近 1/4，棉花产量减少 48%。此时，恢复国民经济，巩固人民政权，改善人民生活成为重中之重。为了促进国民经济恢复工作，人民政府采取了各种措施。1950 ~ 1952 年，党和政府强调

---

① 简新华，何志扬，黄锟．中国城镇化与特色城镇化道路［M］．济南：山东人民出版社，2010：299.

② 郭书田，刘纯彬．失衡的中国——城市化的过去、现在与未来（第一部）［M］．石家庄：河北人民出版，1991：29 – 78.

消除城乡交流障碍，把扩大城乡交流作为国民经济恢复的重要手段，同时允许基本生产要素（土地、劳动力、资本等）自由流动。由于生产要素的流动相对自由，因而从乡村迁往城市的人口也较多。因此，在国民经济恢复时期，党和政府鼓励城乡交流，从而使农民可以在农村与城市间自由流动而不受限制。

但是，该阶段在正常的城乡交流背后，已经出现了城乡二元制度安排的倾向。1951 年 7 月，公安部公布了《城市户口管理暂行条例》，开始对城市居民依属地进行户口的登记与管理，这个户籍管理条例的要求是要保障人民的居住与迁徙自由，但没有把迁徙限制纳入管理过程中。对流动人口的初步管理是从 1952 年开始的，1952 年政务院发布了《关于劳动就业问题的决定》的文件，认为农村人口不涉及就业问题，应该有步骤地吸收农村剩余劳动力到城市就业，防止农村剩余劳动力盲目进入城市。尽管这些规定对人们的迁徙自由还没有产生根本的影响，但城乡分割的意图已经显现。

2. 城乡二元制度的初步形成阶段（1952～1957 年）

1952 年底，在全国人民的共同努力下，历经三年时间，新中国完成了国民经济恢复任务，1953 年我国开始大规模经济建设，并开始实施第一个五年计划。由于此前国内外的特殊环境，我国对外采取“一边倒”外交政策，以美国为首的资本主义阵营对中国实行政治孤立、经济制裁与军事封锁，使得我国不能从发达的资本主义国家获得资金支持与技术支持，这就迫切要求我国建立自己的工业体系。大规模的经济建设后，由于国家投资增长过快，积累与消费、市场与计划、农业与工业的矛盾突然以农副产品供应短缺的形式表现出来。为了解决粮食问题，1953 年 10 月和 11 月，中央政治局和政务院分别通过了《中共中央关于粮食统购统销的决议》和《关于实行粮食的计划收购和计划供应的命令》，开始对粮食实行计划收购、计划供应、城市配售，取消了农产品的自由流通。实行统购统销制度的直接原因可归结为两点：第一，解决粮食供不应求的尖锐矛盾。一方面，“一五”计划实施后，国家大力推进工业化建设，伴随大规模工业化建设而来的是城镇人口的迅速增加。据统计，1953 年我国城镇人口已达 7826 万人，比 1952 年增加 663 万人，比 1949 年增加 2061 万人。同时，城镇居民的收入水平也有明显提高。收入水平的提高带来居民消费水平的提高，全国粮食需求量增大，粮食供不应求的矛盾逐渐显现。另一方面，由于工业发展需要，工业粮食用量大增，而工业所需要的农作物种植区扩大使得粮食种植区相应缩减，全国粮食供应量减少，粮食供不应求的矛盾越显尖锐。第二，为工业化提供资本积累。从世界发达国家经历的工业化进程来看，其发展过程依次为农业、轻工业、重工业，即先由农业将产生的剩余资本转移至轻工业，再由轻工业为重工业提供资本积累，这是一个相当缓慢的市场自动调节过程。对于当时正处于内忧外患中的中国而言是不可行的。为此，我国选择了另一种工业化资本积累方式：利用政府强制转移的力量，利用农业为重工业发展提供巨额资本积累，用牺牲农业的方法换取工业发展。在强制转移的方法上，一方面我国选择了苏联曾采用过的工农产品价格“剪刀差”的办法，即压低农产品的收购价格，用变相的无偿形式将农业剩余收归国家所有；另一方面用低价农产品的配给保证了城市工业劳动力的低工资和农业原料的低成本。同时，为了防止农村人口过多“盲流”到城市，减少对城市的冲击，维护社会稳定，1955 年 3 月，内务部和公安部联合下发《关于办理户口迁移注意事项的通知》，对人口流动作了一些限制，目的在于减少人口盲目流动对社会经济发展的影响，户籍制度开始趋向于以界定和区分家庭和个人身份、对公民进行分类管理为目标。而且，随着政府对粮食进行集中控制，粮食及日用品供应和分配与户口开始联系起来。这样，政府通过对农副产品的统购统销制度，建立农业生产合作社，限制农村劳动力、资本、土地等生产要素流动，形成了政府直接控制农村生产要素配置的体制，奠定了中国城乡分治的重要基础，城乡二元制度初步形成。

3. 城乡二元制度的最终形成（1958～1978 年）

为了进一步控制农村人口进入城市，增加城市粮食供给等的压力，1958 年 1 月 9 日，全国人民代表大会常务委员会通过了《中华人民共和国户口登记条例》，其中规定：“人民由农村迁往城市，必须持有城市劳动部门的录用证明、学校的录用证明，或者城市户口登记机关的准入迁入证明，向常住地户口登记机关申请办理迁出手续。”这项规定的出台，从法律层面上严格限制了农村人口向城市的自由流动，确立了城乡分割的户籍制度。与该制度相适应的一系列劳动就业、公费医疗、子女教育等社会福利保障成为城市人口享有的特别权利。严格的户籍制度限制了劳动力的自由流动，而人民公社的建立则完全禁止了城乡间生产要素的自由流动。1958 年 8 月 29 日，中共中央政治局召开扩大会议，会议通过了《中共中央关于在农村建立人民公社问题的决议》。两个月后，全国农村基本上实现了人民公社化。人民公社最大的特点是“政社合一”，即人民公社既是经济组织，又是政权组织。国家利用人民公社对农民参与的经济活动和社会活动进行全面控制。经济上，土地产权归集体所有，生产资料归人民公社所有；生产上，社员无生产资料和经营自主权，生产由国家安排，不能自主择业也不能自由迁徙；分配上，实行供给制和工分制，办食堂，吃大锅饭。政府通过建立“政社合一”的人民公社和实行集体生产，不仅挫伤了农民生产的积极性，而且将农民束缚在土地上，束缚在集体的农业生产中，严重阻碍了城乡之间的要素流动。

这个制度从1958年形成直至1978年的20年间，国家通过严格的户籍制度及其配套的一系列制度、农副产品统购统销制度、人民公社化制度和单一公有制下的计划招工限制了城乡之间人口的自由流动，城乡之间的联系与要素流动基本被切断，城乡之间形成相互封闭、相互隔绝的二元制度。

城乡二元制度制约了中国城镇化进程，也带来中国城镇化进程推进中出现极具特色的“城乡结合部”现象。

二、中国城镇化的历程及特殊性

由于历史遗留的种种原因，中国近代城镇化水平相当低。1949年底，中国5.4167亿总人口中，只有5765万人居住在城镇，按人口计算的城镇化率只有10.6%。中华人民共和国成立后，城镇化进程有所加速。1949年之后城镇化的历程，以1978年改革开放为分界线，分为前后不同的两个历史阶段：1978年以前是计划经济体制中的城镇化发展阶段；1978年以后是经济市场化改革中的城镇化阶段。两个阶段面临的体制和制度不同，呈现出不同特征，对城乡结合部的形成及对“准市民”群体的出现产生不同的影响。

（一）改革开放以前的城镇化

1978年改革开放以前，中国走的是一条具有强制特征的现代工业化道路——以高度集中的计划体制为手段，以压低消费和城乡封闭为条件，优先发展重工业。与此相适应的，我国在近30年间走的是一条自上而下的城镇化道路，这条道路实行严格的“城市准入限制”，并设置了一套“城市偏向”的制度规则，政府在有关城镇化的决策中占绝对支配地位，其核心是“抑农保工”，城市剥夺农村。用一系列政策，人为地控制农村人口向城镇转移成了贯穿于这一阶段异于其他国家城镇化的最大特征。这一特征在中国人口城镇化水平变动过程中打下了极其深刻的烙印。但是，政策控制也时有变化，从而使中国这一阶段的城镇化又可以分为四个时期。

1. 工业化起步时期的城镇化阶段（1949～1957年）

在1949年，中国的城镇人口5765万人，城镇化率为10.6%。到1957年城镇人口达到9949万人，年平均增长率为7%，是总人口的年平均增长率（2.2%）的3倍多。这一时期又可以细分为两个时期：（1）国民经济恢复时期（1949～1952年），城镇人口年增长率为7.5%。由于这一时期加强了交通运输建设和能源原材料工业的建设，使城镇吸收劳动力能力在恢复的基础上有了扩展。同时这一时期国家对农村向城镇的人口迁移未加限制。（2）工业化起步时期的城镇化（1953～1957年）。这一时期中国开始了工业化建设，其突出特征是加强156个重点项目的建设。这些重点项目不仅使一些新兴工业城市诞生，而且使一些项目所在地的老城市得到了扩张。在这一时期，中国新设城市11座，形成了一批工业基础。

2. "爆发性"的工业化所引起的超速城镇化阶段（1958～1960年）

这一时期由于强调赶英超美，以钢为纲，提出全民办工业，使中国工业化和城镇化在脱离农业的基础上超高速发展。在城市布置大量的大型工业项目。仅1958年和1959年两年，在城市中建成和部分建成的大型企业达一千多个，中小企业多达十几万个；1957～1959年三年之内就有3000万名农村青壮年劳动力进入城市就业，促使城镇人口以10.4%的年增长率增长。到1960年底，城镇人口比重达到19.7%。全国设市城市增加了33个，新建建制镇175个。

3. 工业调整时期的逆城镇化阶段（1961～1965年）

1961～1965年，面对上一阶段城镇化超速发展造成的破坏，以及自然灾害的影响，这一阶段我国进行了工业调整，大力精简城市人口，大批城市人口下放农村，1960～1964年净减少城市人口3788万人，充实农业第一线，同时提高设镇标准，减少市、镇数量。城市数由1961年的208座压缩到1965年的171座。1965年底，城镇化率下降到17.98%，这种逆城镇化运动是对前一时期爆发性的超速城镇化所做的纠正。这种"大起"和"大落"大大延缓了中国城镇化进程。

4. 工业化停滞时期的城镇化停滞发展阶段（1966～1978年）

1966～1978年，由于"文化大革命"，中国的城镇化进程处于停顿状态。在这一时期，政治运动成为社会活动的重心，国民经济濒临崩溃，经济增长速度逐步下降，工农业生产停滞不前，经济发展严重受损，城镇化进程受到严重阻碍。这一时期，几千万知识青年上山下乡，大量的城镇人口流向农村，一系列违背城镇化客观规律的做法，中断了城镇化进程。12 年间，全国城镇人口由 1.33 亿人增加到 1.72 亿人，仅增加 3932 万人。到 1978 年底，城镇化率为 17.92%，比 1949 年仅提高 7.32 个百分点，全国共设市 193 座，仅比 1965 年多 22 座。

从总体上看，1978 年以前，中国城镇化水平低、波动大、进程缓慢，城镇人口以自然增长为主，政府是城镇化动力机制的主体，城镇化只是政府用来整顿经济社会的工具，城乡要素无法实行非农化的转移。因而在 1950～1978 年近 30 年时间里，农业劳动力大幅闲置，没有被充分利用，只有少量农业劳动力实现非农化转移，这种转移零星、没有组织、无序地存在，劳动力流动受到抑制。由于城乡二元制度的存在，城乡界限较为分明，城市与城郊农村是分野的，城里与城外的空间形态、管理模式、工作方式和生活环境都不一样，人员身份及其福利待遇也大相径庭。住在城里的都是非农业户口的“城里人”，他们不仅拥有国家“平价”供应的粮食和各类副食品补贴，而且还享有国家或单位提供的就业、居住、教育、医疗、养老、休闲等全方位的公共服务；而城郊农村虽然紧挨着城市，但由于大多数居民的户口性质为农业户口，他们不但要依靠集体的力量提供自己需要的基础设施，而且必须独立自主地解决吃饭、养老、治病等生活问题。

（二）改革开放以来的城镇化

1978 年实行改革开放后，中国城镇化进程进入了一个新的发展阶段。在这一阶段，改革开放是城镇化的重要推动力。中国的改革开放先在农村取得突破，继之推进到城市体制改革和市场经济体制的明确、深化和完善。与改革开放的进程相适应，中国 1979 年以来的城镇化又可以分为四个发展阶段。

1. *以农村改革推动的城镇化发展阶段*（1979～1984 年）

这一阶段主要是农村经济体制改革和农村工业化推动的城镇化阶段。1978 年的十一届三中全会拉开了农村经济体制改革的序幕。农村家庭联产承包责任制的普遍推行，激发了农民的生产积极性，农业劳动生产率大幅度提高，使农业生产得到突飞猛进的发展，从根本上改变了我国农副产品严重供不应求的局面，为城镇吸收更多的人口和城市轻纺工业的发展奠定了物质基础，使得统购统销制度逐渐瓦解。在此基础上，农村乡镇企业异军突起，中国农村掀起了有史以来的第一个工业化浪潮。乡镇工业迅猛发展，吸纳了大批的农业剩余劳动力。这个阶段，农业剩余劳动力转移更多地在农村内部进行，“离土不离乡、进厂不进城”的就地转移是基本模式。这是有客观原因的：刚刚获得土地经营权的农民对赖以生存的土地有着不忍舍弃的眷恋，而且当时也尚未有土地转让的制度安排。就地转移，能保持“两栖”身份，既可以获得土地以外的收入，又可以保持土地的保障权。因此，农业劳动力在转移初期以自己所在地为范围，开始了非农化进程。

2. 以城市经济体制改革为主推动的城镇化发展阶段（1985～1992年）

在农村改革取得初步成功后，国家开始将改革的重点由农村转移到城市。这一阶段是城市经济体制改革和制造业快速发展推动的城镇化阶段。1984年10月，中共十二届三中全会通过了《中共中央关于经济体制改革的决定》，自此国家开始了一系列的经济体制改革，彻底打破社会主义不能发展商品经济的旧有观念，推进了城市工商业的发展。在城市经济体制改革过程中，逐步形成了偏重城市的偏向型改革。如国有企业改革中因产权软约束，职工的各种补贴、奖金等非工资收入快速增长，机关事业单位的工资收入也不断提高，城市居民的各种价格补贴大大弥补了市民的通货膨胀损失，养老、医疗、失业等保障制度也都惠及市民，相反农民的权益却没有得到相应的提高。这一阶段，我国政府开始采取严格控制大城市扩张和鼓励小城市成长及发展农村集镇的新政策。与此同时，政府又做出了开放14个沿海城市及全面开放海南等新的决策，极大地推进了沿海地区城镇化进程。我国农民在创造了“离土不离乡、进厂不进城”的农村工业化模式之后，又形成了“离土又离乡、进厂又进城”的小城镇发展模式。1984年和1986年国家先后放宽建制市镇的标准，建制市数量大量增加。1992年全国建制市达到517个，比1984年增加了217个，建制镇由9140个增加到14539个，城镇化水平由23.01%上升到27.46%。这一阶段我国农村剩余劳动力出现少量跨乡流动的情况。但还是以进入小城镇、乡镇企业就业为主。

3. 市场化推动城镇化发展阶段（1993～2002年）

1992年，邓小平南方谈话和当年10月中共十四大的召开，中国经济体制改革正式走上了市场经济体制的轨道。从此，市场化改革成为我国城镇化发展的最强大动力。

随着市场经济改革取向的明确、展开和日益深化，以及对外开放的全方位、多层次、宽领域的推进和提升，新一轮的工业化、城镇化在全国全面展开。这一阶段是新中国历史上城镇化水平提高最快的阶段。2002 年与 1992 年相比，建制市由 517 个增加到 660 个，建制镇由 14539 个增加到 20601 个，城镇化率达到 39.09%。大中小城镇建设投资的扩张，成为 20 世纪 90 年代新一轮经济高速增长的主导因素。与此相应地，人口流动的限制开始逐步松动，特别是 2001 年 3 月国务院批准了公安部《关于推进小城镇户籍管理制度改革的意见》，以及同年“市镇居民粮食供应转移证明”的取消以后，绝大多数小城镇户籍已基本上对农民开放，这些政策的出台为接下来打破中等城市的户籍迁移限制寻找到了突破口，为人口流动排除了一个重大的制度性障碍。这个时期农业剩余劳动力还是以就地转移为主，如 2001 年，农村剩余劳动力在本省内转移就业的比重达到 65.9%，其中在乡内转移的占 35.1%，在县内转移的占到了 50.5%（见表 1-1）。

表 1-1　　农村转移劳动力就业地域分布和数量

	年份	乡内	县内乡外	省内县外	省外	国外
相对数（%）	2001	35.10	15.40	15.40	34.00	0.10
	2000	24.90	15.20	18.80	41.00	0.10
	1999	48.50	15.70	14.80	20.90	0.10
	1998	48.30	18.00	14.10	19.50	0.10
	1997	53.20	15.50	13.40	17.80	0.10
绝对数（万人）	2001					
	2000					
	1999	4903	1582	1497	2115	9.6
	1998	4611	1718	1346	1862	9.5
	1997	4423	1288	1114	1480	8.3

资料来源：国家统计局农调总队全国农村劳动力抽样调查资料，1998 年、1999 年、2002 年。

4. 初步形成具有中国特色的城镇化道路发展阶段（2003 年至今）

2002 年 11 月中共十六大提出，要在 2020 年之前，全面建设惠及全国人民的更高水平的小康社会，提出全面繁荣农村经济，加快城镇化进程，确立了“要逐步提高城镇化水平，坚持大中小城市和小城镇协调发展，走中国特色的城镇化道路”。并将“加快城镇化进程”作为 21 世纪初经济建设和改革的一项重要任务。2003 年 10 月召开的中国共产党十六届三中全会提出了科学发展观，并把它的基本内涵概括为“坚持以人为本，树立全面、协调、可持续的发展观，促进经济社会和人的全面发展”，按照“统筹城乡发展、统筹区域发展、统筹经济社会发展、统筹人与自然和谐发展、统筹国内发展和对外开放”的要求推进各项事业的改革和发展。我国的城镇化进程也进入了科学发展的轨道，开始追求城市与农村的经济、社会、人口、资源和环境的全面协调、可持续发展。对城镇化速度进行合理的调整，城镇发展开始由数量扩张向品质提升转变。在本时期已经过去的 13 年中，我国城镇化延续高速发展的势头，但速度有所调整，城镇化率平均每年提高约 1 个百分点。至 2016 年，我国已转移农业剩余劳动力 28171 万人。

改革开放以来，我国城镇化进程突飞猛进。在实践探索过程中，根据中国的国情形成了富有中国特色的城镇化道路。这一阶段的城镇化进程，发展速度快，城镇人口机械增长成为主要方式，城镇化动力主体转向多元化。但是，这一阶段我国的城镇化进程也存在不少的问题，其中最为明显的表现是土地城镇化快于人口城镇化，城乡二元结构矛盾依然突出，城镇化过程中各方面利益没有得到有效协调。

三、城镇化进程中城乡结合部的形成与“准市民”群体的出现

城乡结合部是城镇化进程的必然产物，它在世界范围内都有不同程度的存在，它的产生体现了城市发展的空间规律。随着工业化的推进，工业的聚集效应带来生产要素往城市集中，城市的规模扩大必然要求土地的不断扩张和延伸，造成大量原来归属于农村的土地成为城市用地。农村劳动生产率的提高以及城乡收入差距的存在，也吸引越来越多的农村劳动力进城打工。只要城乡差异没有得到真正地消灭，城乡之间永远会存在边界，就会有城乡结合部的存在。但在中国，由于城乡分治的二元制度的存在，对城乡结合部的形成造成更加深刻地影响。

（一）城乡结合部的形成

1. 城市的集聚与扩散效应为城乡结合部的形成提供外在动力

一个国家经济要实现平衡发展只是一种理想，在现实中是不可能的，经济

增长通常是从一个或数个“增长中心”逐渐向其他部门或地区传导。它主要是通过集聚效应和扩散效应来实现的。聚集经济概念最早是由德国经济地理学家阿尔弗雷德·韦伯在其经典著作《工业区位论》中明确提出，并加以论述的。韦伯提出这一概念的侧重点在于说明企业的空间聚集所带来的经济效果，这种聚集经济本质上是由于厂商或工业集中而造成的规模经济。他给聚集经济下的定义是：聚集经济是由于把生产按照某种规模聚集在同一地点进行，因而给生产或销售方面带来的利益或造成的节约。事实上，聚集的经济利益并不仅限于企业或厂商的范畴。消费者或居民的空间集中同样会产生种种经济利益，节约生产成本。因此聚集经济一般可以理解为因社会经济活动及相关要素的空间集中而引起的资源利用效率的提高，以及由此而产生的成本节约、收入或效用增加。

聚集经济是分层次的，各层次的聚集经济不仅有着共同的要求，而且还有不同的要求。根据聚集经济的不同层次，在传统上把聚集经济区分为三类：

（1）内部规模经济。这是指单个企业或厂商通过生产要素的不断聚集，从而带来单个企业或厂商生产规模的扩大所产生的经济利益。它是生产要素聚集的最基本的形式。一般来说，在企业内部，当产品的产量达到一定的规模时，其产品的平均成本会随着规模的不断扩大而降低，由此形成内部规模经济。当然，当规模扩大到一定的临界点，由于规模过大使管理效率下降，而导致长期平均成本上升，就会产生规模不经济。所以，有一个最佳的临界点，当企业的生产规模没有超过这个最佳临界点时，厂商或企业将会由于生产规模扩大获得经济利益。

（2）区域化经济。又被称为“地方化经济”，主要是指同一行业的企业或有产业关联的企业，由于聚集在一个特定的地区，通过产业功能联系而产生的成本的节约。工业群集型经济又可以分为两种：一种是同类企业的群集，另一种是具有前后向联系的企业的群集。同类企业集聚在一个特定的地区，便于开展专业化协作，相互促进，加强联合，给企业间的人流、物流、信息流创造优越的条件，从而带来生产规模的扩大和成本的节约。对于某一特定企业而言，一旦定位于一个有利的区域或地区以后，如果这个企业的需求充分的话，那么就有可能吸引其后向的企业来到这个特定地区，如果这个企业产出规模够大，也会吸引其前向的企业来到这一特定地区，在这种情况下，都会因产业的功能联系带来平均成本的节约。显然，这个层次的聚集经济对于单个企业而言是一种外部经济，是企业之间相互影响的结果，而不是由企业内部力量决定的。

（3）城市化经济。这是指因整个城市地区产出的扩大而带来的成本节约。城市化经济是整个城市经济扩大而形成的规模经济，它不限于特定企业和产业，而与整个城市的所有经济活动有关，使城市内所有企业和居民受益。区域化经济导致同类或有关联的企业的聚集和扩大，而城市化经济则是吸引各类经济主体向城市集中的经济力量，是城市活动多样化的决定力量。

聚集经济这三种类型的划分，较好地说明了聚集经济的层次性（这三种类型的聚集经济本质上是指企业的规模效益、行业的规模效益和城市的规模效益）。这三种层次的聚集经济也是实际经济活动中最重要的三种聚集经济。在这三个层次中，企业聚集是生产要素聚集的最基本形式，城市总的聚集是最高层次的聚集。一般来说，低层次的聚集是最高层次聚集的基础，最高层次的聚集则会影响和约束低层次的聚集。

上述三个层次的划分，只是从宏观上说明城市形成、存在和发展的经济力量，并没有很好地解释众多企业和个人为什么会向特定地区聚集。也就是并没有说明聚集经济是如何产生的。

由于聚集经济内涵极其丰富，因此其成因也复杂多样，很难一概而论。概括而言，聚集经济作为社会经济活动空间聚集所产生的经济利益，其来源大致包括以下几个方面：

第一，分工与专业化。经济发展被看作是生产方式变革的结果，而分工与专业化的发展是这种变革的主要特征。赖宾斯坦认为，生产商品的过程是由一组操作构成的，而操作是一组相关的生产活动，分工或专业化，就是将生产要素向较少种类的活动上增大其集中度。斯蒂格勒认为，一个企业的经济活动包含了许多职能。分工或专业化过程，就是企业职能的不断分享出去，由其他专业化的企业专门承担这些职能的过程。专业化，“就是一个人或组织减少其生产活动中不同职能的操作种类；或者说，将生产活动集中于较少的不同职能的操作上。分工就是两个或两个以上的个人或组织将原来一个人或组织生产活动中所包含的不同职能的操作分开进行。”[①] 由分工所带来的经济利益，自古典学派以来，已经有不少的经济学家对此做过论述，我国学者盛洪在其所著的《分工与交易》一书中，将其归纳为直接的经济性和间接的经济性两种。直接

① 盛洪．分工与交易［M］．上海：上海三联书店、上海人民出版社，1995：33.

的经济性，就是采用一定程度的分工与专业化的生产方式，较采用这种方式以前带来的生产效率的提高或生产资源的节约。间接的经济性，是指分工和专业化的发展为生产方式的其他创新提供了条件，而对这些生产方式创新的采用会带来生产效率的提高或生产资源的节约。[①] 分工与专业化的发展，还能带来产品多样化和地区专业化这两个副产品。产品多样化可以进一步满足人们需求的多样性，提高消费的效用水平，或者节约人们在消费中所支付的资源。地区专业化使得企业和个人可以获得外在经济效益。总之，分工和专业化的经济利益表现为生产费用的节约，特别是单位生产费用的节约。因此，就单个企业而言，要实现专业化分工，就必须扩大企业规模，才能在企业内进行分工，进行专业化生产，从而达到单位生产费用节约的目的。正是企业内部规模经济机制作用下，现代工业的发展使得企业内部分工不断分解，并上升为企业和部门分工，使企业或部门之间的协作更为多样。这种企业间或部门间的协作或联合，使生产专业化的规模不断扩大，从而产生外部规模经济利益。因此，人们从分工中获得的各种利益是驱动城市内不同地域形成分异、发展劳动分工和专业化的直接动力和内在原因。[②]

因为分工可使得生产费用节约，相应地获得经济利益，因此就全社会范围来说，分工程度高的产业所获得的经济利益更大，这就意味着劳动力和生产要素必然从分工低的产业向分工高的产业转移。由于农业与制造业在分工程度上存在差异，农业的分工程度低于制造业，因此所获得的利益也将小于制造业，这就使得劳动力从农业转移到制造业，这种转移必然带来城市化的发展。在这种情况下，要素聚集就表现为资源向第二产业和第三产业相对集中，同时，第二产业和第三产业内部也会出现相对集中的趋势，因此，分工与专业化会带来要素的空间集聚。

第二，规模经济利益。规模经济是城市聚集经济的一个主要源泉，规模经济指的是随着厂商生产规模的扩大，其产品的平均单位成本呈现下降的趋势。有了规模经济，就可以获得规模经济利益。规模经济又分为内部规模经济与外部规模经济两种。内部规模经济，是指一个企业内部生产规模的扩大而引起的生产效率的提高和成本的下降。它一般源于以下几种原因：一是，成本的不可

---

① 盛洪．分工与交易［M］．上海：上海三联书店、上海人民出版社，1995：39.

② 江曼琦．城市空间结构优化的经济分析［M］．北京：人民出版社，2001：50.

分性。成本的不可分性是指成本与规模的关系不大，甚至是独立于规模之外的，即这些成本相对于产出规模而言，是部分的或者是完全的不可分的，如产品的研究与开发成本。二是规模因素扩大。规模因素扩大往往会带来经济利益，对于资本性设备而言，初始成本和营运成本的增长速度一般低于设备生产能力的增长速度。比如，写字楼、电梯的初始成本和营运成本一般变化不大，而电梯的效益则随写字楼使用率的增加而增加。三是专业化带来经济利益。工厂或企业的产量越高，劳动力和资本性设备的专业化机会越多，相关的收益随之也会增加。产量增加可以使企业招聘具有专门技术的员工，也为采用专用设备提供了可能性。并且为相关的垂直联系和水平联系的企业提供了专业化机会，由此也带来经济效率的提高。

但是，需要指出的是，内部规模经济的实现是有条件的。正如著名的斯密定理所说的“分工受市场范围的限制”，它不仅要求相应的技术条件，而且要有相应的市场需求。显然只有具有某种共同市场需求的企业和个人聚集在一起，并达到一定的规模，才能获得这类需求所产生的经济效益。

外部规模经济，是指单个经济主体从国内外同一行业内部其他经济主体的发展中获得的生产效率的提高和成本的下降。也即单个经济主体生产或消费活动受到同行业其他经济主体活动的影响，使其生产函数或消费函数之值发生了改变。因此生产或消费的决定受到其他经济主体活动的影响，甚至其他主体经济活动成为其决策函数的变数。因此这种规模经济的效益对各个经济主体来说是外在的，故又称为外部经济。

第三，外在性经济利益。它是指一方的生产或消费行为，对根本未参与的其他方的生产或消费带来利益的增加或减少，是各种经济活动相互作用所形成的经济利益。它涵盖的范围比外部规模经济要广得多。前文所分析的外部规模经济只是马歇尔意义上的外部经济，它是外在性经济利益产生的一个重要原因，但它只是一个特定区域的同行业聚集产生的外部经济，是在聚集经济第二个层次产生的外部性经济利益。但作为城市聚集经济成因的外在性经济利益，还必须涵盖聚集经济第三个层次的外部经济，即多个行业（产业）向城市地区集中形成的外部经济。城市经济实质上是一种空间经济，它是多个行业和产业在城市空间聚集的结果。因此，经济外在性也是城市中各种经济要素、经济活动的相关性与结构性产生的重要机制。在城市中，由于社会经济活动的空间集中，各种经济行为的相互依赖与摩擦格外强烈，从而其外部性特征更为突出。

综上所述，聚集经济的形成来源于分工利益、规模经济和外在性经济等方面，不仅涉及行为主体内部的活动，而且涉及它们相互作用的效果；不仅来源于市场机制运行环境的变化，而且来源于市场机制本身的完善与发展。

但是，城市的过度聚集又会产生消极的负面聚集效应，即聚集不经济。聚集不经济作为城市聚集的排斥力，是社会经济活动及相关要素空间集中所引起的费用增加或收入损失。因而聚集效应是因社会经济活动的空间集中而形成的聚集经济与聚集不经济综合作用的结果，它本质上是两种力量作用的结果：一方面，聚集经济为社会经济活动的空间集中提供了吸引力和推动力；另一方面，聚集不经济的存在又削弱了聚集经济的效果，妨碍、甚至破坏合理的聚集，构成空间聚集的排斥约束力。

从城市形成与发展历史来看，聚集是城市的天然属性和内在要求，没有集聚就不会有城市。城市作为聚集的中心，地区经济的增长极，在分工与专业化、规模经济效益和外在性经济利益方面具有得天独厚的优势，必然吸引资源和要素较大聚集，这种较大的聚集又吸引更大的聚集，从而影响着整个城市地区的发展。不仅可以使城市成为一个区域经济活动中心，而且可以使已成为经济活动中心的城市通过多种方式带动周边地区经济的发展。

当然，当城市发展到一定规模时又会产生向外扩展的排斥力，产生扩散效应。扩散是城市的另一个显著特性。主观上，城市作为一个确定的利益主体，它总会不断地以自己所具有的实力拓展自己的腹地空间，为自己的产品、服务寻求足够大的市场；客观上，城市以其技术、资金、管理、观念、生产体系等优势提高和带动周边地区的经济发展，从而进一步确立对周边地区的主导性作用。一方面，城市在集聚的同时总是在不断地进行扩散、辐射；另一方面，扩散是对集聚的一种有效保护。从单纯的经济活动看，城市的集聚是为了获得规模效益，但是，城市经济的不断聚集又会产生规模不经济，如城区土地价格不断上涨、人口过密、交通拥挤、资源短缺、环境恶化和诸多的社会政治问题，导致一些位于市区的制造业往城市周边迁移，此时，城乡结合部的区位优势，相对低廉的生产要素价格和生活成本，就成为城市经济向外扩散的重要的区位选择。

2. *农村城市化的要求是城乡结合部发展的原动力*

城市化是伴随着工业化而出现的经济社会发展进程，工业化与城市化是一对孪生兄弟，工业化的方式和程度将对城市化的方式和程度产生影响，因此世界各国城市化道路及发展程度各不相同。同样，由于我国工业化道路的特殊性，带来我国城市化道路的二元性，即以城市地域经济和人口集聚而呈现的扩展型的城市化和以农村地域以乡镇企业为主体的分散型的农村城市化。农村城市化发展的结果是农村要素与劳动力往县域城镇特别是大城市的城乡结合部聚集。

中华人民共和国成立以来的工业化发展，明显地分为改革开放前后两个完全不同的阶段：改革开放前为传统体制下的工业化阶段，该阶段的工业化是在城市进行，农村除了为工业化提供资金积累外，农民没有参与工业化进程；改革开放后的工业化阶段，其最大的特征是引入了市场机制，初步实现了由计划经济体制向市场体制的过渡，工业化是在城市与农村同时展开，农村成为农村工业化的主角。

（1）传统体制下的工业化—重工业超前发展。中华人民共和国成立前，是一个经济落后、农民居主导地位的大国。1949 年前，在整个国民经济体系中只有 10% 左右的现代工业。中华人民共和国成立后，中国面临的紧迫而艰巨的任务是百废待兴，百业待举，国民经济急需恢复，经济建设必须大规模进行。立足于一个大国，只有通过工业化实现整个国家的现代化。根据工业化的一般规律，1949 年以后中国应该首先选择发展轻工业，增加就业，进行资本积累，逐步由轻工业发展到重工业，促使工业化进程不断深化。但限于当时国际、国内环境，中国选择了以重工业优先发展为主要特征的工业化道路。重工业优先发展需要庞大的投资，当时的环境决定了中国只有依靠本国人民努力来解决资金问题。在当时的中国，农业是国家经济的主体部分，因此国家能够利用的资金只有农业积累，国家只能通过农业积累来支撑国家的工业化。在这种情况下，1952～1978 年，国家通过工农业产品不等价交换和税收等形式，从农业和农民中抽取了 7140 亿元资金积累。这些资金主要用于工业特别是重工业固定资产项目的投资，由于投资倾斜，使得中国工业能以较快的速度发展。在工农业产值中，工业所占的比重不断提升。据统计，截至 1978 年，全国工农业总产值的构成比是，工业的比重由 1949 年的 10% 上升到 74. 4%，农业的比重由 90% 下降到 25. 6%。

尽管这种优先发展重工业的工业化道路所需的资金来源于农业内部的积累，但这个工业化过程是与农村相分离的，中国的农民实际上是没有直接参与这种工业化过程。一方面，由于这种工业化以重工业为主，有机构成很高，使得城市工业所能提供的职业非常有限，大部分新增劳动力不得不安置在农村，并且主要从事种植业；另一方面，由于采取了城乡分割的社会体制，特别是推行十分严格的户籍管理制度，限制人口的自由迁移，使得农村人口不可能大量地流向城市。因此，从1949年开始的中国工业化进程，虽然推行了近30年，发展速度也不慢，但由于只涉及少部分人，并未进入全面推进工业化时期，我国仍然是一个农业大国。传统、落后的农业与现代先进的工业同时并存，城乡二元化的经济、社会结构依然存在。

（2）改革开放以后的中国工业化—乡镇工业成为工业化的主角。以重工业为中心的工业化道路，为在相对较短的时间内建立起独立的、完整的工业体系打下坚实的基础，起了相当积极的作用。但是过分强调重工业的优先发展，必然挤压轻工业和农业的发展，尤其是这种以农业支援工业增长的方式使得农民负担过重，其结果必然是农业生产率的增长极为缓慢，甚至出现负增长，从而使农业人口的收入十分低下。而农业与工业作为国民经济的两大部门，二者之间存在着相互依存关系，农业的持续增长是工业化顺利推行的重要条件。

在我国，由于实行单向度的国家工业化战略，把农村和农业区域抛在工业化之外。国家从农业拿走巨额积累，却把大量农村人口滞留在农村，国家工业化没有为农业创造用以实现机械化的物质技术基础，致使农民只能凭借大量劳动力依附于传统技术进行生产，劳动生产力难以提高。结果是农业拖了工业化的后腿。在这种情况下，农村巨大就业压力和农民强烈的实现富裕的愿望，促使中国农村在改革开放后，出现了极有特色的“乡镇企业”现象。这样，中国的工业化进程就在全国全面铺开，在城镇，除了国家继续作为投资主体的工业化之外，“非国有企业”成为中国工业化的另一支强劲的力量加入到工业化队伍；而在中国的广大农村，出现了农民及其所处的农村社区组织为投资主体的农村工业化，乡镇企业成为农村工业化的主角。这种乡镇企业虽然也是社会分工的产物，但却更是城乡分割、资源（特别是劳动力）在城乡之间不能自由流动的产物。在现代中国二元社会经济结构和体制约束下，农民要从农业中分化出来，参与工业化进程，只能选择在农村创办工业这种路子。从此，乡镇企业和城市企业共同扮演着国家工业化的主角。

由于中国农村的乡镇企业生成于特定的环境中，特定的环境与特定的体制结构、特定的经济增长模式相结合，使中国农村乡镇企业一开始生成就存在着先天性缺陷。[①] 这种缺陷主要表现在分散经济结构与以外延扩展为主的经济增长方式。一方面，乡镇企业是依赖于分散化经济结构高速增长的。分散化的投资体系、分散化的空间布局和分散的产业发展构成了我国农村初期工业化阶段的特征。作为农村工业化主体的乡镇企业的兴起，是农村经济改革后长期被压制的剩余劳动力强烈释放的必然结果。在城市基础设施薄弱、自身就业压力巨大，难以为他们提供更多就业机会的状况下，农业剩余劳动力的就业不得不就地转移、就地消化。“离土不离乡，进厂不进城，就近发展非农产业”就成为实现农村工业化的现实选择。同时，从农民自身来说，中国传统的求安求稳保守思想根深蒂固。从经济上讲，他们不愿完全放弃农业生产而去从事收入不稳定的非农产业。从感情上讲，也有些农民不愿意放弃祖祖辈辈居住过的家园。而分散办厂正符合农民的兼业生产要求及留恋故土的愿望。因而大部分的乡镇企业没有按工业生产的特殊要求向一个地点聚集，而是十分自然地设立在本乡、本镇这样的社区之内。乡镇企业的分散布局，彼此间缺乏经济联系，难以展开分工协作，不仅不能产生集聚效应，而且也未能分享城市经济的外部经济效益，造成农村工业的外部不经济。另一方面，在我国农村工业发展过程中，企业规模的扩大一般是依赖于劳动力、土地、资本要素投入的同时扩大，企业的高速增长多数是在维持原来的技术水平基础上的数量扩张，因此实质上是一种以外延扩张为主的粗放式经济增长方式。这种以分散、粗放式增长为特征的工业布局方式，给我国农村经济以致国民经济带来许多负面影响，导致了我国城镇化的滞后，致使20世纪90年代后乡镇企业发展滞缓，不能带动相关的第三产业的发展，环境污染严重等问题。

20世纪90年代后，特别是2003年以后，我国提出走中国特色的城镇化道路，许多农村工业开始往县域城镇以及大城市周边的工业区、开发区聚集，带来城乡结合部地区经济发展。

3. 城乡二元制度使城乡结合部产生具有必然性

城乡二元经济结构是经济发展过程中源于城乡不同的资源特征而自然形成的，有其不可避免性。从世界经济的发展历程来看，城乡二元经济结构是发展中国家从传统的农业社会走向工业化和现代化必经的过渡形态，伴随着工业化与城市化的推进，城乡二元经济结构将向一元发展。我国的城乡二元结构不仅

---

① 冯云廷．城市聚集经济［M］．辽宁：东北财经大学出版社，2001：151.

表现为发展中国家普遍存在的二元经济结构，更关键的在于，1949 年后通过一系列城乡分割的制度安排而形成的人为的二元社会结构。它以户籍制度为核心，把全体公民分为农业户口和非农业户口，形成社会地位完全不同的农民和市民的制度体系。在这种背景下，伴随着工业化、城镇化和现代化进程的不断推进，持有农业户口的农业剩余劳动力虽然已经实现了非农化的职业转变，但尚未实现市民户籍身份以及附着于户籍之上的社会福利保障的转变。根据国家统计局 2017 年 1 月 20 日发布的数据显示，截至 2016 年，我国城镇常住人口 79298 万人，乡村常住人口 58973 万人，城镇常住人口占总人口比重（城镇化率）为 57.35%，户籍人口城镇化率仅有 41.2%，也即约有 22330 万人持有农业户籍，但居住在城镇的居民。另据 2016 年全国农民工监测调查报告显示，2016 年我国农民工总量达到 28171 万人，其中外出农民工 16934 万人，跨省流动的农民工 7666 万人（见表 1－2）。在进城农民工中，租房居住的农民工占 62.4%，其中租赁私房的农民工占 61%。受城乡户籍制度，以及附加在户籍制度背后的一系列隐性社会保障制度城乡分割的影响，这些在身份上还无法转变为市民的农民工，收入普遍较低，据 2015 年全国农民工监测调查报告统计，2015 年农民工的月均收入为 3072 元（见表 1－3）。外出农民工月均生活消费支出人均 1012 元，其中用于租房的费用平均为 475 元（见表 1－4），这种住房开支水平，使得农民工多数无法在市区租房生活。在强大的现实需求和严格的制度约束的夹缝之中，基于居住和生活成本考虑，他们一般会选择在城乡结合部和城中村定居。同时，身处城乡结合部地区的原农村集体经济组织和农民，从出租集体土地、出租房屋等方面中也可以获得一笔可观的经济收益，从而进一步强化了城乡结合部长期存在的微观经济基础。这些农民工群体构成城乡结合部“准市民”的重要组成部分，加上城乡结合部当地的农民、失地农民以及原先居住在城乡结合部的居民（非农户籍），他们共同组成城乡结合部“准市民”群体。

表 1－2　　2016 年外出农民工地区分布及构成

按输出地分	外出农民工总量（万人）			构成（%）		
	外出农民工			外出农民工		
		跨省流动	省内流动		跨省流动	省内流动
合计	16934	7666	9268	100.0	45.3	54.7
东部地区	4691	837	3854	100.0	17.8	82.2

续表

按输出地分	外出农民工总量（万人）			构成（%）		
	外出农民工			外出农民工		
		跨省流动	省内流动		跨省流动	省内流动
中部地区	6290	3897	2393	100.0	62.0	38.0
西部地区	5350	2794	2556	100.0	52.2	47.8
东北地区	603	138	465	100.0	22.9	77.1

资料来源：2016 年全国农民工监测调查报告［R/OL］.［2017－04－28］. http：//www. stats. gov. cn/tjsj/zxfb/201704/t20170428_1489334. html.

表 1－3　　2015 年分行业农民工人均月收入及增幅

行　业	2014 年（元）	2015 年（元）	增长率（%）
各行业平均	2864	3072	7.2
制造业	2832	2970	4.9
建筑业	3292	3508	6.6
批发和零售业	2554	2716	6.4
交通运输、仓储和邮政业	3301	3553	7.7
住宿和餐饮业	2566	2723	6.2
居民服务、修理和其他服务业	2532	2686	6.1

资料来源：2015 年全国农民工监测调查报告［R/OL］. www. gov. cn 2016－04－28. http：//www. gov. cn/xinwen/2016－04/28/content_5068727. htm.

表 1－4　　外出农民工在不同地区务工月均生活消费和居住支出

地区	生活消费支出（元/人）		其中：居住支出（元/人）		居住支出占比（%）	
	2014 年	2015 年	2014 年	2015 年	2014 年	2015 年
各地区平均	944	1012	445	475	47.1	46.9
东部地区	954	1028	447	480	46.8	46.7
中部地区	861	911	414	425	48.0	46.7
西部地区	957	1025	449	469	46.9	45.8

资料来源：2015 年全国农民工监测调查报告［R/OL］. www. gov. cn 2016－04－28. http：//www. gov. cn/xinwen/2016－04/28/content_5068727. htm.

（二）城乡结合部地区“准市民”内涵及身份认定

综上分析，这里的“准市民”主要指中国在城镇化进程中出现的新群体，包括城乡结合部地区的“失地农民”、有地的农民、外来农民工和原来居住在城乡结合部地区的居民（非农户籍）。

1. 外来农民工

从传统农业社会向现代工业社会转变的现代化进程中，农业劳动力大规模的转移、农业劳动力占社会总劳动力份额大幅度的下降是世界各国共有的现象。配第——克拉克定理明确地揭示了这一基本趋势；库兹涅茨教授则以大量的统计数据有力地支持了这一结论。但由于各个国家的国情不同，农业劳动力转移方式、途径、规模速度也不同。大多数的西方发达国家，在现代化进程中，其农业劳动力多数是转移到城市从事非农产业，他们在职业转换的同时，身份也随之转变，直接从农民变为市民。但我国农业劳动力转移受限于特殊的二元社会结构背景，在劳动力转移过程中，相关的改革只使得原来被体制长期禁锢在农村的劳动力能够转移出农村和农业，可以选择城镇从事非农产业，并获得暂时的居住的权利，但他们在户籍身份上依然是农业户籍，是农民，无法享有市民相同的户籍身份，从而出现了我国极富特色的“农民工”群体，他们的职业是工人（或其他的非农产业从业者），已经实现了职业的转换，但他们户籍身份仍然是农民，即农民工人，身份是农民，职业是工人。“农民工”一词最早是在1984年出现在中国社会科学院《社会学通讯》中，随后这一称谓被各个学科的研究者所广泛使用。如果像其他工业化国家一样，中国农民在职业改变的同时也实现身份的改变，变成城镇人口，那么也就没有所谓的农民工。正是由于中国农业剩余劳动力转移过程的特殊性，尤其是农业剩余劳动力的身份转变远远落后于职业的转换，才会产生大量的农民工。而外来农民工主要是指跨区域流动的农民工，他们具有农业户口并承包着农村集体土地，不在农村从事农业生产而在城镇长期从事非农产业的劳动者，他们离土又离乡，主要依靠工资收入维持生活。我国流动农民工数量庞大，如1-2表所示，我国2016年有外出农民工16934万人，其中7666万人跨省流动，9268万人在省内流动，这些人“亦工亦农，亦城亦乡，又非工非农，非城非乡”，既有农民的身份又不从事农业生产，扮演着工人的角色但却没有工人的身份，长期居住在城市及城乡结合部，一方面无法摆脱农民身份，另一方面又不能享有城市市民同等福利待遇，成为游离于城市和农村的“边缘人”。

因此，所谓的农民工是指在我国城镇化进程中，在非农产业就业，同时保留农民身份的职工。他们是在中国体制改革、结构转型时期，在特定的制度条件下出现的一个过渡性的群体[①]。农民工既是一个职业的概念，也是一个身份的概念。从农民工的就业地域分布来看，农民工可以分为两类：离土不离乡的农民工和离土又离乡的农民工。离土不离乡的农民工主要是指在本村、本乡镇的企业就业的农民工，他们一方面受雇于非农产业，从事非农产业的工作，领取工资收入；另一方面又同时务农，从事农业劳动；离土又离乡的农民工主要是指跨区域流动的农民工，他们多数以非农产业就业为谋生的手段，在城镇工作与生活。

选择在城乡结合部生活的农民工多数是这种跨区域流动的农民工，他们出于生活成本以及城市居民在认知方面的偏见，在自主选择居住区域时一般选择城乡结合部地区的各种出租房。

在来到城镇的初期，这些外出农民工的生活习惯和价值观念以农村为参照，在人际交往方面，虽然离开了熟悉的乡村，但交际网络仍未有较大的扩大，他们主要交往的人群是来城里打工的老乡和其他跟自己同等身份的打工者，和城市居民除了工作接触外基本没有生活上的交往。他们称拥有城市户口的居民为“他们城里人”，而称自己为“我们外地农民”，对自身作为城市“局外人”的身份有着较为普遍的认同。随着外出务工在城市或城乡结合部生活时间的延长，虽然这些农民工依然保有乡村生活的记忆，但在城市生活的经验潜移默化影响着他们的生活习惯和价值观念，他们开始主动去接受城市人的生活模式和行为方式，在心理上也受到了城市社会的影响，慢慢地也不再坚定地认同自己的农民身份。总的来说，外来农民工的自我认同比较有弹性，他们是主动城市化，在进城之前已经有了一些心理准备，即使在城市自我认同失败仍然可以回到农村，不会出现自我认同缺失的现象。流动农民工按照自我认同的内容可分为返乡型、徘徊型、滞留型三大类。返乡型农民工明确将自己定位为农民，城市只是他们务工的地方，他们来城市的目的就是挣钱，自己的最终归宿仍然是农村，这类流动农民工以老一代农民工为主；徘徊型流动农民工自我认同比较模糊，认为自己算“半个城市人”，一方面他们已经被城市生活同

① 张国胜．中国农民工市民化：社会成本视角［M］．北京：人民出版社，2008：50.

化，主观上不愿意再把自己当作“农民”，另一方面现实让他们觉得自己和市民还有很大差距，成为真正“市民”的希望渺茫，因此他们自我认同徘徊于城市和农村，自我认同不清晰；滞留型农民工则是明确将自己定位成城市市民，这类农民工大多在城市发展得较为成功并已经具备了一定的经济实力，他们希望在城市长期居住下去，成为真正的市民意愿十分强烈。

2. 城乡结合部失地农民

城乡结合部失地农民是指由于城市的扩张，因非农建设需要，由政府行政命令主导征用农民土地而使农民失去部分或者全部集体土地承包、经营使用权，从而导致身份、职业发生变化的群体。随着我国工业化和城镇化进程的加快，城乡结合部往往是最先形成大量失地农民的区域，据中国社会科学院《2011 年中国城市发展报告》显示，2011 年我国失地农民总数已经达到 4000 万～5000 万人左右。据预测，到 2020 年我国失地农民数量将达到 1 亿人。失地农民大致可以分为三类：第一类是“农转工”，这部分失地农民在土地被征用时，由征地单位或者政府用直接以安置就业的方式作为征地补偿；第二类是自谋职业的失地农民，这部分人在土地被征用时没有被直接安排工作，而是政府或企业一次性给予货币补偿或者房屋补偿鼓励他们自谋职业；第三类是“超转”人员，这部分人年龄已经超过劳动年龄，不属于经济人口，土地被征收时政府或者征地单位不给予就业安置，也不给予安置补偿费用，但给予生活补助或养老金。失地农民城市化的选择不同于流动的农民工，流动的农民工遵循市场自由选择的逻辑，倾向于主动城市化，而失地农民遵循政府行政主导的逻辑，属于被动城市化。多数失地农民在承包土地被征用后，其户籍通常会由农民转变为城镇居民，即“农转居”。但由于政府缺乏可行的城乡融合机制，城市在土地扩张后，并没有将农村人口、村落社区纳入城市管理序列，没有同步实现“村民”的城市化与现代化。虽然他们已经获得一定的征地补偿费用，但或因已有的住宅还在城乡结合部地域，或因地缘、人缘等非经济因素而继续在城乡结合部居住。

土地是农民赖以生存的生产资料，失去土地对农民来说，意味着失去了维持家庭可持续生计的重要来源。土地对农民而言主要有下述三项功能：首先，是就业岗位功能，在我国农村土地可以给农民提供稳定的就业机会；其次，土地的经济效益功能可以给农民带来稳定的收入；第三，土地对农民来说还有社会保障的功能。由此可见，土地是农民赖以生存的根本。对于处于城乡结合部的农民来说亦是如此。失地对于农民而言就意味着乡土关系的终结，同时失地对于农民而言是失去了生活的最后一道保障。对于长期从事农业生产的中老年失地农民，失去土地也就是让他们失去了职业和保障，由于年龄的关系，无法适应突如其来身份的转变，也无法再去适应城市生活，他们的自我认同出现了危机，他们有着极强的被剥夺感和被边缘化心理；而对于年轻的城乡结合部的农民而言，失地对他们的影响不如父辈那么大，这一方面是由于城乡结合部毗邻城市，他们从小就或多或少受到城市生活的同化，对城市生活早已有了一定的熟悉；另一方面年轻农民从事农业生产的比较少，压根从来没种过地或者不会种地的青年农民普遍存在，因此他们对于农村土地并没有那么浓的乡土感情，征地对他们来说在一定程度上是一个可遇不可求的机会。土地的征收，意味着任何将自己认同为农民的想法都是不现实的，因此他们只能融入城市，而户籍农转居的改变也为他们认同转变提供了制度保障，因征地而获得的征地补偿也为他们进入城市提供了物质支持，因而年轻的失地农民自我认同是积极地向市民靠拢，他们努力改变自己的生活方式和行为模式，也不断争取社会权利来获得城市的各种权益。

3. 城乡结合部有地农民

城乡结合部有地农民，是指没有失去土地的“原住”农民，具有城乡结合部地域的农业户口并承包着土地，主要从事纯农业和兼职农业，且兼职农业在农业中占有较大比重。由于地理区位的优势，他们的土地、宅基地、房屋这些资源都有较大的增值空间。一方面，因为城乡结合部是新型城市化战略最直接的受益者，它可以在国家的“工业反哺农业、城市支持农村”“把公共事业建设的重点放在农村”等政策中优先得到各项支农惠农资助和补贴；另一方面，可以凭借特殊的地理位置发展都市农业、旅游农业、绿色农业，吸引城市人到城郊休闲娱乐，同时还可以通过发展房屋租赁业、土地流转、宅基地流转等获取更多的财产性收入。这里的许多农民拿着农村户口，但既能就近享受城镇医疗、教育各项待遇，还能享受农村土地收入与保障、社员福利等。随着城镇化的发展，许多城市人口和外来人口聚集于此，城乡结合部的居住环境、生态环境、人文环境、市场环境日趋城市化，各项功能也将日臻完善，并有可能成为新的城市中心。他们既拥有土地的保障，又能就近分享城镇化的成果。

4. 城乡结合部非农户籍居民

这部分人主要是指住在城乡结合部地区，持有非农户籍的居民。根据社会流动和社会分层的一般理论，社会成员的身份主要包括三种：户籍身份、职业身份、地域身份。这部分居民在户籍与职业身份上与城镇居民相同，他们享受户籍附加于城镇居民的一切福利待遇，从这个意义上说，他们就是一般的市民。但他们与城市市民又有所不同，由于城乡结合部地域特征，使得他们享有的教育资源与公共服务设施与城市市民有一定的差距。

上述四个群体聚居在城乡结合部地区，本节之所以将他们称为“准市民”，不仅因为其意义上的中性，而且能够比较准确地反映了这四个群体的发展历程及现在在城市中的地位。这四个群体多数从事的是非农产业，在职业身份上与城市市民没有差异，但他们享受到的基本公共服务、思想观念和生活方式，以及社区化参与与城市市民还存在一定的差距。城乡结合部特殊的地域特征使这些群体成员容易受到城市的生活方式与思维模式潜移默化的影响。随着城镇化进程的进一步推进和城乡二元制度的不断改革，他们是最有可能转变为真正市民的群体。

第二章

城乡结合部“准市民”与市民经济福利差异分析

1949年后，为了加快城市工业化进程和限制劳动力等生产要素在城乡之间的自由流动，我国建立起了城乡分割、城乡有别的二元制度。二元制度几乎涉及城乡居民生活的方方面面，其中以户籍制度为核心，将其他的经济福利附加于户籍制度之上。城乡居民的经济福利差距也伴随着户籍制度的改革有所变化。城乡结合部居民，无论是失地农民还是有地农民、当地非农户籍居民还是流动的外来农民工，他们的经济福利差异首先缘于其所拥有的城乡户籍，当然，由于城乡结合部特殊的地域特殊性，他们所拥有的部分经济福利与纯粹的城乡地区会有所不同。

第一节 城乡户籍制度安排与经济福利差异

制度安排是影响城乡居民经济福利差异的重要因素。中华人民共和国成立后，为了加快城市工业化进程，我国实行了城乡二元制度。城乡二元制度覆盖城乡经济、社会生活等众多领域，其核心是城乡有别的户籍管理制度。户籍制度是反映人口基本信息，其本源功能是对公民进行身份登记和管理。然而，形成于计划经济时代，服务于国家工业化优先发展战略的我国户籍制度逐渐脱离其基本功能，扭曲地发挥着粮食供应、就业管制、土地分配、教育资源及社会保障资源配置等经济社会功能。以居民身份登记和管理为核心的户籍制度在我国演变成将公民划分为农业人口与非农业人口，并实施城乡分割的福利分配和资源配置的城乡二元户籍制度。不同的户籍背后，附加着城乡有别的就业制度、社会保障制度、教育制度、福利分配，户籍福利价值城乡差别巨大。

我国城乡户籍福利价值的形成是建立在城乡二元户籍制度及与户籍制度相关的一系列福利安排上的。因此，以城乡二元户籍制度的形成和演变为依据，城乡户籍经济福利的差异的分析大致可以分为两个时期：传统体制下户籍制度安排与经济福利，1978 年后户籍制度改革与经济福利。不同时期城乡户籍对城乡居民经济福利的影响有所差异。

一、传统体制下户籍制度安排与经济福利内容

这个时期的户籍管理制度安排可以分为两个阶段：1949 年到 1957 年城乡二元户籍制度尚未显化时期与 1958 ~ 1978 年城乡二元户籍制度巩固发展时期。两个时期的户籍制度安排不同，所体现的经济福利内容也有所不同。

（一）城乡二元户籍制度尚未显化时期及其户籍福利安排

1. 城乡二元户籍制度尚未显化时期（1949 年至 1957 年）户籍制度安排

新中国成立初期，人口迁移在宪法上是自由的，户籍制度的主要功能是“维护社会治安，保障社会安全”。这一时期，户籍管理逐步制度化。1951 年 7 月公安部公布了《城市户口管理暂行条例》，开始对城市居民依属地进行户口的登记与管理，明确指出户籍制度维护社会治安的宗旨。该条例是为“保障人民之安全及居住、迁徙自由”而制定的，没有限制迁移的内容①。1955 年 6 月，国务院全体会议通过了《国务院关于建立经常户口登记制度的指示》，要求在全国范围内建立城乡人口按居住地进行户口登记的制度。为了更好地开展户口登记工作，同年 11 月，国务院公布了城乡划分标准，明确了城镇和乡村的界线，但这里的划分只是为了便于户口登记，并不因城乡界线的划分而限制人口迁徙，允许城乡居民在城乡之间和城镇之间自由迁徙。1956 ~ 1957 年，国务院曾先后三次发布指示或通知，要求防止农村人口盲目外流。虽然管理逐

① 公安部．城市户口登记管理暂行条例［EB］．中国法律法规大全（CD－ROM）．北京：北京大学出版社，1998.

步制度化，但总的说来，管理还比较宽松，对公民迁徙的限制也不多，城乡居民互动也很频繁。国家的大规模工业建设，城市还从农村吸纳了大量的劳动力。户籍制度基本上还能体现新中国第一部宪法的精神：“公民有居住和迁徙的自由”。但随着《关于粮食统购统销的决议》《关于实行粮食的计划收购和计划供应的命令》等以户口为依据的粮食统购统销条例出台，户籍制度开始从人口统计功能转向社会分配功能，城镇户口开始升值，城乡户籍福利价值差异初现。

2. 中华人民共和国成立初期至1957年城乡户籍的经济价值

这一时期，城镇户籍的经济价值主要体现在：国家统一低价供应粮食及必需的生活用品，国家统一安排就业，以及较高的城镇职工福利。1956年前后，由国家和职工所在单位举办，以职业为依托，覆盖本单位城镇职工的城镇职工福利体系初步形成。城镇职工福利体系内容广泛，包括：宿舍、食堂、浴室、理发室、托儿所、幼儿园等方便职工生活的集体福利设施；生活困难补助、取暖补贴、探亲补贴等减轻职工生活费开支建立的福利补贴；文化宫、俱乐部、开展各种文娱体育活动等为丰富职工生活建立的文化福利设施和组织的活动①。

这一时期农村户籍经济价值主要表现在低水平的社会保障和土地所有权上。不同于城镇职工的福利安排，国家仅在特殊情况下为农村提供救灾、社会救济和优抚安置等救助措施，农民生产、生活的主要保障源于1950年土地改革后分到的土地。随着农业高级社、人民公社的出现，唯一的土地保障也变成集体所有。城乡户口的福利价值差距开始显现，农民生产积极性大为受挫，争先涌入城市，对国家城市粮食供应、就业安排带来极大压力。为控制人口规模、限制吃商品粮人口的过快增长，国家在1953～1957年接连颁布了多条法令，劝阻农村人口向城市流动，人口自由流动开始受限，为城乡分割户籍制度的形成奠定基础。

（二）城乡二元户籍制度巩固发展及其户籍福利安排

1. 1958～1978年城乡二元户籍制度安排

这是20年曲折的历史时期，也是城乡分割的户籍制度刚性确立的时期。在20世纪50年代初期，农民向城市的迁移，满足了大规模的城市经济建设对

① 宋士云．中国职工福利制度的回顾与展望［J］．理论学刊，2013（1）．

劳动力的需求，但是，无限制的农民进城，使城市在就业、住房、食品供给等方面越来越不堪重负。同时，大量的劳动力脱农，直接影响了农业生产。针对这种情况，政府试图对农民向城市的迁移施加限制。例如，早在1953年前，政务院就发出了《关于劝止农民盲目流入城市的指示》；1957年，中共中央、国务院又联合发出《关于制止农村人口“盲目外流”的指示》，要求城乡户口管理部门互相配合，通过户口管理，制止农村人口“盲目外流”，并采取了诸如严格禁止企业单位从农村招工、在城市建立收容站、把进城农民遣送原籍等强有力的措施。1958年，人民代表大会常务委员会第91次会议讨论通过了《中华人民共和国户口登记条例》，该条例第二条规定：“中华人民共和国公民，都应当依照本条例的规定履行户口登记”；第六条规定：“公民应该在经常居住的地方登记为常住户口，一个公民只能在一个地方登记为常住人口”；第十条规定：“公民由农村迁往城市，必须持有城市劳动部门的录用证明、学校的录取证明或者城市户口登记机关的准予迁入的证明，向常住户口登记机关申请办理迁移手续”。[①] 从此形成中国特有的严格控制农村人口流动的户籍制度。这种户籍制度以“农业人口”和“非农业人口”把人口划分为两部分。之后，国家又制定了与这种户籍制度相配套的生活资料供给制度、就业制度和福利制度等。只有持有“非农业户口”的城镇居民，才能获得国家配给的基本生活资料，才能由城镇劳动就业部门安排工作，才有资格享受福利等。这样，就在城乡之间挖掘了一道“鸿沟”，筑起一道制度性壁垒，从而造成了一个城乡分割的二元社会结构，即以市民为主体的城市社会和以农民为主体的农村社会，农村与城市经济、政治、社会利益诸多方面都存在明显的差别和矛盾。

1959年以后，由于发展战略失误，我国陷入了三年困难时期，农村大饥荒，粮食统购统销，农民利益受损，农村人口大量涌入城市，城市粮食供应出现危机，严重危及国家工业化战略。为此，1961年至1962年《关于减少城镇人口和压缩城镇粮食销量的九条办法》《关于处理户口迁移问题的通知》《关于加强户口管理工作的意见》等限制农村人口迁往城市的条例相继出台，特别是1964年国务院批转了公安部的一个关于处理户口迁移的文件，强调了两

① 《当代中国》丛书编辑部．当代中国的城市建设［M］．北京：中国社会科学院出版社，1990：45.

个“严加限制”，即由农村迁往城镇的户口要严加限制，由城镇迁往城市的户口要严加限制。至此，城乡分割的户籍制度刚性确立，并继续恶化。

1977 年，公安部制定发布了《公安部关于处理户口迁移的规定》，严格限制农村到城镇、小城镇到城市、小城市到大城市特别是直辖市的“垂直”迁移，即使是城乡通婚也不能成为在农村的配偶迁往城市的理由。公安部在随后下发的《公安部关于认真贯彻国务院批转〈公安部关于处理户口迁移的规定的通知〉的意见》中提出了实行农村户口转变为城镇户口（即“农转非”）指标控制的方法，即每年批准从农村迁往市镇和转为非农业户口的职工家属人数，不得超过当地非农业户口的 1.5‰，这一比例由省级公安机关内部掌握。

2. 1958 ~ 1978 年城乡二元户籍福利安排

这一阶段，城乡户口的福利价值差别在沿袭中华人民共和国成立初期制度安排的基础上，被国家重工业优先发展战略进一步强化放大。重工业的基本特点是资本密集度高，劳动力吸纳能力弱。在农村剩余劳动力大量存在的情况下允许人口自由流动必然带来工业部门与农业部门劳动报酬均等化，不利于工业的优先发展。于是，为保证国家工业化的低成本需求，政府一方面极力压低农产品价格，榨取农村剩余价值，为工业化提供原始积累；另一方面最大限度地将城市户口与劳动就业、生活资料分配、社会福利安排挂钩，使得农民即使流入城市，也因无法获得城市的就业机会和生活资料而不得不回到农村，以此保证工业优先发展的资源配置格局，确保工业化战略的顺利实施。这就造成一个人口管制的“马太效应”，城市户口附加的福利价值越大，对农民的吸引力也就越大，农民向城市流动的动力就越强；为进一步限制农村人口向城市流动，就要在城市户口上附加更多的就业及生活资料制度安排，用户口性质差别把农民排斥在城市生活就业大门之外。

二、改革开放以来中国户籍制度改革及户籍福利价值的变迁

改革开放以来，应时代需要的户籍制度改革，一方面开始动摇了城乡二元户籍福利价值的制度根基，逐渐剥离城市户口背后的福利价值，对缩小城乡户籍福利价值两极差别产生了积极的影响；另一方面又由于其改革的不彻底性，城乡户口差别化福利安排仍然存在，并在新时期惠农政策贯彻实施、城镇化加速推进中，使城乡户籍福利价值发生复杂变化。

（一）改革开放以来中国户籍制度的改革与创新

始于1978年的家庭联产承包责任制改革，实质上是改革中国二元社会结构下的农村人民公社制度。到1983年，在中国农村延续25年的人民公社制度宣告终止，这就从根本上“破坏”了农村社会的“稳定”，农民得到了自由和解放。到1985年，国家正式取消了农副产品统派制度，实行合同定购与市场收购，这就使得建立于1953年底的统购统销制度被正式取消。这些为农民的流动创造了条件，随后，一部分农民开始到集镇居住并从事非农产业，在事实上突破了城乡割裂的户口管理制度。而在制度上的真正改革是1984年10月13日《国务院关于农民进入集镇落户问题的通知》（以下简称《通知》）的颁发。《通知》规定：“凡申请到集镇务工、经商、办服务业的农民和亲属，在集镇有固定住所，有经营能力，或在乡镇企事业单位长期务工的，公安部门应准予落常住户口，及时办理落户手续，发给《自理口粮户口簿》，统计为非农业户口”。“对到集镇落户的，要事先办好承包土地的转让手续，不得撂荒；一旦因故返乡的应准予迁回落户，不得拒绝”[①]。该规定对于突破封闭的城乡户口管理制度具有历史性的意义。

户籍制度的进一步改革是在1997年。1997年6月，国务院批转了公安部关于《小城镇户籍管理制度改革试点方案》（以下简称《方案》），该《方案》提出：“允许已经在小城镇就业、居住并符合一定条件的乡村人口在小城镇办理常住户口，以促进农村剩余劳动力就近、有序地向小城镇转移”。“同时继续严格控制大中城市特别是北京、天津、上海等特大城市人口的机械增长”。“改革的范围限制在县（县级市）城里的建成区和建制镇城区”。

这里符合条件的乡村人口是指符合下列条件：“（一）从农村到小城镇务工或者兴办第二产业、第三产业的人员；（二）小城镇的机关、团体、企业、事业单位聘用的管理人员、专业技术人员；（三）在小城镇购买了商品房或者已有合法自建房的居民。”“上述人员的共同居住的直系亲属，可以随迁办理城镇常住户口”“在小城镇范围内居住的农民，土地已被征用，需要依法安置的，可以办理城镇常住户口”“经批准在小城镇落户人口的农村承包地和自留

① 国务院．国务院关于农民进入集镇落户口问题的通知［EB］．中国法律法规大全（CD——ROM）．北京：北京大学出版社，1998.

地，由其所在农村经济组织或者村民委员会收回，凭收回承包地和自留地证明，办理在小城镇的落户手续”。

应该说公安部关于《小城镇户籍管理制度改革试点方案》比 1984 年的《国务院关于农民进入集镇落户问题的通知》前进了一大步，明确提出农民可以进入小城镇落户，而不仅仅是小集镇。但是该文件仍然在制度上对农民进城落户有一定的限制，主要表现在两个方面：首先，农民进入小城镇必须购买商品房或有合法的自建房，实际上是以货币的形式在农民面前筑起了一道门槛，将大批低生活水平的农民拒之门外；其次，农民进入小城镇落户必须放弃土地的承包权而且不给予补偿，使得农民进入小城镇不仅要失去他们实际上已经占有并受益的土地使用权，而且，由于国家的社会保障制度不涵盖农村，因此失去土地对农民而言就意味着失去生存保障。对于原来只存在就业不足，而没有就业风险的农民来说，要求其在未来预期还不稳定的情况下交出土地，无疑切断了其进入小城镇的后路。因此，虽然公安部关于《小城镇户籍管理制度改革试点方案》在制度上有很大突破，对于向往城镇生活已久的农民具有较大的刺激作用，但实际效果却并不好。

为了解决上述问题，《中共中央、国务院关于促进小城镇健康发展的若干意见》指出：“为鼓励农民进入小城镇，从 2000 年起，凡在县级市市区、县人民政府驻在镇及县以下小城镇有合法固定住所、稳定职业或生活来源的农民，均可根据本人意愿转为城镇户口，并在子女入学、参军、就业等方面享受与城镇居民同等待遇，不得实行歧视性政策。对在小城镇落户的农民，各地区、各部门不得收取城镇增容费或其他类似费用。”[①] 2001 年 3 月，国务院批转了公安部《公安部关于推进小城镇户籍管理制度改革的意见》（以下简称《意见》），更全面地推进户籍管理制度改革，《意见》指出，小城镇户籍管理制度改革的实施范围是县级市市区、县人民政府驻地镇及其他建制镇。凡在上述范围内有合法固定住所、稳定职业或生活来源的人员及与其共同生活的直系亲属，均可根据本人意愿办理城镇常住户口。已在小城镇办理的蓝印户口、地方城镇居民户口、自理口粮户口等，符合上述条件的，统一登记为城镇常住户口。对经批准在小城镇落户的人员，不再办理粮油关系手续；根据本人意愿，

---

① 中共中央、国务院．关于促进小城镇健康发展若干意见［EB/OL］．（2000－6－13）http：//www.gov.cn/gongbao/content/2000/content_60314.htm.

可保留其承包土地的经营权，也允许依法有偿转让。《意见》还要求，各地要在 2001 年 10 月 1 日前全面部署开展小城镇管理制度改革工作。根据这一文件，农业户口在小城镇地区落户不受落户指标的约束，只要满足上述要求，就可以通过当地公安部门的行政程序办理。

2012 年 2 月，国务院颁发了《关于积极稳妥推进户籍管理制度改革的通知》（以下简称《通知》），我国户籍制度改革有了突破性进展。该《通知》实际上是国务院办公厅于 2011 年 2 月 26 日印发，时隔一年与公众见面。该《通知》指出，今后我国户籍迁移将实行分类迁移政策。

《通知》规定：

（1）在县级市市区、县人民政府驻地镇和其他建制镇有合法稳定职业并有合法稳定住所（含租赁）的人员，本人及其共同居住生活的配偶、未婚子女、父母，可以在当地申请登记常住户口。城镇综合承载能力压力大的地方，可以对合法稳定职业的范围、年限和合法稳定住所（含租赁）的范围、条件等作出具体规定，同时应当积极采取有效措施解决长期在当地务工、经商人员的城镇落户问题。

（2）在设区的市（不含直辖市、副省级市和其他大城市）有合法稳定职业满三年并有合法稳定住所（含租赁）同时按照国家规定参加社会保险达到一定年限的人员，本人及其共同居住生活的配偶、未婚子女、父母，可以在当地申请登记常住户口。中西部地区根据当地实际，可以适当放宽职业年限的要求；城市综合承载能力压力大的地方，可以对合法稳定职业的范围、年限和合法稳定住所（含租赁）的范围、条件等作出更严格的规定，同时应当积极采取有效措施解决长期在当地务工、经商人员的城市落户问题。参加社会保险的具体年限由当地人民政府制定，报省级人民政府批准。

（3）继续合理控制直辖市、副省级市和其他大城市人口规模，进一步完善并落实好现行城市落户政策。

《通知》还指出，农民工落户城镇，是否放弃宅基地和承包的耕地、林地、草地，必须完全尊重农民本人的意愿，不得强制或变相强制收回。

2014 年 7 月，为了促进有能力在城镇稳定就业和生活的常住人口有序实现市民化，稳步推进城镇基本公共服务常住人口全覆盖，国务院又印发《关于进一步推进户籍制度改革的意见》（以下简称《意见》）。《意见》的出台，标志着我国户籍制度改革开始进入全面实施阶段。

《意见》就进一步推进户籍制度改革提出 3 方面 11 条具体政策措施。

首先进一步调整户口迁移政策。全面放开建制镇和小城市落户限制，有序放开中等城市落户限制，合理确定大城市落户条件，严格控制特大城市人口规模，有效解决户口迁移中的重点问题。

其次创新人口管理。建立城乡统一的户口登记制度，建立居住证制度，体现户籍制度的人口登记管理功能。建立与统一城乡户口登记制度相适应的教育、卫生计生、就业、社保、住房、土地及人口统计制度。

最后切实保障农业转移人口及其他常住人口合法权益。完善农村产权制度，扩大义务教育、就业服务、基本养老、基本医疗卫生、住房保障等城镇基本公共服务覆盖面，加强基本公共服务财力保障。

经过两年多的改革推进，目前全国已有 31 个省份全部出台相关户改方案，普遍提出取消农业户口。如北京、上海提出取消本市农业户口与非农业户口性质区分，统一登记为居民户口；湖南提出，公安机关户口登记不再标注户口性质，不再依据户口性质统计农业人口与非农业人口；贵州提出，“户别”栏不再登记农业或非农业，统一登记为家庭户或集体户。我国自 1958 年开始对城乡居民划分农业户口和非农业户口，由此带来权益、保障和待遇的不同。农业户口的权益主要是责任地和宅基地，而非农业户口的权益主要是依附在户籍上的一些社会福利，包括教育、医疗、就业、保险、住房等方面。这次户籍制度改革，统一了农民和城镇居民的身份，农民与城镇居民没有农业户口和非农业户口的区别，只有地域区别。而原先附着在农业户口背后的集体土地承包权、农村宅基地使用权、村集体经济分配权等“三权”依然保留，农民成为拥有土地的居民，尤其是城乡结合部地区的农民，由于城市土地价值较高，随着城市的扩展，原先城乡结合部的农业户口因为潜在的土地拆迁收益蕴藏更多“含金量”。

（二）改革开放以来城乡户籍的经济价值

1. 户籍制度改革在一定程度上降低城镇户籍福利价值

上述户籍制度的一系列改革直指城乡分割的户籍制度及其背后的福利安排，动摇了城乡户籍福利价值赖以产生的基础，对城乡户籍福利价值变化产生了深远的影响。户籍制度改革初期，由于户籍制度背后黏附的土地配置、就业安排、教育资源分配、社会保障等功能太多，牵一发而动全身，户籍制度难以与这些福利安排剥离，城乡户籍福利价值仍存在明显差距，非农户口对农民工仍具有极大的吸引力。随着户籍制度改革的推进，曾经专属于城镇户口的一些福利安排，开始逐渐与城镇户口剥离。以城镇职工社会保险为例，只要与用人单位签订合同，农民工亦可申请城镇职工社会保险，其中城镇职工养老保险、医疗保险还可随就业地转移并同农村同类保险接续转换。户籍制度改革降低了城镇户口的福利价值，有学者甚至认为，目前城市户口排他性的福利安排只有三项：一是以城市最低生活保障为主的社会救助服务；二是以经济适用房和廉租房实物或租金补贴为主的政府补贴性住房安排；三是城市公立学校的平等就学权①。

户籍制度改革的阻力与城镇户口的"含金量"成正比，在户籍制度改革最彻底的小城镇，户口含金量已经非常小，对农民工吸引力极小。与此同时，京沪深等大城市，户籍福利价值仍然较大，但也因其户籍含金量高，户籍制度改革阻力重重，落户门槛仍居高不下。

2. 惠农政策深入贯彻促进农村户籍福利价值升值

如果说户籍制度改革拉开了长期两极僵化的城乡户籍福利价值变迁的序幕，那么改革开放以来一系列惠农政策的实施无疑是缩小城乡户籍福利价值差距的催化剂，直接促进农业户口升值。

计划经济时代，在城市偏向的发展战略下，国家以工农产品剪刀差、粮食统购统销等制度安排剥夺农业和农村，为工业和城市的发展提供原始积累，农业户口基本上没有什么特殊的福利价值可言。改革开放以来，"三农"问题，农业在国民经济中的基础地位，逐渐引起党和政府的重视。1982～1986年，中央连续出台五个围绕农村土地经营制度改革的"一号文件"，拉开了农村改革的序幕。家庭联产承包制在农村普遍实施，人民公社被全面废除，农产品统购派购制度取消，市场调节力度扩大，适应社会主义市场经济要求的农村新经济体制框架初步建立，农民的生产积极性得到极大解放。2002年党的十六大召开，中国开始进入全面建设小康社会时代，统筹城乡发展刻不容缓。为此，从2004年开始，中央又连续颁布十个"一号文件"，加大惠农力度，税费改革、农业补贴、社会保障制度建设、义务教育"两免一补"等惠农政策纷纷出台，显著推高了农业户口的户籍福利价值。

---

① 陶然．户改误区与突破口［J］．改革内参，2010（11）．

第一，全面取消农业税。2000年，农村税费改革开始试点，从正税清费到最终取消农业税，前后共历经6年时间。2004年取消了除烟叶以外的农业特产税；2005年全面取消牧业税；2006年正式废止《屠宰税暂行条例》；2006年1月起，在全国范围内全面取消延续了2600多年的农业税。农村税费改革极大减轻农民的负担，据时任国家税务总局局长肖捷披露，税改后农民负担每年减轻1300多亿元，人均减负140元。

第二，农业补贴制度。早在20世纪50年代末，我国农业补贴政策就以"机耕定额亏损补贴"形式出现，但补贴力度小，农民受益不大。直到21世纪初，随着良种补贴、粮食直接补贴、农资补贴和农机补贴等补贴政策的实施，农业补贴政策体系才逐渐形成。近年来，中央不断加大农业补贴力度，补贴标准不断提高。2013年，中央财政安排151亿元用于种粮农民直接补贴，预拨农资综合补贴资金1071亿元，对小麦、玉米、花生等农产品给予每亩10～50元不等的良种补贴；农机购置单机补贴金额最高可达40万元①。农业补贴制度有效地调动农民的生产积极性，促进农民增收，补贴收入构成农民收入的重要组成部分。2011年，农业补贴收入占到农民收入的8%。

第三，农村社会保障制度建设。一是新型农村社会养老保险制度建设。2009年12月，新型农村社会养老保险开始在全国部分区县启动试点工作。据人力资源与社会保障部统计，2011年末新型农村社会养老保险试点地区参保人数32643万人，2012年在全国基本实现了全覆盖。国家对符合领取条件的参保人全额支付每人每年不低于55元的基础养老金，地方政府对参保人缴费给予每人每年30～80元的补贴。二是新型农村合作医疗制度建设。新型农村合作医疗制度，是由政府组织、引导、支持，农民自愿参加，个人、集体和政府多方筹资，以大病统筹为主的农民医疗互助共济制度，采取个人缴费、集体扶持和政府资助的方式筹集资金。2003年开始试点，2008年在全国基本实现了全覆盖。目前，新型农村合作医疗制度全面覆盖农村地区，参保人数达8.35亿，参保率达95%，报销最高限额达到当地农民人均年纯收入的6倍。2016年，各级财政对新型农村合作医疗的人均补助标准已经达到420元。根据2016年国家卫生计生委基层卫生司下发的《关于做好2016年新型农村合作医疗工作的通知》指出，要巩固提高新农合保障水平，将政策范围内门诊和

---

① 农业部产业政策与法规司. 2013国家惠农政策概览［J］. 农村工作通讯，2013（7）.

住院费用报销比例分别稳定在50%和75%左右。三是农村社会救助制度建设。2007年，国务院颁布《国务院关于在全国建立农村最低生活保障制度的通知》，旨在解决农村贫困人口温饱问题的农村最低生活保障制度在全国农村建立。2012年底，全年各级财政共支出718.0亿元农村低保资金，全国2814.9万户、5344.5万个农村低保对象享受低保待遇，人均补助水平每年2067.8元。同时，农村五保供养补助力度进一步加大，2012年各级财政共支出农村五保供养资金145亿元，545.6万个农村五保对象接受国家供养，集中供养年平均标准为4060.9元/人，分散供养年平均标准为3008元/人。

第四，义务教育“两免一补”政策。“两免一补”政策始于2001年，是政府面向农村义务教育阶段贫困家庭学生提供的“免杂费、免书本费、逐步补助寄宿生活费”的一项资助政策。“两免一补”政策切实减轻了农民的经济负担，据教育部2006年第10次新闻发布会披露的资料显示，2005年义务教育“两免一补”的实施直接减轻农民经济负担70多亿元，农村贫困家庭小学生和初中生每年人均分别免除210元和320元的书本费和学杂费，寄宿生人均每年享受200~300元的补助费。2007年春季学期开始，全国农村义务教育阶段学生全部免除学杂费，贫困家庭学生全部免费提供教科书，并补助寄宿学生生活费。

党的十六大以来这些惠农政策的实施，切实提高了农民的利益，推高了农业户口的福利价值。

3. 农村土地使用制度改革提高农业户籍福利价值

随着城镇化的推进，城市空间的扩展，城镇周边的农村土地不断被国家征用，进入市场流转。由于对农村土地承包权的排他性拥有权，农业户口因为城镇化的推进直接附加上了征地补偿、就业安置、住房保障等相关福利，农业户籍福利价值随之“水涨船高”。尽管近年来征地补偿引起纠纷不断，补偿标准过低受到诸多谴责，但也不乏许多农民因为国家征地而一夜暴富的例子。特别是在2012年11月28日召开的国务院常务会议上，讨论通过了《中华人民共和国土地管理法修正案（草案）》，对农民集体所有土地征收补偿制度做了修改。我国现行的征地补偿制度是由土地管理法确定的，草案删除了第47条中按照被征收土地的原用途给予补偿，以及土地补偿费和安置补助费的总和不得超过土地被征收前三年平均年产值的30倍的内容，规定征收农民集体所有的土地应当给予公平补偿。这意味着，随着城镇化的进一步推进，征地补偿将大大提高，农村土地价值将得到明显的提升。在城镇化发展较快的东部沿海地区，土地升值让农业户口变成“香饽饽”，“非转农”现象越来越普遍，浙江义乌甚至还出现公务员把户口迁到农村，分享农村土地增值收益等“伪逆城市化”现象。同时农村土地使用制度改革也进一步提升了农村户籍的经济福利。

在我国，土地代表着农民至关重要的资产，土地不仅是生产资料可以提供经济性收入，还可以提供相应的社会保障、贷款抵押、生态环境效应等其他方面的功能。农村的土地归属于农村集体经济组织，生产经营权、使用权、承包权归属于农户个体或者家庭为单位所有。2011 年，《关于加快推进农村集体土地确权登记发证工作的通知》要求尽快推动农村土地确权登记工作的开展，农村土地确权促进了依法保障农民的土地承包权益。随着宅基地的确权和农村土地产权的确定，有助于实现农村资源配置的最大化，增强农村发展动力。在取消农业户口和非农业户口划分后，国家没有出台相关规定要求持居民户口的原先农业户口居民需要放弃宅基地和责任田才能享受相应社会保障的权利，这说明取消农业与非农业户口划分后，原先持农业户口的农村居民仍拥有宅基地和责任田，这使得农村居民的福利状况发生了显著的变化，缩小了城乡间的福利差距。

第一，宅基地确权对农业户籍经济福利的影响。宅基地经过确权后，对于农民退出的宅基地，集体组织将给予一定的经济补偿。目前宅基地退出政策还处于试点阶段，依照目前 15 个试点县来看，宅基地退出分为两种情况：一是自愿退出宅基地然后迁移到农村集体公寓式住房；二是自愿退出宅基地然后到城市购买商品房。第一种是“宅基地置换房屋”的方式，即将宅基地进行折价，然后和集体建设的公寓的价值相比较，采取多退少补的原则来补偿；第二种主要是根据当地经济发展水平和宅基地面积进行补贴。根据福建省泉州市的补偿办法，采用产权置换方式退出宅基地的，由当地政府在规划集中居住区内建设安置房，申请人参照当地同期征地房屋拆迁安置条件进行置换。对农民退出旧宅基地复垦为耕地的，形成的新增耕地指标将与用于城乡建设用地增减挂钩，指标收益分配向原宅基地使用者倾斜，支付给原宅基地使用者的比例不低于指标收益的 60%。尽管目前宅基地退出补偿机制还处于试点过程中，但宅基地置换与补偿确实能够给农村居民带来经济性收益。

第二，农村土地“三权分置”办法的出台，提高了农村户籍土地的财产性收入。2016年10月30日，中共中央办公厅、国务院办公厅印发了《关于完善农村土地所有权承包权经营权分置办法的意见》（以下简称《“三权分置”意见》）。所谓三权分置，是指在保持集体土地所有权和农户承包经营权不变的情形下，将经营权从承包经营权中分离出来。经营权可以不受身份的限制，任何人均可取得，并可以自由转让和抵押。这样，通过将经营权从承包经营权中分离，农户在保留承包经营权、继续坚持承包经营权不得抵押并严格限制转让的同时，通过经营权的形式实现了承包地的抵押和转让。农村土地“三权分置”意味着可以让农户在留有承包权的基础上，通过对经营权的流转获得红利。这一方面可以提高土地的资源配置，另一方面可以通过吸引工商资本的进入，开展大规模的农业生产并提升农业产品的科技含量和附加值。“三权分置”以后农民可以转让土地的经营权获得转让费，这将增加农民的财产性收入。由此，提高了农村户籍的经济价值。

第二节　就业、社会保障制度安排与城乡户籍经济福利

一、传统体制下就业、社会保障制度安排

（一）就业制度安排

1949年以前的中国是一个经济落后、农业居主导地位的大国。中华人民共和国成立后，我国面临着国家工业化的艰巨任务，而任何国家工业化的启动都需要投入大量的建设资金，但在帝国主义的封锁禁运下，中国工业化只能依托内部的力量，而当时的农业是国家经济的主体部分，国家只能通过农业积累来支撑国家的工业化，即在粮食统购统销制度下，通过工农业产品的不等价交换和税收等形式，为工业化提供大量的资金积累。为了保证工业化的快速进行，我国采取了低工资、高积累、高福利政策。由于资金有限，就必须限定享受高福利的人数，否则就实现不了高积累，因此，我国规定只对城镇居民提供福利保障，农村居民没有享受任何福利措施。为了控制享受福利的人员数量，就必须限定农民进入城镇就业的自由，为此，在传统体制下，实行的是城乡分割的就业制度，在城镇通过统配制度实行“劳者有其岗”；而乡村劳动力不属

于统配范围，无机会进入城镇就业，实行“自然就业”政策，不断增加的农村劳动力只能就地依附于有限的土地上谋求生存和发展。因此，在计划经济下，我国一直保持着低工资、低效率的就业均衡，大量农民处于事实上的隐形失业状态。比如，1952 年我国农业从业人员为 17316 万人，占全国从业人数的 83.5%，到 1970 年降为 80.7%，18 年间降幅仅为 2.8 个百分点，农民就业转移人数只有 3222 万人，年均转移 180 万人，仅占年平均就业人数的 3‰。

（二）社会保障制度安排

社会保障是依据一定的法律和规定，为保证社会成员的基本生活权利而提供的救助和补贴，主要包括社会救助、社会保险、社会福利、社会优抚的四个部分（见图 2－1）。与城乡二元制度相一致，中国社会保障制度也呈现出极为明显的二元特征，城乡社会保障相互独立且带有明显的“城市偏向”。改革开放前，城市已经建立起了一套较为全面的涵盖养老、医疗、工伤、生育、失业等方面的保障体系，而农村仅仅建立了“五保户”、灾害补助、合作医疗等低水平、低层次的保障制度。改革开放后，随着各项政策的不断推进，我国城市的社会保障制度建设取得了巨大进步，至今已经建立起一套能够基本符合城市居民需求的涵盖养老保险、医疗保险、工伤保险、失业保险、生育保险、最低生活保障等一系列较为完善的社会保障制度。但农村的社会保障制度建设则相对滞后于城市，依然处于碎片化、差异化、混乱和不稳定的状态。

图 2－1 中国社会福利保障体系

在传统体制下，我国的社会保障主要是对非农业户口实行全面保障，其中国家机关、事业单位干部由国家财政提供保障，企业职工由企业提供保障，其他城镇社会成员则由社会救济。由于职工收入较低，因此，保障范围也非常广泛，从出生、教育、住房、医疗，到就业、养老等，几乎无所不包。

与城市不同，我国农村的社会保障制度则以土地保障为主，立足于农民的自我保障，以集体经济单位为依托，主要由“五保户”制度、农村救灾救济制度、农村合作医疗制度组成。与城镇居民的社会保障相比，农村的这种保障水平只是最低限度的生存保障。农业人口享受的保障范围极其狭小，除了对“五保户”提供社会救济以及在发生重大自然灾害时政府提供少量的救灾救济外，几乎没有给予农民什么社会保障。

二、改革开放后就业、社会保障制度安排

（一）改革开放后就业制度改革与安排

为了解决生存问题，以安徽凤阳小岗村为先锋的农民，进行了家庭联产承包制的尝试，并得到中央决策高层的肯定，从而迅速在全国推广。这一新的制度安排大大调动了农民的生产积极性，使农业生产率大幅度提高。1978～1984年，中国第一产业实现增加值增长52.6%，粮食实现了历史上从未有过的大丰收。随着农产品剩余的增加，中央政府及时进行了农副产品购销体制的改革，农民可以逐步将剩余的农副产品在集贸市场上出售。与此相适应，农民的从业范围也开始突破了狭隘的传统农业，有部分农民开始到城镇从事个体工商业。

到城镇从事个体工商业，意味着农民在事实上已经突破了传统的城乡就业壁垒，但是制度障碍仍然存在。1984年10月13日，国务院发出《国务院关于农民进入集镇落户问题的通知》，规定“凡申请到集镇务工经商、办服务业的农民和家属，在城镇有固定住所，有经营能力，或在乡镇企事业单位长期务工的，公安部门应准予落实常住户口，及时办理入户手续，发给《自理口粮户口簿》，统计为非农业户口”。这是一个历史性的转折，它是政府第一次对自主性进入城镇就业的正式肯定和认可，也意味着我国开始从制度上打破城乡就业壁垒，形成有利于城乡融通的新的就业安排。1984年，是我国改革开放后非农化和城市化进程最快的一年，乡镇企业和个体工商业迅速兴起和发展，

有力地促进了城镇的发展。乡镇企业个数由1983年的135万个猛增到1984年的606万个，同期乡镇企业就业人数由3234.64万人提高到1984年的5208.11万人，增加了1973.47万人，城镇人口增长率达7.8%。这一年乡村人口出现负增长（见表2-1）。

表2-1　　1978~1990年城乡人口增长及乡镇企业概况

年份	城镇人口增长规模（万人）	乡村人口增长规模（万人）	城镇人口增长率（%）	乡村人口增长率（%）	乡镇企业单位数（万个）	乡镇企业职工人数（万人）
1978	576	709	3.46	0.91	152.42	2826.56
1979	1250	33	7.25	0.04	148.00	2909.00
1980	645	518	3.49	0.66	142.46	2999.67
1981	1031	336	5.39	0.42	133.75	2969.58
1982	1309	273	6.49	0.34	136.17	3112.91
1983	794	560	3.70	0.70	134.64	3234.64
1984	1743	-394	7.83	-0.49	606.52	5208.11
1985	1077	417	4.48	0.52	1222.20	6979.03
1986	1272	384	5.07	0.48	1515.30	7937.14
1987	1308	485	4.96	0.60	1750.35	8805.18
1988	987	739	3.57	0.91	1888.16	9545.46
1989	879	799	3.07	0.97	1865.63	9366.78
1990	651	978	2.20	1.18	1850.40	9264.80

资料来源：国家统计局人口和社会科技统计司．中国人口统计年鉴1999［M］．北京：中国统计出版社，1999；林汉川，夏敏仁．中国中小企业发展与就业问题研究［M］．北京：中国财政出版社，2001：196.

在乡镇企业对农民开放的同时，城市中部分行业也开始对农民开放就业。1981年10月，《中共中央、国务院关于广开门路，搞活经济，解决城镇就业问题的若干规定》要求发展城镇劳动者个体经济，指出：“个体劳动者是我国社会主义劳动者，他们的劳动，同国营、集体企业职工一样，都是建设社会主义所必需的，都是光荣的。对于他们的社会和政治地位，应与国营、集体职工一视同仁。[①]”这在制度上对城镇个体劳动者予以承认。1984年10月，劳动人

① 中共中央文献研究室．中共中央、国务院关于广开门路，搞活经济，解决城镇就业问题的若干规定［R］．三中全会以来重要文献选编（下）［G］．北京：人民出版社，1982：986-987.

事部、城乡建设环境保护部颁发《国营建筑企业招用农民合同制工人和使用农村建筑队暂行办法》，提出国营建筑企业可以招用农民合同制工人，开始突破国营企业只面向城镇招工的壁垒。同年 12 月，国务院批复劳动人事部制定的《交通、铁路部门装卸搬运作业实行农民轮换工制度和使用承包工试行办法》中规定，交通铁路系统可以使用农民工，但是从事搬运业务的农民身份不变，户口粮油关系不转，到期进行轮换，期满返回农村。上述规定事实上成为后来城镇企业使用农民工普遍遵循的基本模式。此后，各地的许多其他产业也将一些临时性、季节性使用的劳动力从农民中招录。这样，20 世纪 80 年代下半期，随着城市体制改革的深入，大批农民进入城市从事非农产业，形成所谓的“8000 万劳动大军”。1994 年 7 月，国家颁发了《中华人民共和国劳动法》(以下简称《劳动法》)。该法第三条规定：“劳动者享有平等就业和选择职业的权利，取得劳动报酬的权利、休息休假的权利”[①] 这是一个重大的制度创新与突破，以法律的形式赋予农民与城镇居民具有平等就业的权利。2002 年 1 月，中共中央、国务院《关于做好 2002 年农业和农村工作的意见》再次针对进城务工农民提出“公平对待、合理引导、完善管理、搞好服务”的方针。同月，国务院办公厅发出《关于做好农民进城务工就业管理和服务工作的通知》，要求各地要进一步提高对做好农民工进城务工就业管理和服务工作的认识，并提出取消对农民进城务工就业的不合理限制，切实解决拖欠和克扣农民工工资问题。2004 年，农业部在全国开展了农村劳动力平等就业试点工作，着眼于建立平等就业制度，并在探索建立城乡统一劳动力市场、取消对农村劳动力进城就业不合理限制和收费、维护农民工的合法权益等方面取得了一定的突破和进展。

通过多年改革，目前农村居民城乡就业市场的准入已经基本实现，但农民工与城市职工平等的就业制度还没有完成实现。而城乡居民平等的就业待遇，即获取劳动报酬的权利，如工资报酬、劳动保护条件、社会保险、休息休假、节假日补贴等方面还有缺失，平等就业的延伸层面——实现劳动者平等获得公共资源和公共服务等方面还存在一定程度的不平等。

---

① 中共中央文献研究室．中华人民共和国劳动法［R］．十四大以来重要文献选编（上）［G］．北京：人民出版社，1996：889.

（二）改革开放后社会保障制度改革与安排

改革开放30多年来，我国的社会保障事业得到了较快的发展，社会保障制度框架基本形成。在城镇，我国已经基本建立了养老、医疗、失业、工伤和生育保险等五项社会保险制度，并且已经全面实施了最低生活保障制度；在农村，我国正在全面推进最低生活保障制度，努力探索养老保险制度，新型合作医疗改革已经取得较大进展。

改革开放以来我国社会保障制度的改革和发展历程可以分为三个阶段：第一个阶段是1978～1992年改革探索阶段；第二个阶段是1993～2004年的制度框架初步形成阶段；第三个阶段是2005年至今的城乡社会保障制度统筹发展阶段。

1. 1978～1992年的改革探索时期

这一时期，我国经济体制改革的核心是转变企业经营机制、增强企业活力，实行以承包为主的多种形式的经营责任制。在这种改革背景下，社会保障制度改革的指导思想定位于服务企业改革的需要，国家把社会保障改革作为企业改革的配套措施来进行，以单项制度改革为突破口。在改革步骤上首先从改革城镇企业养老保险制度和建立失业（待业）保险制度入手，再随着有关企业改革政策的出台，陆续制定了其他相关的社会保障改革措施。在养老保险方面，我国在1978年以前养老保障制度的典型特征是"企业保险"，因此1978～1991年阶段改革的主要目的是维持、巩固和完善这种制度模式，解决历史遗留问题和恢复养老保障制度。与此同时，这一阶段的一些改革措施也积极促进了"企业保险"向"社会保险"的转变。如1984年，国家在全民和集体所有制企业开始了退休费用社会统筹的试点；1991年6月，国务院发布了《关于企业职工养老保险制度改革的决定》，开始尝试性地推进社会养老保险结构的改革实践，实行基本养老保险、企业补充养老保险和职工个人储蓄性养老保险相结合的养老保险制度。在养老保险的筹资方面，确定基本养老保险费用由国家、企业和职工三方共同负担，实行社会统筹，先由市、县级统筹再逐步过渡到省级统筹。职工个人按本人工资的3%缴纳养老保险费。在这个多层次的养老保险体系中，第一个层次是基本社会养老保险，它是核心，由国家立法，在全国统一强制实施，适用于城镇各类职工。第二个层次是由用人单位依据自己的经济情况自主决定量力举办的企业补充养老保险，它对第一层次具有补充作用，是多层次养老保险体系的重要组成部分。第三个层次是职工个人储蓄性养老保险，个人根据经济能力和不同需求自愿实施。在这个时期，医疗保险和失业保险改革也在逐步推进。与此同时，在农村社会保障制度方面，主要开展了中央政府主导下的大规模扶贫运动。

2. 1993～2004 年社会保障制度框架初步形成时期

这一时期是我国社会保障制度的探索性改革阶段，也是我国社会保障制度框架形成的重要时期。1993 年中共中央十四届三中全会通过的《中共中央关于建立社会主义市场经济体制若干问题的决定》，把建立社会保障制度作为社会主义市场经济基本框架的五个组成部分之一，正式决定实行社会统筹和个人账户相结合的社会保险制度。其中，一个最重大的突破是关于个人账户的设置，“社会统筹和个人账户相结合”实际上就是社会统筹和积累制的结合；另一个突破是要求建立统一的社会保障管理机构，社会保障行政管理和社会保险基金经营分开，社会保障管理机构主要是行使行政管理职能；社会保险基金经办机构，在保证基金正常支付的安全性和流动性的前提下，可依法把社会保险基金主要用于购买国家债券，确保社会保险基金的保值增值。1995 年 3 月，国务院发布了《关于深化企业职工养老保险制度改革的通知》，该通知具体确定“社会统筹与个人账户相结合”的实施方案，确定“统账结合”是中国城镇企业职工基本养老保险制度改革的方向。这一时期，医疗保险和工伤保险制度的改革也在多地进行试点。1997 年 7 月，国务院颁布了《关于建立统一的企业职工基本养老保险制度的决定》，确定到 2000 年，在省、自治区、直辖市范围内，要基本实现统一企业缴纳基本养老保险费比例，统一管理和调度使用基本养老保险基金，对社会保险经办机构实行省级垂直管理。为解决养老保险制度多种方案并存的碎片局面，统一城镇企业职工基本养老保险制度，提出了具体的解决措施。1998 年，国务院发布了《关于建立城镇职工基本医疗保险制度的决定》，明确了基本医疗保险制度的模式和改革方向；1999 年，发布了《失业保险条例》，进一步明确了覆盖范围、筹资办法、缴费比例、享受条件和保障水平。同年，国务院颁布了《城市居民最低生活保障条例》和《社会保险费征缴暂行条例》，进一步规范了城市贫困居民社会救助和社会保险费征缴工作；2000 年，国务院决定选择辽宁省进行完善城镇社会保障体系试点，颁布了《关于印发完善城镇社会保障体系试点方案的通知》，决定从 2001 年 7 月开始在辽宁省进行完善城镇社会保障体系试点工作。2003 年，党中央、国务院决定，在黑龙江和吉林两省进行扩大完善城镇社会保障体系试点工作，提出在总结辽宁省试点经验的基础上，通过两省的试点，为完善我国城镇社会保障体系进一步积累经验。2004年，国务院颁布了《工伤保险条例》，进一步明确了工伤保险的覆盖范围、筹资办法、缴费比例、享受条件和保障水平。

到2004年底，以养老保险、医疗保险、失业保险和城市居民最低生活保障制度为主要内容的、适应社会主义市场经济基本要求的城镇社会保障体系框架初步形成。

随着社会主义市场经济的深入发展，这一阶段农村的社会保障制度也以渐进式单项改革的形式推进，并在“五保”制度、救灾救济与社会救济、医疗保障等方面取得一定的进展。

在农村“五保”制度改革方面，从1985年起在全国逐步推行乡镇统筹解决经费的方法。1994年1月，国务院公布施行《农村五保供养工作条例》，规定五保供养的主要内容是“保吃、保穿、保住、保医、保葬（孤儿保教）”，所需经费和实物，从村提留或者乡统筹费中列支；1997年3月，民政部颁布了《农村敬老院管理暂行办法》，我国农村五保供养工作走上规范化、法制化的管理轨道。自2000年以来，随着农业税及附加税的逐步取消，供养经费又调整为主要从上级财政转移支付和地方各级财政预算中安排。

在农村救灾救济与社会救济方面，主要的改革与举措有：1986年，在全国范围内开展以兴办经济实体、技术帮助、培训为主要方式的有计划、有组织、大规模地扶贫开发；1993年以后，制定实施《国家八七扶贫攻坚计划》；从1993年起建立救灾工作分级管理、救灾款分级负担的新的救灾管理体制。

20世纪以来，逐步恢复与发展慈善事业。从1997年开始，有条件的地区逐步建立农村居民最低生活保障制度。这些改革与举措使我国贫困人口大幅度减少，因灾致贫的状况得到有效缓解。

在医疗保障方面，1997年1月，中共中央国务院在《关于卫生改革与发展的决定》中，提出要积极稳妥地发展和完善合作医疗制度。2003年1月，国务院办公厅转发了卫生部、财政部和农业部3部门《关于建立新型农村合作医疗制度意见的通知》。新型农村合作医疗制度是一种农民自愿参加，个人、集体和政府多方筹资，以大病统筹为主的农民医疗互助共济制度。

在农村社会养老保险方面，1991年6月，民政部制定了《县级农村社会养老保险基本方案》，规定了个人交费为主、集体补助为辅，政府给予政策扶持的原则和农民个人缴纳的保险费和集体补助全部记在个人名下的制度模式，农村社会养老保险工作开始展开。但自 1999 年开始，国务院对农村社会养老保险工作进行清理整顿，指出我国农村尚不具备普遍实行社会保险的条件，要求停止接受新业务，有条件地过渡为商业保险。至此，我国农村社会养老保险事业基本处于停滞状态。

3. 2005 年至今城乡社会保障制度统筹发展时期

2005 年以后，随着《中共中央国务院关于推进社会主义新农村建设的若干意见》等文件的出台，标志着我国经济社会进入以人为本、落实科学发展观和统筹城乡发展的时期。在这一背景下，我国社会保障制度发展进入统筹城乡、全面覆盖、综合配套、统一管理的阶段。2005 年，国务院颁布了《关于完善企业职工基本养老保险制度的决定》，实现养老保险覆盖范围由职工向城镇灵活就业人员的拓展，改革养老金计发办法，强化激励约束机制，建立长效机制；2006 年，中共十六届六中全会从构建社会主义和谐社会的战略高度，明确提出到 2020 年建立覆盖全民的社会保障体系。2007 年，中共十七大报告再次提出加快建立覆盖城乡居民的社会保障体系。这标志着中国社会保障制度建设进入到了一个新的历史阶段。同年，国务院颁布了《国务院关于在全国建立农村最低生活保障制度的通知》，明确通过在全国范围建立农村最低生活保障制度，将符合条件的农村贫困人口全部纳入保障范围，稳定、持久、有效地解决全国农村贫困人口的温饱问题。农村最低生活保障制度，实行地方人民政府负责制，按属地进行管理。同年 7 月，国务院又发布了《国务院关于开展城镇居民基本医疗保险试点的指导意见》，该指导意见提出的试点目标是：2007 年在有条件的省份选择 2 ~ 3 个城市启动试点，2008 年扩大试点，争取 2009 年试点城市达到 80% 以上，2010 年在全国全面推开，逐步覆盖全体城镇非从业居民。要通过试点，探索和完善城镇居民基本医疗保险的政策体系，形成合理的筹资机制、健全的管理体制和规范的运行机制，逐步建立以大病统筹为主的城镇居民基本医疗保险制度。

2009 年《国务院关于开展新型农村社会养老保险试点的指导意见》，决定从 2009 年起开展新型农村社会养老保险（以下简称“新农保”）试点，并指出实行新农保试点的基本原则是“保基本、广覆盖、有弹性、可持续”。一是从农村实际出发，低水平起步，筹资标准和待遇标准要与经济发展及各方面承受能力相适应；二是个人（家庭）、集体、政府合理分担责任，权利与义务相对应；三是政府主导和农民自愿相结合，引导农村居民普遍参保；四是中央确定基本原则和主要政策，地方制订具体办法，对参保居民实行属地管理。国家为每个新农保参保人员建立终身记录的养老保险个人账户。个人缴费，集体补助及其他经济组织、社会公益组织、个人对参保人缴费的资助，地方政府对参保人的缴费补贴，全部记入个人账户。根据试点方案要求，我国将于 2020 年基本实现新农保制度全覆盖。

2014 年，国务院又颁发了《国务院关于建立统一的城乡居民基本养老保险制度的意见》（以下简称《意见》）。《意见》指出，按照党的十八大精神和党的十八届三中全会关于整合城乡居民基本养老保险制度的要求，依据《中华人民共和国社会保险法》有关规定，在总结新型农村社会养老保险和城镇居民社会养老保险试点经验的基础上，国务院决定，将新农保和城居保两项制度合并实施，在全国范围内建立统一的城乡居民基本养老保险制度。城乡居民统一的基本养老保险制度突破了二元结构体制，公民能够按照同一缴费标准参加养老保险。截至 2016 年 9 月，我国已有 320 个新农保试点地区，覆盖范围较广。

经过上述改革，我国逐步建立起了具有中国特色的社会保障制度，形成了包括社会保险、社会救助、社会福利、优抚安置等制度的较为全面的保障体系。

（三）城乡户籍社会保障水平差异

社会保障水平指社会在一定时期内向社会成员所提供的社会保障范围和社会保障基金的量的总称。社会保障范围通常用社会保障项目的多少来反映，社会保障项目越多，社会保障范围就越广，社会保障水平就愈高[①]。社会保障基金的量是指社会能够集中到的用于各种保障项目给付的资金的规模，一般用人均社会保障支出或社会保障支出与 GDP 的比值来反映，它的值越大，社会保障水平就越高。

1. 城乡居民社会保障项目差异

目前我国城乡户籍保障项目还存在一定的差异，城市已经初步建立起涵盖

① 杨翠迎．中国社会保障制度的城乡差异及统筹改革思路［J］．浙江大学学报（人文社会科学版），2004（3）．

养老、医疗、工伤、生育、失业、社会优抚与补助和城市最低生活保障等项目的广覆盖、多层次的完善的社会保障体系。农村居民社会保障制度改革也在不断推进中，尤其在取消农业户口以后，城乡户籍之间的福利差异将逐步取消，农业户口的养老保险与医疗保险制度初步建立起来，并与城镇户口在养老与医疗保险方面的差距进一步缩小，但农村的失业保险、工伤保险制度尚未建立，农村妇女的生育医疗待遇则由新农合制度予以解决。因此目前农村社会保障项目与城镇居民相比，依然存在一定的差距（见表2－2）。

表2－2　　中国城乡社会保障项目的比较

<table>
<tr><th colspan="2">保障项目</th><th>城　市</th><th>农　村</th></tr>
<tr><td rowspan="5">社会保险</td><td>养老保险</td><td>普遍建立</td><td>多数地区已经建立新农保</td></tr>
<tr><td>医疗保险</td><td>普遍建立</td><td>多数地区已经建立新农合</td></tr>
<tr><td>失业保险</td><td>普遍建立</td><td>无</td></tr>
<tr><td>工伤保险</td><td>普遍建立</td><td>无</td></tr>
<tr><td>生育保险</td><td>普遍建立</td><td>在已建立新农合地区由新农合解决</td></tr>
<tr><td colspan="2" rowspan="3">社会福利</td><td>职工福利：福利设施、补贴、休假等</td><td>农民福利：各种农业补助、补贴、农业设施、机械</td></tr>
<tr><td>公办福利：社区服务、福利院、敬老院、干休所等</td><td>公办福利：五保户供养、养老院等</td></tr>
<tr><td>教育福利：九年义务教育</td><td>教育福利：九年义务教育</td></tr>
<tr><td colspan="2">社会救助</td><td>最低生活保障制度及城市扶贫</td><td>农村救济、救灾、扶贫</td></tr>
<tr><td colspan="2">优抚安置</td><td>优待、抚恤、安置</td><td>优待、抚恤、安置</td></tr>
<tr><td colspan="2">补充保障</td><td>企业保障、商业保险</td><td>少量商业保险</td></tr>
</table>

注：2014年起，城乡居民基本养老保险制度开始并轨；2016年城乡居民基本医疗保险制度开始并轨。

根据人力资源和社会保障事业发展统计公报和国家统计局网站的数据显示，2010～2016年我国城乡居民参加养老、医疗、失业、工伤、生育保险的人数存在明显的差距，其中由于在城乡已经推行了城镇居民基本养老保险和农村居民新型基本养老保险，城镇居民医保与农村新型合作医疗保险，两类保险参保与参合的人数较多，城乡居民参保率均达到90%以上；而由于在农村尚未推行失业、工伤和生育保险，因此农村居民只有到城镇非农产业务工才能与所在企业一起交纳这三类保险，所以参保人数存在差异，如表2－3所示。

表 2-3 2010～2016 年中国城乡居民参加社会保险人数

保险类别		2016 年	2015 年	2014 年	2013 年	2012 年	2011 年	2010 年
城镇职工基本养老保险（万人）	城市居民	31990	29776	28652	27323	25884	24251	22423
	农村居民	5940	5585	5472	4895	4543	4140	3284
城镇基本医疗保险（万人）	城市居民	24707	23727	23067	22425	21490	20586	19152
	农村居民	4825	5166	5229	5018	4996	4641	4583
失业保险（万人）	城市居民	13430	13107	12972	12677	12523	11926	11386
	农村居民	4659	4219	4071	3740	2702	2391	1990
工伤保险（万人）	城市居民	14379	13943	13277	12654	11831	10868	9861
	农村居民	7510	7489	7362	7263	7179	6828	6300
生育保险（万人）	全国居民	18451	17771	17039	16392	15429	13892	12336

注：这里的农村居民主要指在城镇务工的农民工。

资料来源：根据 2010～2016 年《人力资源和社会保障事业发展统计公报》数据整理。

2. 城乡居民社会保障水平差异

（1）我国已经基本完成城乡居民基本养老保险制度的整合。截至 2016 年，多数地区已经实现了城乡居民基本养老保险制度的合并，在一些尚未合并实施的地区，目前的制度模式、筹资方式已基本一致，但在待遇支付方面存在一些差距。根据《2016 年度人力资源和社会保障事业发展统计公报》的数据显示，到 2016 年末，全国参加基本养老保险人数为 88777 万人。其中，参加城镇职工基本养老保险人数为 37930 万人，包括参保职工 27826 万人，参保离退休人员 10103 万人；城乡居民基本养老保险参保人数 50847 万人，其中实际领取待遇人数 15270 万人。此外，参加城镇职工基本养老保险的农民工人数达到 5940 万人。

（2）医疗保险水平差异。国务院 2016 年 6 月印发了《关于整合城乡居民基本医疗保险制度的意见》，就整合城镇居民基本医疗保险和新型农村合作医疗两项制度，建立统一的城乡居民基本医疗保险制度提出明确要求，并要求各统筹区于 2016 年底前出台具体实施方案。城乡居民统一的医疗保险制度将要建立。但在此之前，城乡的医疗保险水平存在一定的差距。我国于 2009 年开始推行新型农村合作医疗保险制度，2011 年全国启动城镇居民医疗保险制度。新农合和城镇居民的医疗保险制度在缴费要求、待遇标准、医药目录、报销流程等方面存在很大的区别，因此城镇居民和农村居民在医疗保险上缴纳金额、履行的义务、获得的权利也存在一定的差异。新农合的保障对象为农村居民，主要侧重于大病统筹与住院补助，小病依然由农民个人医疗账户支出，相对于城镇居民医疗保险制度来说，新型农村合作医疗保障程度较小，报销流程也较为烦琐。目前各地新农合覆盖率存在差异，报销标准与范围也存在差异。

3. 城乡居民最低生活保障水平差异

最低生活保障水平是指国家为了确保居民可以维持最基本的生活需求而设置的一种社会救济的准则。随着 1997 年国务院颁发《建立城市居民最低生活保障制度的通知》后，我国将城市最低生活保障制度纳入规范化轨道。1999 年后，中央陆续出台多项文件对城镇居民低收入保障的标准、资金来源、资助方式等方面做出详细地规定。农村的最低生活保障制度建设开始于 1996 年《关于加快农村社会保障体系建设的意见》的颁布。随后，上海、北京、辽宁等地区陆续推出并最终形成城乡最低生活保障制度。但针对农村最低生活保障的行政性文件相对较少，低保对象的保障范围也远低于城镇，法律效力不足且实施过程中存在较大的随意性。

从表 2－4 可以看出，近几年，我国城乡最低生活保障水平一直在提高，农村最低生活保障平均标准从 2009 年的 100.84 元提高到 2015 年的 265.19 元；城市从 227.75 元提高到 450.1 元。农村平均标准提高了 164.35 元，城市平均标准提高 222.35 元。2015 年城市居民最低生活保障平均标准是农村居民的 1.7 倍。城乡之间仍存在一定的差异，城市居民和农村居民因为户籍差异导致享受的社会保障水平不均等的现象仍然存在。

表 2－4　　2009～2015 年城乡最低生活保障平均标准统计数据

年份	农村最低生活保障平均标准（元）	城镇最低生活保障平均标准（元）	农村最低生活保障人数（万人）	城镇最低生活保障人数（万人）
2009	100.84	227.75	4759.30	2347.70
2010	117.00	251.20	5228.40	2311.00
2011	143.20	287.60	5313.50	2276.80
2012	172.32	330.08	5340.90	2142.50
2013	202.83	373.30	5382.10	2061.30
2014	231.38	410.50	5209.00	1880.20
2015	265.19	450.10	4903.20	1708.00

资料来源：根据 2009～2015 年《中国民政统计年鉴》相关数据整理所得。

2014年户籍制度改革出台后，我国的多数省份开始调整城乡低收入保障标准，北京、上海、南京、杭州、长沙等城市开始实行城乡居民最低生活保障标准并轨。沈阳、济南、西安等城市也调整了城乡最低生活保障标准。但多数地区城乡户籍最低生活保障标准还存在一定的差距（见2－5表）。同时，农村最低生活保障还存在着覆盖范围不够广、资金管理不够合理以及发放时间过长等问题，这些都损害了农村居民作为公民的福利保障的权利。

表2－5　　2016年部分地区最低生活保障标准差别

地区	城市居民低收入保障标准（元/月）	农村居民低收入保障标准（元/月）
北京市	800.00	800.00
上海市	880.00	870.00
天津市	780.00	755.00
南京	747.50	719.50
杭州	752.15	697.73
拉萨	690.00	265.45
广州	840.00	840.00
武汉	600.00	362.55
郑州	547.81	315.00
哈尔滨	552.22	312.00
合肥	517.08	439.58
沈阳	589.23	373.33
济南	558.64	350.42
西安	590.00	350.45
昆明	521.05	268.61
南昌	482.50	275.00
长沙	447.78	407.78
成都	509.09	494.12
重庆	459.63	307.91
长春	507.60	339.08
福州	570.00	371.82

资料来源：2016年4季度低保标准［R/OL］. http：//www.mca.gov.cn/article/sj/tjjb/bzbz/201702/20170200003222.shtml.

第三节 公共服务供给制度安排与城乡户籍经济福利

公共服务作为一种社会资源分配方式，是政府维护社会秩序、促进经济发展和社会和谐，应对市场失灵的一种手段。公共服务通常是指政府满足社会公共需要、提供公共产品的服务行为的总称。在公共服务中，最基础、最核心的部分，与人民群众最关心、最直接、最现实的利益密切相关的是基本公共服务。基本公共服务是由政府主导、保障全体公民生存和发展基本需要、与经济社会发展水平相适应的公共服务。国务院 2017 年 3 月 1 日公布的《“十三五”推进基本公共服务均等化规划》建议明确要求增加基本公共服务供给，从解决人民群众最关心最直接最现实的利益问题入手，强化公共资源投入保障，提高基本公共服务共建能力和共享水平，实现全体人民共同迈入全面小康社会的目标。城乡结合部处于农村向城市建成区的过渡地带，其基本公共服务的投入与农村一致，现阶段城市的向外扩张，城乡结合部只是被动式地延伸，造成的结果是农村水平的基本公共服务来承载高密度的人口的需要。因此，无论与城市还是农村相比，城乡结合部地区基本公共服务供给具有其特殊性。

一、公共服务及其相关概念

（一）私人产品与公共产品

根据公共经济学理论，社会产品分为私人产品与公共产品，私人产品是指那种数量随任何人对它的消费增加或使用而减少的物品。它在消费上具有两个特点：一是竞争性，如果某人已消费了某个商品，则其他人就不能再消费该商品了；二是排他性，对商品支付价格的人才能消费商品。但是在现实经济生活中还存在着许多不满足竞争性或排他性特点的商品，在西方经济学中，将这种消费和使用上不具有竞争性和排他性的商品叫做公共物品或公共产品。按照萨缪尔森在《公共支出的纯理论》中的定义，纯粹的公共产品或劳务是指每个人消费这种物品或劳务不会导致别人对该种产品或劳务消费的减少。在当今的公共产品理论中，公共产品或劳务具有与私人产品或劳务显著不同的三个特征：效用不可分割性、消费的非竞争性、受益的非排他性。公共产品这一经济学理论中的基本概念，一般就以这三种特征加以描述。从功能方面划分，公共产品有三类：一是维护国家安全及正常运转的公共产品与服务，包括国防、国家安全、政府行政管理活动等；二是为经济建设服务的公共产品与服务，包括基础设施、市场秩序的维护等；三是社会性公共产品与服务，包括教育、科技、环境保障、社会保障、医疗卫生，等等。因此公共产品或公共物品是指区别于私人产品、具有非排他性和非竞争性以及效用不可分割性特点，用于满足公共消费需要的社会产品。

在现实社会中，纯粹的公共产品是比较稀少的，政府提供的产品中更多的是具有公共产品部分特征的产品，如在不同程度上具有非竞争性及产生外部收益的产品等。西方经济学家约塞夫·斯蒂格利茨及安东尼·B·阿特金森认为私人产品与公共产品是处于一个序列的两个极端。[①] 介于纯粹的公共产品与私人产品之间的产品称为准公共产品，有的也将其称为混合公共产品。混合公共产品可以分为两类：一类是具有非竞争性和排他性的产品，如公路、公园、桥梁等；另一类是具有不充分的非竞争性和非排他性的产品，由于拥挤或者外部收益的存在使其存在一定程度的非竞争性和非排他性，如游泳池、图书馆等。

（二）公共产品与公共服务

1. 公共服务内涵

我国学术界对公共产品的研究兴起于20世纪90年代末期，其研究的主题一直与市场失灵、政府职能、公共财政等相关联。而对公共服务的研究则稍晚于公共物品的研究，其研究的主题则更多地与政府责任、政府职能相联系。关于“公共服务”的内涵，国内学者目前尚未形成一个统一、稳定的概念，其与公共产品的关系也存在争议，主要有以下几种观点：

第一种观点认为，公共服务就是公共产品，二者具有同等含义。如席小瑾（2005）认为公共服务即公共产品，等同于“公共财富”“公共财产”等概念。汪明融（2006）认为公共产品的实质是指具有共同消费性质的服务，而不是“产品”本身，因此，公共产品即公共服务。柏良泽（2007）研究了西方经济

---

① ［南］斯韦托扎尔·平乔维奇．产权经济学［M］．蒋琳清译．北京：经济科学出版社，2000：78.

学和公共行政学之后，认为“在西方传统理论中，‘公共服务’和‘公共物品’被看作是可以等同和相互替换的概念，至少，它们之间的界限是模糊的”。

第二种观点认为，公共服务是公共产品的一部分，是其中以非物质形态而存在的公共产品。他们认为产品按其形式分为有形产品和无形产品，有形产品是实物，无形产品就是服务。实物产品的生产和消费可以在时间与空间分离，而服务产品的生产与消费则是时空一体的。因此，公共服务是公共产品中的无形产品。当谈到公共产品时，其中是包含了公共服务的；而谈到公共服务时，其中也是包含了公共产品。公共产品是私人产品的对应物，而公共服务不是公共产品的对应物。如王学真（2006）认为公共服务具有公共产品的性质，但是不具备产品的物质形态。

第三种观点认为，公共服务范围更加广泛，不仅包括公共产品，还包括政府行使的经济调节、市场监管等职能。如陈昌盛、蔡跃洲（2007）认为公共服务除了包含公共产品之外，还包括那些市场供应不足的产品的服务。夏光育（2009）认为政府提供的公共服务既有公共产品、准公共产品，还有私人产品，具有不同的特性。这些观点把公共产品仅仅当成是诸多公共服务类型中的一种。

本书认为，随着市场的发展，顾客需求的多样化，产品形态已经发生了极大地改变，正是这种改变，使得“产品”一词有了狭义和广义的区分，狭义的“产品”仅仅指“产品”的物质形态，限于它的物质载体。而广义的“产品”不仅仅包括其物质载体，而且还包括其非物质形态，包括服务、理念等。狭义的“产品”可以与服务并用，但广义的“产品”已经包含了服务在内。因此从广义的“产品”来看，公共产品不是与公共服务相对应的概念。

政府等公共部门为公众所提供的公共产品的实质在于具有共同消费性质的服务，而并不在于“产品”本身。[①] 因此公共服务作为一种社会资源分配方式，是政府维护社会秩序、促进经济发展和社会和谐，应对市场失灵的一种手段。通常是指政府及其所属机构，为了满足社会公共需要、促进社会公共利益，提供公共产品的服务行为的总称。

① 徐琴．我国城乡基本公共服务差异及其效应研究［D］．武汉：武汉大学，2012：24.

2. 公共服务的分类

公共服务可以根据一定的标准与方法进行分类，目前学界通常有四种分类法：一是按照公共支出的领域进行划分①；二是按照政府职能体系进行划分②；三是按照公共服务性质进行划分；四是按照所要满足的公共需要内容进行划分③。

本书根据满足公共需要的内容进行划分，将公共服务分为三个部分的内容：一是政权性公共服务。主要包括立法、行政、司法、外交、国防等。这个部分的公共服务是与国家的传统职能相一致。二是社会性公共服务。主要是为了满足人的发展的根本需要的一些服务。包括就业、社会保障、医疗、卫生等。三是经营性的公共服务。这类公共服务具有个人需求性质和直接付费的特点，但同时又具有一些独特的特点，如具有明显的规模经济效益。这类服务主要包括邮电、通信、电力、煤气、自来水和交通等。本书研究的公共服务是基于人民生活最基础、最核心的部分，它是保障居民个人生存和发展所需要的最基本条件的公共服务。主要涉及社会性公共服务和部分经营性的公共服务。

（三）基础设施

基础设施是为人类生产与生活服务的物质载体和基本条件。其概念是源于拉丁文 infra（意为下部、底层）和 structure（意为结构、构筑物）的合成词。基础设施一词最早是作为工程术语而使用的，主要建筑物的基础部分，即承重部分的构造和设施。20 世纪 40 年代末，西方经济学家开始将“基础设施”一词引入社会经济结构和经济发展理论的研究之中，以“基础设施”一词来概括那些为社会生产提供一般条件和服务的部门与行业，从而使基础设施一词由一个单纯的工程术语演变成一个重要的经济术语。

用基础设施来指称在国民经济系统中为社会生产和再生产提供一般条件的部门和行业的总称，已经成为各国学者和政府的共同做法。但是，对于基础设施的具体概念内涵，迄今为止没有一个完全统一的定义。狭义的基础设施只包

---

① 李军鹏．论中国政府公共服务职能［J］．国家行政学院学报，2003（4）．

② 王小林．结构转型中的农村公共服务与公共财政政策［M］．北京：中国发展出版社，2008：16－18．

③ 孙晓莉．公共服务论析［J］．新视野，2007（1）．

含提供物质条件、工程设施和有形资产的部门和行业，而广义概念的基础设施不仅包括有形的物质基础设施，还包括文化、教育、科学技术等无形的部门。美国《现代经济词典》对基础设施取广义的概念，将其定义为：社会间接资本，支撑一国经济的基础（即运输和通信系统、电力设备以及其他公共设施），还可以包括人民受教育的水平、社会风尚、生产技术以及管理经验等无形资产[①]。我国对于基础设施一词的使用，则多数是从工程设施和有形资产的角度来考虑，我国国民经济和社会发展计划等政府文件所采用的基础设施概念也基本上取其狭义的概念范畴。如果从狭义定义来看，它与公共服务有所区别，但如果从广义的定义来看，公共服务范畴中的社会性服务与经营性的服务则与基础设施定义有较多的交叉。

二、城乡基本公共服务供给差异

公共服务供给制度是指以政府为主导，以提供基本而有保障的公共产品为主要任务，以全体社会成员分享社会发展成果为基本目标设置的一整套动态的制度体系或一系列制度安排[②]。公共服务供给制度具体包括公共服务供给决策机制、公共服务供给的资金筹措、成本分摊，以及公共服务资金使用管理制度等基本要素。如前文所述，1949 年后我国形成了城乡二元制度，基本公共服务供给也是实行城乡分割的供给制度，城镇和农村被割裂为两个区域分别发展，农民与市民成为两个不同的群体，享受不同的基本公共服务供给体系。这一城乡二元的基本公共服务供给制度的形成，与新中国成立初优先发展重工业战略及城乡分割的户籍制度有着密切的关系。根据 1951 年颁布的《中华人民共和国劳动保险条例》，政府对城市职工负担“医疗、保险、住房等各种保障性责任”。但农村的吃、穿、住、医疗等基本保障主要依靠广大农民的劳动积极性和凝聚力，通过发展农业生产，建立起农村公共服务供给制度。因此，在这种二元供给体系下，城乡居民可以享受到的基本公共服务无论是数量还是质量都存在着明显的差异。

---

① 中国社会科学院研究生院城乡建设经济系．城市经济学［M］．北京：经济科学出版社，1999：320.

② 闫越．我国公共服务供给的体制机制问题研究［D］．长春：吉林大学，2008：13.

（一）城乡义务教育服务供给差异

从总体上看，近年来政府对城乡基础教育的投入不断增长，特别是加强对农村地区的政策扶持，增加财政资金的投入力度。从财政性教育经费总投入来看，无论是普通小学还是普通初中，政府对农村的教育经费投入总体上要高于城市，这在一定程度上缩小了城市与农村在义务教育供给水平上的差距。但目前城乡义务教育仍然存在差距，主要表现为以下几个方面。

1. 城乡义务教育经费投入差异

近几年我国对普通教育加大了投入力度，2013 年国家财政性对农村普通初中投入达到 27154157 万元，比 2012 年增加了 4845535 万元，同年对城市普通初中的投入为 21669070 万元，与 2012 年相比增加了 4953682 万元。2013 年财政性教育经费对农村小学的投入经费达到 48371531 万元，比 2012 年增加了 11122387 万元，同期对城市小学的投入则为 28046944 万元，比 2012 年增加了 48394341 万元。可见，2013 年财政性经费大幅度提高了对农村小学的投入力度。但生均教育经费农村远低于城市，2013 年农村普通初中的生均经费 14457. 53 元，低于城市的 16937. 80 元，农村普通小学的生均经费为 13414. 69 元，也低于城市的 13705. 92。其原因一方面是由于农村学生人数多，另一方面是因为义务教育经费主要来源有以下五个部分：财政性教育经费、社会捐赠、民办学校办学经费、事业收入和其他教育经费。从 2013 年我国义务教育经费投入情况来看（见表 2－6），农村普通初中财政性经费投入占到了 97. 75%，其他四类经费来源只占到 2. 25%，而城市普通初中财政性经费投入只占 91. 09%，其他四类经费来源则占到 8. 91%；农村普通小学财政性经费投入占到了 98. 03%，其他四类投入则只占到 1. 97%，同期城市普通小学财政性经费投入 92. 97%，其他四类投入占到 7. 03%。这说明农村义务教育对财政投入的依赖程度高于城市教育，在国家提高财政投入的情况下，农村的义务教育经费相对城市而言，财政外经费投入较少。

2. 城乡义务教育办学条件差异

自 20 世纪 80 年代以来，我国政府十分重视教育投入。近年来，随着国民经济的增长以及国内生产总值的不断提高，政府更是大幅度地增加了教育经费的投入，教育经费投入总规模呈现较大幅度的增长，特别是对农村教育加大了投入力度，使得城乡办学条件差距逐年缩小。据中国教育统计年鉴 2008 年与

2015 年的数据显示（见表 2 - 7），2008 年我国城乡普通初中生均拥有的体育运动场馆面积、计算机、图书数量基本相同，乡村生均拥有量甚至略高于城镇，但在人均固定资产和人均危房面积方面，农村初中与城镇初中还存在差距，农村普通初中生均固定资产为 4583 元；城镇普通初中生均固定资产达到 5482 元。在城乡普通小学教育方面，2008 年城乡之间办学条件的差异则更大，除了生均体育运动场馆农村普通小学高于城镇以外，在生均计算机、图书数量、危房面积以及固定资产方面都存在较大的差距。到 2015 年，城乡之间办学条件的差距开始缩小，农村普通初中教育除了在生均危房面积仍然大于城镇普通初中外，在体育运动场馆面积、计算机、图书数量以及固定资产数量方面的差距基本消除，甚至在体育运动场馆面积、计算机、图书的拥有量等方面超过了城镇学生。城乡普通初中教育办学条件趋于一致很重要的一个原因，是随着我国城镇化进程的推进，许多农村人口往小城镇聚集，一些外出务工劳动力子女随迁到外地就学，农村初中适龄学生数减少，农村初中逐步往乡镇集中。在城乡普通小学办学条件差异方面，除了生均危房面积农村学生高于城镇学生外，在体育运动场馆面积、计算机、图书数量以及固定资产等方面，城乡普通小学基本一致。

表 2 - 6　　2013 年义务教育经费投入情况

学校类别		生均教育经费（元）	合计（万元）	国家财政教育经费（万元）	民办学校办学经费（万元）	社会捐赠经费（万元）	事业收入（万元）	其他教育经费（万元）
普通初中	农村	14457. 53	27778014	27154157	87952	37913	331085	166907
	城市	16937. 80	23788417	21669070	149023	60212	1613831	296281
普通小学	农村	13414. 69	49341138	48371531	125940	66984	516335	260348
	城市	13705. 92	30167803	28046944	161495	54715	1561055	343594

资料来源：《2014 年中国教育经费统计年鉴》。

表 2 - 7　　2008 年城乡义务教育办学条件情况

学校类别		体育运动场馆面积（平方米）	计算机（台）	图书藏量（册）	危房面积（平方米）	固定资产总值（万元）
普通初中	城市	197182973 （5. 62）	2237368 （0. 06）	534925223 （15. 24）	5654860 （0. 16）	19239768. 82 （0. 5482）
	农村	190852493 （9. 25）	1404171 （0. 07）	404092149 （19. 58）	7486219 （0. 36）	9460223. 26 （0. 4583）

续表

学校类别		体育运动场馆面积（平方米）	计算机（台）	图书藏量（册）	危房面积（平方米）	固定资产总值（万元）
普通小学	城市	194984945（4.42）	2678928（0.06）	664981367（15.09）	4942569（0.11）	20109814.00（0.4564）
	农村	549353889（9.27）	1742270（0.03）	813802958（13.74）	20240850（0.34）	17711705.77（0.2989）

注：（1）体育运动场馆面积为体育馆面积与运动场地面积之和。

（2）表中括号内的数据为生均数。

资料来源：《2008 年中国教育统计年鉴》。

（二）城乡基本公共卫生医疗供给差异

我国公共卫生医疗主要包括公共卫生服务和基本医疗服务两个方面的内容，公共卫生服务是指由疾病预防控制机构、城市社区卫生服务中心、乡镇卫生院等城乡基本医疗卫生机构向全体居民提供的服务，是公益性的公共卫生干预措施。它是通过改善环境卫生、控制地区疾病、教育人们卫生知识、组织医护进行预防治疗等改善人们身体健康的实践；基本医疗服务是指政府通过医疗服务体系使社会成员能够得到基本的疾病治疗，保障社会成员基本的健康权和生存权。

我国长期实行的城乡二元制度表现在基本公共卫生医疗方面也存在着城市偏好的情况，政府对城市的投入相对比较多，由此也形成城乡基本公共卫生医疗供给存在差距。

1. 城乡卫生医疗经费投入差异

21 世纪以来，我国不断增加对城乡医疗卫生的投入，使得城乡医疗卫生费用总额不断增长。从 2001 年的 5025.93 亿元增加到 2015 年的 40974.64 亿元，增长了 7.15 倍。其中城乡卫生费用投入都有相应的提高。特别是近几年，政府更加重视对城乡医疗卫生的投入。2013 年，李克强总理在全国医改工作电视电话会议的讲话中指出"把基本医疗卫生制度作为公共产品向全民提供，努力办好人民满意的医疗卫生事业。"政府对医疗卫生的投入费用占 GDP 的比重不断提高，卫生投入总费用占 GDP 的比重从 2001 年的 4.53% 提高到 2015 年的 5.98%。但在城乡医疗卫生资源配置上，仍然存在差距，特别在城乡卫生投入方面，城乡差距依然没有缩小，从 2001 年 1.25 倍的差距提高到 2014 的 3.08 倍。在人均卫生费用方面，城乡之间的差距开始呈现逐年减小的趋势，见表 2-8。

表 2－8　　2010～2015 年我国卫生费用的城乡情况

年份	卫生总费用（亿元）	卫生总费用占 GDP 的比重（%）	城乡卫生费用（亿元）			人均卫生费用（元）		
			城市	农村	城市/农村	城市	农村	城市/农村
2001	5025.93	4.53	2792.95	2232.98	1.25	841.20	244.77	3.44
2008	14535.40	4.55	11255.02	3280.38	3.43	1861.76	455.19	4.09
2010	19980.39	4.84	15508.62	4471.77	3.47	2315.48	666.30	3.48
2011	24345.91	4.98	18633.92	5711.99	3.26	2697.48	879.44	3.07
2012	28119.00	5.20	21349.47	6769.53	3.15	2999.28	1064.83	2.82
2013	31668.95	5.32	23644.97	8023.98	2.95	3234.12	1274.44	2.54
2014	35312.40	5.48	26657.44	8654.96	3.08	3558.31	1412.21	2.52
2015	40974.64	5.98						

资料来源：根据《2015 年中国统计年鉴》资料整理测算。

2. 城乡居民医疗卫生条件差异

（1）城乡居民拥有医疗卫生技术人员数量差异。近年来，我国卫生技术人员呈现不断增长的趋势，城市和乡村的卫生技术人员、执业（助理）医师和注册护士的数量均有一定程度的增长，但是城乡之间的差距仍在扩大。

表 2－9 显示，2010～2015 年我国城乡卫生技术人员数量都呈增长趋势，城乡卫生技术人员、执业医师和注册护士人数也均有一定程度的增加，但城乡差距依然存在。2010～2015 年每千人口城乡居民中拥有的卫生技术人员数，城乡差距呈扩大趋势。2010 年城市卫生技术人员的数量是农村的 2.51 倍，到 2015 年这一比例提高到 2.61 倍；每千人城乡居民拥有的执业（助理）医师数，2010 年城市是农村的 1.32 倍，2015 年这一比例提高到 1.60 倍，并呈逐年提高的趋势；2010～2015 年每千个城乡居民拥有的注册护士人数，城市对农村的比例在波动中缩小，但其差距仍然很大，2015 年，城市拥有量是农村的 3.29 倍。

表 2－9　　2010～2015 年每千人口卫生技术人员情况　　单位：人

年份	卫生技术人员			执业（助理）医师			注册护士		
	城市	农村	城市/农村	城市	农村	城市/农村	城市	农村	城市/农村
2010	7.62	3.04	2.51	2.97	1.32	2.25	3.09	0.89	3.47
2011	6.68	2.66	2.51	2.62	1.10	2.38	2.62	0.79	3.32

续表

年份	卫生技术人员			执业（助理）医师			注册护士		
	城市	农村	城市/农村	城市	农村	城市/农村	城市	农村	城市/农村
2012	8.54	3.41	2.50	3.19	1.40	2.28	3.65	1.09	3.35
2013	9.18	3.64	2.52	3.39	1.48	2.29	4.00	1.22	3.28
2014	9.70	3.77	2.57	3.54	1.51	2.34	4.30	1.31	3.28
2015	10.20	3.90	2.62	3.70	1.60	2.31	4.60	1.40	3.29

资料来源：2016 年《中国统计年鉴》。

（2）城乡居民拥有的床位数差异。在政府增加投入的背景下，近几年城乡医院和卫生院的床位数也呈逐年增加的趋势。2005 年城市共有 1507714 张床位，2015 年城市的床位数已经提高到 3418194 张，增长了 1.27 倍；农村共有床位数 2005 年为 1627216 张，2015 年提高到 3597020 张，增长了 1.21 倍，略低于城市的增长速度。但由于农村人口比重大，农村每千人口拥有的床位数远低于城市，而且从 2005 ~ 2015 年，其中的差距没有缩小的趋势，城市每千人口拥有的床位数基本上都在农村拥有数的两倍以上。而每千农业人口拥有的乡镇卫生院床位数就更低了，2005 年城市每千人口拥有的床位数是农业人口的 5.17 倍，2010 年为 5.3 倍，2015 年为 6.67 倍，差距呈扩大的趋势（见表 2 - 10）。

表 2 - 10　城乡每千人口床位数

年份	医院和卫生院床位（张）			每千人口医院卫生院床位（张）			每千农业人口乡镇卫生院床位数（张）
	合计	城市	农村	合计	城市	农村	
2005	3134930	1507714	1627216	2.45	4.03	1.74	0.78
2006	3270710	1580724	1689986	2.53	4.23	1.81	0.80
2007	3438260	1669107	1769153	2.63	4.47	1.89	0.85
2008	3748245	1787266	1960979	2.84	4.70	2.08	0.96
2009	4080662	1920368	2160294	3.06	5.00	2.28	1.05
2010	4786831	2302297	2484534	3.58	5.94	2.60	1.12
2011	5159889	2475222	2684667	3.84	6.24	2.80	1.16
2012	5724775	2733403	2991372	4.24	6.88	3.11	1.24
2013	6181891	2948465	3233426	4.55	7.36	3.35	1.30
2014	6601214	3169880	3431334	4.85	7.84	3.54	1.34
2015	7015214	3418194	3597020	5.11	8.27	3.71	1.24

资料来源：2015 年《中国卫生和计划生育统计年鉴》。

3. 城乡居民健康水平差异

城乡间二元公共卫生和医疗供给体系，使得城乡居民享有不均等的公共医疗卫生服务。公共卫生和医疗供给水平的差异对城乡居民的健康水平也产生较大的影响。其中最明显的影响就是婴儿死亡率、孕产妇死亡率、新生儿死亡率和5岁以下儿童死亡率的城乡差异。如表2－11所示，从1991～2015年新生儿死亡率（‰）统计指标中，经过20多年的努力，城乡之间新生儿死亡率比例都在降低，城市新生儿死亡率从1991年的12.5‰下降到2015年的3.3‰，农村从1992年的37.9‰下降到6.4‰，但城乡差距一直存在，只是略为缩小。千个新生儿死亡率农村与城市的比例从1991年3倍下降到2015年的1.94倍，其中多数年份在2倍以上；从婴儿死亡率指标来看，从1991年到2015年，城市地区的这一指标从17.3‰降到4.7‰，农村地区的婴儿死亡率由58‰下降到9.6‰，但是农村地区的婴儿死亡率仍是城市的2～3倍；从5岁以下儿童死亡率（‰）来看，城市与农村地区，5岁以下儿童的死亡率指标逐年下降，从1991～2015年，城市地区这一指标从20.9‰下降到5.8‰，农村地区的这一指标也从71.1‰下降到12.9‰，下降速度快于城市，但仍然无法与城市相比。2015年，农村地区这一指标是城市的2.2倍；从孕妇死亡率这一指标来看，农村地区和城市地区这一指标均在下降，农村地区下降明显，到2015年，这一指标城市与农村已经比较接近。总之，从上述反映城乡居民健康水平的四个指标来看，城乡之间除了孕妇死亡率这一指标比较接近外，婴儿死亡率、新生儿死亡率和5岁以下儿童死亡率的城乡之间仍存在差距，这说明农村地区居民的健康水平明显落后于城市地区，这也从侧面反映了城乡居民享有的医疗卫生服务水平存在差距。

表2－11　1991～2015我国城乡居民健康水平比较

年份	新生儿死亡率（‰）			婴儿死亡率（‰）			5岁以下儿童死亡率（‰）			孕产妇死亡率（1/10万）		
	合计	城市	农村	合计	城市	农村	合计	城市	农村	合计	城市	农村
1991	33.1	12.5	37.9	50.2	17.3	58.0	61.0	20.9	71.1	80.0	46.3	100.0
2000	22.8	9.5	25.8	32.2	11.8	37.0	39.7	13.8	45.7	53.0	29.3	69.6
2001	21.4	10.6	23.9	30.0	13.6	33.8	35.9	16.3	40.4	50.2	33.1	61.9
2002	20.7	9.7	23.2	29.2	12.2	33.1	34.9	14.6	39.6	43.2	22.3	58.2
2003	18.0	8.9	20.1	25.5	11.3	28.7	29.9	14.8	33.4	51.3	27.6	65.4

续表

年份	新生儿死亡率（‰）			婴儿死亡率（‰）			5 岁以下儿童死亡率（‰）			孕产妇死亡率（1/10 万）		
	合计	城市	农村	合计	城市	农村	合计	城市	农村	合计	城市	农村
2004	15.4	8.4	17.3	21.5	10.1	24.5	25.0	12.0	28.5	48.3	26.1	63.0
2005	13.2	7.5	14.7	19.0	9.1	21.6	22.5	10.7	25.7	47.7	25.0	53.8
2006	12.0	6.8	13.4	17.2	8.0	19.7	20.6	9.6	23.6	41.1	24.8	45.5
2007	10.7	5.5	12.8	15.3	7.7	18.6	18.1	9.0	21.8	36.6	25.2	41.3
2008	10.2	5.0	12.3	14.9	6.5	18.4	18.5	7.9	22.7	34.2	29.2	36.1
2009	9.0	4.5	10.8	13.8	6.2	17.0	17.2	7.6	21.1	31.9	26.6	34.0
2010	8.3	4.1	10.0	13.1	5.8	16.1	16.4	7.3	20.1	30.0	29.7	30.1
2011	7.8	4.0	9.4	12.1	5.8	14.7	15.6	7.1	19.1	26.1	25.2	26.5
2012	6.9	3.9	8.1	10.3	5.2	12.4	13.2	5.9	16.2	24.5	22.2	25.6
2013	6.3	3.7	7.3	9.5	5.2	11.3	12.0	6.0	14.5	23.2	22.4	23.6
2014	5.9	3.5	6.9	8.9	4.8	10.7	11.7	5.9	14.2	21.7	20.5	22.2
2015	5.4	3.3	6.4	8.1	4.7	9.6	10.7	5.8	12.9	20.1	19.8	20.2

资料来源：根据 1992 ~ 2015 年《中国卫生和计划生育统计年鉴》整理所得。

（三）城乡经营性公共服务供给水平差异

1. 基础设施的层次

城乡经营性公共服务主要指的是从事城乡经营活动和人们生活的经济设施，它是基础设施的一个组成部分。根据基础设施服务的范围和其作用力与重要性的差异，可以将基础设施分为三个层次：

一是宏观层次的全国性或区域性基础设施。它是在全国范围内或区域范围内发挥作用的，沟通城市与城市之间、城市与乡村之间经济社会和空间联系的，对国民经济、社会发展和国家建设有重要影响的基础设施。

二是中观层次的城市基础设施。即主要为城市自身服务的基础设施。它们有的是上一层次的节点与终点；有的是上一层次的分支结构，如火车站、邮电局；有的是自成体系的独立网络，如自来水管网、公交站场、影剧院。

三是微观层次的小区性或单位性基础设施。即服务范围局限于小区中的，或大单位内部自设的基础设施（如自备水源、集中供热等），如医疗所、文化站等。它是城市基础设施的延伸与继续。

作为城乡基础设施体系而言，既有宏观层面的基础设施又有中观的基础设施，城乡基础设施之间既有其独立性，又有其联系性。从独立性来看，无论是城市还是农村，都有一套相对完整的基础设施系统，它保证了城市与农村个体昼夜不息的活动得以持续。从联系性来说，每个城市或农村都不是孤立的，它必与外界有千丝万缕的联系，有能量交换、信息传递、物质的出入、人员的往来，这一切都依赖于区域性与全国性基础设施、依赖于城市基础设施而进行。

2. 城乡基础设施的构成与特点

无论是城市、县镇，还是乡与村，不论其何种性质、何等规模，其基础设施的构成大体上是一样的，只有数量、规模和质量的差别。从这个意义上说，城乡基础设施可以分为六个子系统：供水与排水系统、能源系统、道路交通系统、邮电系统、环境系统、防灾系统。这些系统各成一体，相对独立，又紧密配合，协调运转，从而保证了城乡生产与生活的顺利进行。作为城乡居民赖以生存和发展的基础，这些彼此联系又相对独立的系统，有其特有的规律性。它一般具有以下特点。

（1）服务的公共性和两重性。城乡基础设施的服务对象不仅仅是某个部门、某个企业、某个家庭或个人，它是面向城市或农村所有居民和经济活动单位提供社会化服务，是一个公共开放的系统，这就是基础设施所具有的公共性。但这种服务又具有两重性，从服务的对象上看，既有为物质生产服务的，又有为人民生活服务的，且这两种服务又很难截然分开。

（2）效益的间接性和综合性。城乡基础设施的效益大部分无法用评价工业或其他营利项目的一套指标来衡量，因为大部分基础设施无法直接计算它所获得的利润，它只能通过衡量基础设施的服务对象所获得的利润，来间接地反映城乡基础设施的效益。有些基础设施是以社会化大生产方式参与企业的生产过程，是作为生产要素并以各自特殊的方式直接参与物质产品的生产过程，因而也直接产生社会效益和经济效益。

（3）运转的系统性和经营的垄断性。城乡基础设施作为服务于城市与农村生产和生活的一个相互独立的系统，其运转具有强烈的系统协调性。城乡的交通运输系统、供水、排水、供热、供气系统，均以全覆盖、网络状的管线系统存在。这种特点对城乡基础设施的运营提出了两方面的要求：其一是必须具备足够的产品和服务规模，以达到必要的行业规模经济效益；其二是需要在一个统一的管理调度体系下运行，以实现系统的协调和高效运转。

上述三个特点，加上我国城乡二元管理体制、二元投入体制的存在，使得城乡基础设施投资呈现不同的特点，城市内部与城乡相互联系的基础设施部分，一般由国家财政性资金投入，而农村内部则多由农村集体经济收入投入。由此形成城乡之间在基础设施服务供给方面的差异。

3. 城乡经营性基础设施供给水平差异

限于资料的可得性，本书主要比较城乡之间在市政公用设施水平的差异。从表2－12可以看出，在供水普及率、燃气普及率、人均道路面积、排水管道暗渠密度、人均公园绿地面积、绿化覆盖率、绿地率等指标方面，无论是城市、县镇和乡村，这些指标从2006~2015年的十年间总体趋势是不断提高的。但城乡之间存在明显的差距。从供水普及率来看，这十年间，城市提高了12个百分点，县镇基本保持不变，乡村提高了6.7个百分点，2015年城市供水普及率为98.07%，但农村只有70.37%。从燃气普及率来看，2006~2015年，城市提高了16.19个百分点，由2006年的79.11%提高到2015年的95.30%；建制县从2006年的43.7%提高到2015年的48.71%，提高了5.01个百分点；乡村则由2006年的17.0%提高到2015年的21.38%，提高了4.38%。乡村与城市相比，无论是提高速度还是普及率都远低于城市，到2015年，城市的燃气普及率高过乡村的73.92个百分点，城市是乡村的4.46倍；从人均道路面积来看，城市的人均道路面积由2006年的11.04平方米提高到2015年的15.60平方米，提高了4.56平方米，而同期乡村人均则减少了1.59平方米，2015年农村人均道路面积为13.11平方米，城市为15.60平方米；从排水管道暗渠密度来看，城市在这十年里，人均管道暗渠密度增长了一倍，2015年达到10.36每平方公里；同期乡村也增长了一倍多，但2015年的人均管道暗渠密度只有4.18每平方公里，城市是乡村的2.48倍；从人均公园绿地面积来看，城市由2006年的人均8.30平方米，提高到2015年的13.35平方米，提高了5.05平方米；农村由2005年的人均0.8平方米提高到2015年的1.10平方米，十年只提高0.3平方米，2015年城市人均的公园绿地面积是农村的12.14倍；从绿化覆盖率和绿地率来看，2006年城市这两个指标分别为35.11%和30.92%，2015年分别为40.12%和36.36%，分别提高5.01%和5.44%；而2006年乡村这两个指标分别为11.1%和4.8%，2015年这两个指标分别提高到13.60%和5.84%。同城市相比，2015年乡村的这两个指标分别低于城市26.52%和30.52%。可见，在上述六个方面的城乡市政公用设施方面，农村都远低于城乡，存在明显的差距。

表 2 - 12　城乡市政公用设施水平比较

年份	区域	供水普及率（%）	燃气普及率（%）	人均道路面积（平方米）	排水管道暗渠密度（公里/平方公里）	人均公园绿地面积（平方米）	绿化覆盖率（%）	绿地率（%）
2006	城市	86.07（97.04）	79.11（88.58）	11.04（12.36）	5.18	8.30（9.30）	35.11	30.92
2007	城市	93.83	87.40	11.43	5.39	8.98	35.29	31.30
2008	城市	94.73	89.55	12.21	8.68	9.71	37.37	33.29
2009	城市	96.12	91.41	12.79	8.76	10.66	38.22	34.17
2010	城市	96.68	92.04	13.21	9.23	11.18	38.62	34.47
2011	城市	97.04	92.41	13.75	9.50	11.80	39.22	35.27
2012	城市	97.16	93.15	14.39	9.64	12.26	39.59	35.72
2013	城市	97.56	94.25	14.87	9.71	12.64	39.70	35.78
2014	城市	97.64	94.57	15.34	10.27	13.08	40.22	36.29
2015	城市	98.07	95.30	15.60	10.36	13.35	40.12	36.36
2006	建制县	83.80	43.70	10.30	5.18	4.98	18.70	14.01
2007	建制县	76.60	43.20	10.68	5.39	5.63	15.41	20.20
2008	建制县	77.80	44.50	11.21	5.68	6.12	21.52	16.90
2009	建制县	78.30	43.40	11.95	6.19	6.89	23.48	18.37
2010	建制县	79.60	45.10	12.68	9.64	7.70	24.89	19.92
2011	建制县	79.80	45.10	13.42	7.01	8.46	26.81	22.19
2012	建制县	80.80	46.10	14.09	7.29	8.99	27.74	23.32
2013	建制县	81.70	46.44	14.86	7.63	9.47	29.06	24.76
2014	建制县	82.80	73.24	15.39	7.97	9.91	29.80	25.88
2015	建制县	83.80	48.71	15.98	8.38	10.47	30.78	27.05

续表

年份	区域	供水普及率（%）	燃气普及率（%）	人均道路面积（平方米）	排水管道暗渠密度（公里/平方公里）	人均公园绿地面积（平方米）	绿化覆盖率（%）	绿地率（%）
2006	建制镇	83.80	43.70	15.10	3.80	2.40	14.30	7.70
2007		76.60	43.20	10.70	3.08	1.76	13.70	7.20
2008		77.80	44.50	10.80	3.28	1.90	14.00	7.10
2009		78.30	43.40	11.20	4.99	1.92	14.10	7.10
2010		79.60	45.10	11.40	5.29	2.03	14.90	7.80
2011		79.80	46.10	11.70	5.30	2.03	15.00	8.00
2012		80.80	46.70	12.10	5.25	2.13	14.30	7.80
2013		81.73	46.44	12.26	6.75	2.37	15.42	8.64
2014		82.77	47.77	12.63	5.94	2.39	15.90	8.96
2015		83.79	48.71	12.79	6.17	2.45	16.63	9.36
2006	乡	63.40	17.00	14.70	2.00	0.80	11.10	4.80
2007		59.10	16.90	10.60	1.43	0.66	9.80	4.30
2008		62.60	17.60	10.80	1.53	0.72	10.30	4.10
2009		63.50	18.30	10.90	3.01	0.84	11.40	4.50
2010		65.60	19.00	11.20	3.12	0.88	12.80	4.90
2011		65.70	19.10	11.50	3.12	0.90	12.60	5.00
2012		66.70	19.40	11.80	3.18	0.95	12.00	4.70
2013		68.24	19.50	12.11	3.57	1.08	12.72	5.27
2014		69.26	20.32	12.63	3.83	1.07	12.98	5.50
2015		70.37	21.38	13.11	4.18	1.10	13.60	5.84

资料来源：根据2006～2015年《中国城乡建筑统计年鉴》数据整理。

第四节 城乡结合部“准市民”的经济福利

从前面两节分析可知，我国居民的经济福利差异主要来源于两个方面：一是自身所拥有的户籍；二是其生活的地域。生活地域空间的不同造成其所能享受到的公共服务也有所差异。城乡结合部“准市民”有四个群体，一是城乡结合部的失地农民（多数失地后转为非农户籍）；二是城乡结合部的农民，这类群体生活在城乡结合部地区，但户籍身份是农业户口，拥有宅基地和承包地；三是外来农业转移人口（也可称为“农民工”）；四是生活在城乡结合部的非农户籍居民。他们户籍身份不同，职业不同，所享有的经济福利也有所不同。本书主要从城乡结合部“准市民”所享有的社会保障与公共服务设施来分析其经济福利差异。

一、城乡结合部“准市民”享有社会保障水平

当前我国多数城乡结合部地区社会保障呈现出典型的双重二元结构：一是静态二元结构，是指城乡结合部地区农业户籍与非农业户籍所使用的社会保障制度是不同的，而且是以不能穿插使用的静态方式呈现的；二是动态二元结构，是指城乡结合部地区本地居民可以享受的社会保障，而外来农民工则没有权利享受的社会保障。但近年这种双重二元结构开始逐步进行整合。2014 年《国务院关于建立统一的城乡居民基本养老保险制度的意见》，决定将新型农村社会养老保险（简称“新农保”）和城镇居民社会养老保险（简称“城居保”）两项制度合并实施，在全国范围内建立统一的城乡居民基本养老保险制度。《意见》规定参加城乡居民基本养老保险的人员，在缴费期间户籍迁移、需要跨地区转移城乡居民养老保险关系的，可在迁入地申请转移养老保险关系，一次性转移个人账户全部储存额，并按迁入地规定继续参保缴费，缴费年限累计计算；已经按规定领取城乡居民养老保险待遇的，无论户籍是否迁移，其养老保险关系不转移。

2016 年，国务院又颁布了《国务院关于整合城乡居民基本医疗保险制度的意见》，该意见提出我国于 2016 年起遵循先易后难、循序渐进的原则，从完

善政策入手，推进城镇居民基本医疗保险制度和新型农村合作医疗制度整合，逐步在全国范围内建立起统一的城乡居民医保制度，推动保障更加公平、管理服务更加规范、医疗资源利用更加有效，促进全民医保体系持续健康发展。意见还提出城乡居民医保制度的整合政策必须统一覆盖范围、统一筹资政策、统一保障待遇、统一医保目录、统一定点管理。随着改革的逐步推进，除了职工医疗保险的应参保人员以外的城乡居民都将享有统一的医保制度。城乡结合部“准市民”无论户籍身份如何也将统一享有这一制度。

至此，我国已经基本完成城乡居民基本养老保险制度和城乡居民基本医疗保险制度的整合。城乡结合部的“准市民”无论其户籍身份如何，都可以与城镇居民一样享受基本养老与基本医疗保险福利。

城乡结合部的“准市民”四类群体依其职业身份参加工伤保险、生育保险和失业保险。外来农民工群体虽然居住在城乡结合部地区，但他们多数从事的是非农产业，能否享有上述三类保险取决于其用人单位是否为他们购买这三类保险以及本人的意愿。由于农民工就业状态的不稳定，加之城市社会保险门槛高，操作缺乏灵活性，企业和农民工个人普遍感觉负担重，特别是一些地方要求农民工必须“捆绑式”参加几项保险的做法，更是加大了农民工参保的难度；而社会保险关系无法转移接续，也不适合流动性比较强的农民工，导致其流动时的反复参保和退保，直接损害了农民工享受社会保险的权益，因此农民工参保率普遍很低。从2008~2014年全国农民工监测调查报告显示的数据来看，农民工群体整体上享有这三类保险的水平不高（见表2-13）。

表2-13　外出农民工参加社会保障比例　单位:%

年份	养老保险	工伤保险	医疗保险	失业保险	生育保险
2008	9.8	24.1	13.1	3.7	2.0
2009	7.6	21.8	12.2	3.9	2.4
2010	9.5	24.1	14.3	4.9	2.9
2011	13.9	23.6	16.7	8.0	5.6
2012	14.3	24.0	16.9	8.4	6.1
2013	15.7	28.5	17.6	9.1	6.6
2014	16.7	26.2	17.6	10.5	7.8
2014	16.7	26.2	17.6	10.5	7.8

资料来源：根据国家统计局2008~2014年《全国农民工监测调查报告》相关数据整理。

从表2－13可知，从2008～2014年，外出农民工参加工伤、失业、生育保险的比例是逐年提高，但所占比例较低，占比最高的工伤保险，所占比例也不到30%，参加生育保险的甚至不到10%。这也从侧面反映出城乡结合部的外来农民工参加工伤、失业、生育保险的情况。

二、城乡结合部地区基础义务教育设施建设情况

城乡结合部的基础设施发展与相邻城镇发展水平成正比，随着城乡统筹一体化发展，城乡结合部的基础设施水平越来越向城市靠拢。此外，越是靠近大城市的城乡结合部地区比靠近小城镇的城乡结合部地区基础设施更加完善，这也突出体现在我国义务教育的基础设施和其他教育资源上面。

教育基础设施是学生成长成才重要的外因之一，是学生学习生活的一种物质保障。表2－14和表2－15反映的是我国初中教育阶段办学条件和学生平均享有的教育资源情况。就危房面积而言，2010～2014年城镇区域的危房面积明显小于乡村地区，城乡结合部地区危房面积小于镇乡结合区，城乡差异明显，从发展趋势看，各个区域的危房面积都在逐年减少，城区从3583748平方米减少到938669.6平方米，年均减少率为28.46%，镇区危房面积从15254471平方米减少到3958329.64平方米，年均减少率为28.63%，乡村危房面积从13749965平方米减少到2866686.95平方米，年均减少率为32.42%，城乡结合区和镇乡结合区年均减少率分别为26.30%和28.63%，可以看出乡村和镇乡结合区两个区域的危房面积比较集中。从初中学生人均危房面积（表2－15）来看，所有区域的人均危房面积都在逐年下降，城区人均危房面积小于镇区，镇区人均危房面积小于乡村，具有明显的城乡差异，城乡结合区人均危房面积接近城区，镇乡结合区人均危房面积接近镇区，因此城乡结合区人均危房面积小于镇乡结合区，体现了不同地段的城乡结合区发展水平差距。从教室面积对比情况来看，2010～2014年，城区教室面积从3583748平方米增加到938669.6平方米，年均增长速度为7.40%，镇区教室面积从15254471平方米增加到3958329.64平方米，年均增长速度为5.15%，乡村教室面积从37019369平方米减少到32612305.14平方米，年均减少率为3.12%，城乡结合区和乡镇结合区教室面积逐年提高，年均增长率分别为6.82%和3.44%，发展速度分别略低于城区和镇区。从人均教室面积来看，农村地区人均教室面

表 2-14　2010~2014 年城乡义务教育办学条件情况（初中）

年份	区域	危房（平方米）	教室（平方米）	实验室（平方米）	图书馆（平方米）	微机室（平方米）	语音室（平方米）	体育馆（平方米）	学生宿舍（平方米）	食堂（平方米）	图书（册）
2010	城区	3583748	37890893	8001412	3178806	2392921	947475	3704413	13739703	6844835	278623396
2011	城区	2462447	41653188	8840272	3522891	2576662	1011115	3946910	14790156	7692857	324047868
2012	城区	1659626	45091099	9748348	3891290	2761007	985288	4633985	15794300	8451548	366287680
2013	城区	1208731	48328380	10639081	4366178	2995087	1061273	5161949	16724410	9629271	413952868
2014	城区	938669.60	50415110.32	11061988.27	4606192.24	3060792.19	1069238.76	5587754.30	17074338.48	10084690.11	446265642
2010	城乡结合区	606319	7741809	1563356	592477	465283	193763	638163	3688106	1712635	55406706
2011	城乡结合区	432768	8440851	1682949	600415	494969	212630	663390	3909122	1870345	62657252
2012	城乡结合区	296241	8877349	1800803	664143	517266	196269	784308	4148207	2006715	69371395
2013	城乡结合区	227262	9949959	2107366	810914	591825	209135	890007	4842456	2365629	80693659
2014	城乡结合区	178964.50	10080317.58	2135688.25	828298.24	577959.42	191109.01	964036.31	4806935.89	2444923.38	85646297
2010	镇区	15254471	62965158	11626763	3830338	3736127	1390263	1629216	45305115	15387663	495770006
2011	镇区	10907324	67351372	12699935	4222220	3974436	1476599	1539356	49150465	17062337	556884494
2012	镇区	8298010	71026532	13812520	4727852	4288893	1510513	1927832	52964392	18887298	593967687
2013	镇区	5797625	73198901	14622194	5228348	4501072	1593362	2417368	55435151	20935033	624326860
2014	镇区	3958329.64	76969762.81	15797862.55	5819203.81	4833882.33	1735676.13	2716052.99	59166237.79	22947374.57	670503117
2010	镇乡结合区	3701437	17505518	3273331	1107597	1026456	378971	459310	12349822	4364335	138499496
2011	镇乡结合区	2545305	17895232	3416754	1176437	1043422	390283	446799	12930658	4660507	148971731
2012	镇乡结合区	1839125	18682102	3662626	1276814	1101714	395480	538487	13879823	5208450	156449794
2013	镇乡结合区	1311951	19453921	3956683	1405313	1174699	419616	692858	14639438	5799339	164990983
2014	镇乡结合区	841557.01	20043868.51	4063470.67	1497840.90	1211993.21	431174.21	696335.40	15378086.48	6185474.26	172293616
2010	乡村	13749965	37019369	6409540	2182719	2384318	666625	436789	23761234	8004553	296737560
2011	乡村	9474586	35469523	6276369	2177022	2283672	639956	443586	23600461	8086807	295548679
2012	乡村	6794098	34415283	6255605	2165805	2238644	623686	516426	23805923	8559166	293387632
2013	乡村	4563972	33126208	6288745	2284195	2157289	609703	527951	23124070	9160987	285430035
2014	乡村	2866686.95	32612305.14	6465613.19	2339210.97	2147726.77	602119.57	551783.37	23298102.76	9686367.12	281087254

资料来源：2011~2015 年《中国教育统计年鉴》。

表 2－15　　2010～2014 年城乡义务教育办学条件人均占有情况（初中）

年份	区域	人均危房面积（平方米/人）	人均教室面积（平方米/人）	人均实验室（平方米/人）	人均图书馆（平方米/人）	人均微机室（平方米/人）	人均语音室（平方米/人）	人均体育馆（平方米/人）	人均学生宿舍（平方米/人）	人均食堂（平方米/人）	人均图书（册/人）
2010	城区	0. 249495474	2. 637910454	0. 094580722	27. 89057231	0. 166591780	0. 065961871	0. 257896001	0. 956538717	0. 476527745	19. 39736730
2011	城区	0. 170881618	2. 890524808	0. 059117852	48. 89428005	0. 178807572	0. 070166370	0. 273895993	1. 026363524	0. 533846149	22. 48731601
2012	城区	0. 116056115	3. 153178944	0. 036806067	85. 67008708	0. 193074672	0. 068900281	0. 324050295	1. 104480825	0. 591008953	25. 61415946
2013	城区	0. 014211995	3. 290563874	0. 004319015	761. 87830910	0. 203928315	0. 072259542	0. 351464769	1. 138725100	0. 655634045	28. 18506131
2014	城区	0. 065139674	3. 498593995	0. 018618815	187. 90637540	0. 212405946	0. 074200617	0. 387766356	1. 184886390	0. 699834554	30. 96893541
2010	城乡结合区	0. 243812296	3. 113127290	0. 078317484	39. 75009339	0. 187099062	0. 077915754	0. 256617368	1. 483056924	0. 688682807	22. 28008060
2011	城乡结合区	0. 179766544	3. 506226455	0. 051270660	68. 38660687	0. 205604080	0. 088323906	0. 275564107	1. 623801554	0. 776918479	26. 02705753
2012	城乡结合区	0. 128123165	3. 839421441	0. 033370435	115. 05458090	0. 223715680	0. 084885635	0. 339210383	1. 794084574	0. 867897004	30. 00287826
2013	城乡结合区	0. 092442338	4. 047299911	0. 022840496	177. 19842370	0. 240733984	0. 085068900	0. 362024130	1. 969743970	0. 962256231	32. 82339544
2014	城乡结合区	0. 075858355	4. 272782083	0. 017753855	240. 66784390	0. 244981831	0. 081006094	0. 408629692	2. 037533975	1. 036338858	36. 30321767
2010	镇区	0. 618234961	2. 551859189	0. 242268446	10. 5331884	0. 151418186	0. 056344739	0. 066029054	1. 836130928	0. 623632982	20. 09262401
2011	镇区	0. 464549400	2. 868534892	0. 161946575	17. 71284694	0. 169273587	0. 062889227	0. 065562085	2. 093347464	0. 726695056	23. 71804099
2012	镇区	0. 377943141	3. 234991353	0. 116829722	27. 68979754	0. 195342943	0. 068798185	0. 087805496	2. 412328820	0. 860245376	27. 05299382
2013	镇区	0. 267482901	3. 377150878	0. 079203716	42. 63879309	0. 207664310	0. 073512359	0. 111529222	2. 557591252	0. 965871948	28. 80433961
2014	镇区	0. 182542480	3. 549540514	0. 051427073	69. 02085382	0. 222919502	0. 080042507	0. 125253603	2. 728512476	1. 058242000	30. 92094729
2010	镇乡结合区	0. 557000905	2. 634271330	0. 211444014	12. 45848144	0. 154463502	0. 057028443	0. 069118044	1. 858430126	0. 656755348	20. 84172839
2011	镇乡结合区	0. 420750307	2. 958161933	0. 142233697	20. 79789813	0. 172482326	0. 064515526	0. 073857874	2. 137495634	0. 770402664	24. 62569380
2012	镇乡结合区	0. 329212166	3. 344185558	0. 098443152	33. 97072831	0. 197212072	0. 070792810	0. 096391747	2. 484554662	0. 932337446	28. 00526095
2013	镇乡结合区	0. 237433731	3. 520723744	0. 067438898	52. 2061278	0. 212594194	0. 075941093	0. 125391771	2. 649410212	1. 049550397	29. 85967052
2014	镇乡结合区	0. 156458745	3. 726471846	0. 041985758	88. 75561703	0. 225328687	0. 080162098	0. 129459753	2. 859029248	1. 149977394	32. 03210543
2010	乡村	1. 182302986	3. 183143412	0. 371426239	8. 570055309	0. 205017707	0. 057320344	0. 037557691	2. 043130867	0. 688278618	25. 51524336
2011	乡村	0. 972650940	3. 641263575	0. 267119070	13. 631612200	0. 234439343	0. 065697204	0. 045538068	2. 422798271	0. 830183021	30. 34071362
2012	乡村	0. 834109094	4. 225152557	0. 197415143	21. 402373200	0. 274837560	0. 076569718	0. 063401444	2. 922645048	1. 050805891	36. 01909952
2013	乡村	0. 609782744	4. 425923301	0. 137775262	32. 124223340	0. 288230867	0. 081461141	0. 070538428	3. 089558582	1. 223980294	38. 13570943
2014	乡村	0. 408071408	4. 642344806	0. 087902003	52. 812730520	0. 305727797	0. 085711410	0. 078546078	3. 316472904	1. 378849361	40. 01262555

资料来源：2011～2015 年《中国教育统计年鉴》。

积高于城区和镇区，城乡结合区和镇区结合区人均教室面积略高于城区和镇区，主要原因是乡村学生逐渐向镇区结合区和城乡结合区流动的结果。实验室、图书馆、微机室、语音室、体育室等主要教学设施随着城乡一体化进程的推进，城乡结合部地区人均占有的资源越来越与城镇区域相近，甚至有时还高于城镇，体现了政府对城乡结合部地区的统筹发展。学生宿舍和食堂作为学生最基本的生活设施，镇区的食堂和宿舍面积高于乡村，乡村的食堂和宿舍面积高于城区，镇乡结合区食堂和宿舍面积高于城乡结合区，主要原因是镇区和镇乡结合区学生选择住校比例较大，对比人均占有面积，也是一样的结果，城乡结合部地区和镇乡结合部地区人均占有食堂和宿舍面积分别与城区和镇区相近。

除了基本的教育基础设施，学生还需要一定的师资力量，师资力量在学生的成才过程中占有举足轻重的地位，表 2－16 和表 2－17 反映的是我国初中教育阶段城乡教师资源情况。表中数据显示，城乡结合部地区教师数量逐年上升，说明该区域吸引教师净流入；而镇乡结合区教师数量逐年下降，说明该区域对教师的吸引能力较弱导致教师净流出。究其原因是城乡结合部地区毗邻大城市，基础设施、经济水平、工资待遇等接近大城市水平，对教师吸引能力较强；相反，镇乡结合区毗邻乡村，生活环境、发展前途、工资待遇等只是和小城镇趋近。由此可见，城乡结合部地区，特别是镇乡结合区由于生活环境、教学资源等方面比不上城市中小学教育条件，无法留住原有的教师队伍，更别说吸引优秀的教师前来任教。对比人均师资占有情况，城市和乡村以及城乡结合部地区之间并没有表现出农村与城市的差距，相反农村的人均占有师资还略高于城区和镇区，主要原因是农村的学生流出速度快于师资的流出速度。

表 2－16　　2010－2014 年城乡义务教育师资情况（初中）　　单位：人

年份	城区教师	城乡结合区教师	镇区教师	镇乡结合区教师	乡村教师
2010	992318	170894	1675519	452909	856680
2011	1021532	173873	1701220	437094	781611
2012	1046324	174350	1703507	430033	731148
2013	1096718	188487	1706792	433032	684920
2014	1111803	184923	1718633	424871	645200

注：城乡结合部教师为城乡结合区和城镇结合区教师之和。

资料来源：2011～2015 年《中国教育统计年鉴》。

表2-17　2010~2014年城乡义务教育人均师资占有情况（初中）　单位:%

年份	城区师生比	城乡结合区师生比	镇区师生比	镇乡结合区师生比	乡村师生比
2010	0.069083778	0.068719698	0.067905627	0.068154807	0.073662393
2011	0.070889258	0.072224721	0.072455969	0.072253594	0.080239355
2012	0.073168472	0.075405746	0.077588336	0.076977963	0.089762791
2013	0.074672907	0.076670006	0.078745637	0.078369088	0.091510727
2014	0.077154394	0.078384007	0.079256545	0.078990232	0.091843887

注：师生比=教师人数/在校学生人数。

资料来源：根据2011~2015年《中国教育统计年鉴》数据整理。

表2-18和表2-19反映的是我国小学教育阶段办学条件和学生平均享有的教育资源情况，在2010~2014年，城乡结合部地区小学危房面积从1296516平方米下降到了300704.45平方米，减少了4.3倍左右，镇乡结合区危房面积从5204480平方米下降到1192192.79平方米，也减少了4.37倍左右，但镇乡结合区每一阶段的危房面积均高于城乡结合区，对比人均危房面积，城乡结合区人均危房面积与城区的差距由0.06平方米/人缩小到0.01平方米/人，镇乡结合区人均危房面积与镇区的差距由0.06平方米/人缩小到0.02平方米/人，镇乡结合区人均危房面积与城乡结合区的差距由0.16平方米/人缩小到0.06平方米/人，可以看出城乡结合部地区人均危房面积与城镇的差距逐渐缩小，城乡结合部地区内部也在统筹发展。在教室、实验室、图书馆、微机室、语音室、体育馆等基本教学设施和食堂、宿舍等生活设施上面，城乡结合部地区的学生人均占有量也基本与城镇持平。

在师资资源方面，表2-20显示，从2010~2014年，城区师资数量逐年增加，从2010年的1346951人增加到2014年的1520629人，增加了173678人，城乡结合部地区增长幅度比较小，2014年比2010年仅增加了8082人，且在2011与2012年的师资数量是减少的，这是由于城市的扩张，部分城乡结合部地区变动成为城区所致。镇区小学师资数量也是呈增加的趋势，与此相反，镇乡结合区与乡村小学师资数量呈减少的趋势。

表 2-18　2010～2014 年城乡义务教育办学条件情况（小学）

年份	区域	危房（平方米）	教室（平方米）	实验室（平方米）	图书馆（平方米）	微机室（平方米）	语音室（平方米）	体育馆（平方米）	学生宿舍（平方米）	食堂（平方米）	图书（册）
2010	城区	5091995	59139145	3661897	3142022	2927876	1022458	3120029	3606527	4583544	445957098
2011	城区	3717840	64532958	4203232	3495535	3143344	1132109	3659835	3839859	5130606	501369071
2012	城区	2407818	70883164	4647815	3866696	3378494	1131049	4237902	3988895	5704024	549450846
2013	城区	1738842	76164665	5091467	4343013	3648048	1175278	4699181	3731180	6570836	601644134
2014	城区	1501733. 29	80047080. 57	5401331. 88	4635114. 69	3849011. 08	1199363. 52	5188630. 98	3698022. 94	7123942. 41	650412631
2010	城乡结合区	1296516	13411845	834534	725523	627404	212362	582365	911481	1073935	86196969
2011	城乡结合区	959373	14099785	948694	778729	663977	234304	637996	955950	1173780	94948746
2012	城乡结合区	569345	14724798	995151	819655	690999	222259	684067	1043753	1254825	98772353
2013	城乡结合区	402297	15490833	1135311	915053	760986	234344	757880	1001667	1487249	108711420
2014	城乡结合区	300704. 45	15876465. 54	1137827. 16	966856. 50	798477. 61	240034. 58	822889. 05	1015657. 48	1651654. 68	115963823
2010	镇区	13720776	78503184	4139486	3550663	3253079	1073637	997747	10743616	6617885	477015648
2011	镇区	9584180	85796915	3991938	3991938	3577179	1222851	1159632	12826762	7790353	547889694
2012	镇区	7188366	92016373	5466119	4429209	3924688	1313888	1549171	14179572	9486869	600533487
2013	镇区	5188375	95998807	6081540	4949731	4273603	1404726	1851326	14449931	11299106	638083328
2014	镇区	3313444. 92	102145268. 80	6692354. 14	5518407. 95	4685357. 59	508176. 23	2081046. 93	15607408. 82	12928199. 09	695024835
2010	镇乡结合区	5204480	29280405	1576392	1427096	1186404	356437	370397	2847248	2139895	164312005
2011	镇乡结合区	3614267	30714004	1796846	1548982	1269786	395533	384749	3282396	2410026	181069936
2012	镇乡结合区	2720233	32028048	1941028	1646863	1349410	403921	488262	3593902	2892117	190930876
2013	镇乡结合区	1965419	33198038	2158541	1827712	1496475	430850	573137	3555130	3504062	201511368
2014	镇乡结合区	1192192. 79	33769240. 27	2316571. 40	1955971. 67	1584076. 76	450193. 24	587643. 52	3714703. 99	3862810. 60	211338465
2010	乡村	38329717	137986191	6964972	6639537	4558444	877172	729753	13407391	8253783	593934491
2011	乡村	26949624	133350938	7182845	6572534	4590056	964159	526798	14464534	9132543	610640325
2012	乡村	19908645	131388278	7538470	6829778	4824472	1017466	676913	15476534	10974269	620892305
2013	乡村	13385588	127022419	7868494	7179331	3099783	1105377	702433	15246338	13486771	623042692
2014	乡村	7851587. 97	124476164. 10	8312547. 21	7581872. 86	5449984. 41	1160939. 95	693775. 35	15746131. 22	15322566. 86	636011043

资料来源：2011～2015 年《中国教育统计年鉴》。

表 2 - 19　　2010 ~ 2014 年城乡义务教育办学条件人均占有情况（小学）

年份	区域	人均危房面积（平方米/人）	人均教室面积（平方米/人）	人均实验室（平方米/人）	人均图书馆（平方米/人）	人均微机室（平方米/人）	人均语音室（平方米/人）	人均体育馆（平方米/人）	人均学生宿舍（平方米/人）	人均食堂（平方米/人）	人均图书（册/人）
2010	城区	0. 195323179	2. 268510831	0. 140466234	0. 120524416	0. 112310018	0. 039220334	0. 119680790	0. 138342304	0. 175819573	17. 10641077
2011		0. 138290445	2. 400396856	0. 156345303	0. 130021488	0. 116921234	0. 042110434	0. 136132865	0. 142829118	0. 190840322	18. 64914889
2012		0. 086831677	2. 556216455	0. 167611327	0. 139442307	0. 121836575	0. 040788333	0. 152828884	0. 143849096	0. 205700750	19. 81451186
2013		0. 059079015	2. 58777590	0. 172988033	0. 147558509	0. 123946330	0. 039931326	0. 159659697	0. 126770828	0. 223251176	20. 44150250
2014		0. 048902373	2. 606649409	0. 175888720	0. 150937659	0. 125339018	0. 039056018	0. 168962338	0. 120422247	0. 231983729	21. 18000666
2010	城乡结合区	0. 250763451	2. 594029331	0. 161409983	0. 140325805	0. 121348284	0. 041073637	0. 112637142	0. 176292557	0. 207713323	16. 67164106
2011		0. 183660038	2. 699228602	0. 181615676	0. 149077989	0. 127110145	0. 044854589	0. 122136405	0. 183004747	0. 224705593	18. 17675737
2012		0. 109517919	2. 832428899	0. 191425000	0. 157666985	0. 132919008	0. 042753239	0. 131585584	0. 200773971	0. 241375304	18. 99962683
2013		0. 072261051	2. 782481297	0. 203925872	0. 164362876	0. 136689183	0. 042093140	0. 136131280	0. 179920582	0. 267141381	19. 52687070
2014		0. 052336384	2. 763234111	0. 198034179	0. 168277433	0. 138971773	0. 041777040	0. 143220485	0. 176771044	0. 287463765	20. 18303070
2010	镇区	0. 421631535	2. 412357579	0. 127204018	0. 109109827	0. 099965242	0. 032992246	0. 030660190	0. 330145125	0. 203363790	14. 65841582
2011		0. 285670155	2. 557299427	0. 118985406	0. 118985406	0. 106622922	0. 036448818	0. 034564486	0. 382319937	0. 232202583	16. 33063381
2012		0. 213270696	2. 730021799	0. 162173573	0. 131409626	0. 116441058	0. 038981572	0. 045962153	0. 420691877	0. 281464682	17. 81714989
2013		0. 150041681	2. 776172182	0. 175870958	0. 143140378	0. 123587554	0. 040623018	0. 053538163	0. 417874948	0. 326756808	18. 45261666
2014		0. 090645099	2. 794363020	0. 183081088	0. 150965730	0. 128176176	0. 013902052	0. 056930690	0. 426968048	0. 353673566	19. 01362364
2010	镇乡结合区	0. 487580172	2. 743126096	0. 147683819	0. 133697067	0. 111147908	0. 033392695	0. 034700534	0. 266743588	0. 200475431	15. 39352167
2011		0. 344411727	2. 926807337	0. 171225544	0. 147606020	0. 121000798	0. 037691240	0. 036663608	0. 312786985	0. 229656862	17. 25456626
2012		0. 268803757	3. 164897869	0. 191805488	0. 162737148	0. 133343900	0. 039914038	0. 048248315	0. 355136622	0. 285788723	18. 86711056
2013		0. 191604651	3. 236408353	0. 210431717	0. 178179879	0. 145888266	0. 042002679	0. 055873946	0. 346582302	0. 341603788	19. 64492825
2014		0. 113991078	3. 228833575	0. 221498128	0. 187019517	0. 151460921	0. 043045062	0. 056187321	0. 355180065	0. 369341225	20. 20705015
2010	乡村	0. 942874449	3. 394328577	0. 171331662	0. 163326272	0. 112133371	0. 021577594	0. 017951227	0. 329809020	0. 203035183	14. 61022151
2011		0. 737842796	3. 650961101	0. 196656192	0. 179946735	0. 125669277	0. 026397317	0. 014422988	0. 396018594	0. 250036181	16. 71847313
2012		0. 618849666	4. 084134903	0. 234329340	0. 212300025	0. 149966152	0. 031627391	0. 021041481	0. 481079847	0. 341129329	19. 30010784
2013		0. 438891711	4. 164859011	0. 257995151	0. 235398614	0. 101636855	0. 036243518	0. 023031638	0. 499902684	0. 442209337	20. 42855891
2014		0. 264728816	4. 196912474	0. 280270792	0. 255634940	0. 183754920	0. 039142943	0. 023391743	0. 530905937	0. 516624789	21. 44412707

资料来源：根据 2011 ~ 2015 年《中国教育统计年鉴》相关资料整理。

表 2-20　　2010～2014 年城乡义务教育师资情况（小学）　　单位：人

年份	城区	城乡结合区	镇区	镇乡结合区	乡村
2010	1346951	268063	1795275	605082	2442642
2011	1382016	267207	1858932	600204	2297533
2012	1413266	263432	1892651	594567	2188960
2013	1480642	274732	1911229	596349	2097070
2014	1520629	276145	1957270	589674	2011542

资料来源：根据 2011～2015 年《中国教育统计年鉴》相关资料整理。

表 2-21　　2010～2014 年城乡义务教育人均师资占有情况（小学）

年份	城区师生比	城乡结合区师生比	镇区师生比	镇乡结合区师生比	乡村师生比
2010	0.051667520	0.051846952	0.055167766	0.056686928	0.060086661
2011	0.051406087	0.051153459	0.055408120	0.057194805	0.062903222
2012	0.050965753	0.050673185	0.056152816	0.058752998	0.068042660
2013	0.050306394	0.049347679	0.055270487	0.058136836	0.068759523
2014	0.049517692	0.048061912	0.053544554	0.056381464	0.067822348

资料来源：根据 2011～2015 年《中国教育统计年鉴》相关资料整理。

表 2-21 显示，2010～2014 年城乡小学义务教育人均师生比城乡结合部地区略低于城区，但镇区、镇乡结合区，尤其是乡村小学师生比均高于城区与城乡结合部地区，其原因主要是由于随着农村劳动力进城务工后，部分农村小学生进入城区或城乡结合部地区就学造成了农村小学生逐年流出。从《中国教育统计年鉴》的统计数据显示，2010～2014 年，城区与城乡结合部地区小学生数量是逐年增加，城区增长了 17.8%，城乡结合部地区增长了 11.13%，而乡村小学生人数减少了 72.96%。同时在一些农村小学出现只有几个学生的情况。

根据以上对义务教育阶段小学和中学教学条件和师资的分析，可以看出近年来，城乡结合部与城镇的发展水平息息相关，城镇发展水平高，则相应的城乡结合部的发展水平也高，城乡结合部与城镇的差距正在逐渐缩小。当然，上述比较仅限于教师数量和师生比数量，限于数据的可得性，本书没有对城乡结合部地区与城区教师质量进行比较。根据吉林大学孙彦鹏博士对 C 市 K 区城乡结合部分属农村与城市的两所小学师资职称的调查显示，两校师资职称存在明显差异，属于城市的S小学师资职称明显高于城乡结合部的农村小学，见表2－22。同时城乡结合部学校在教学科目的设置上失衡现象也比较严重，较多学校缺少副课的科目以及学时。

表2－22　W村小学和S小学老师职称分布情况

学校	专任教师（人）	高级教师（人）	高级教师比例（%）	中级教师（人）	中级教师比例（%）	初级教师（人）	初级教师比例（%）
W村小学	67	11	16.4	9	13.4	47	70.1
S小学	84	21	25.0	43	51.2	20	23.8

资料来源：孙彦鹏．城乡结合部基本公共服务均等化问题与对策研究［D］．吉林大学，2015：42.

三、城乡结合部公共服务设施配置水平

公共服务设施作为社会进步和居民生活的保障，在城市、城乡结合部与农村地区之间的供给差距也较大。城乡结合部地区的公共服务设施供给既有异于城市，在许多方面又有别于农村（见表2－23）。城乡结合部具有高速城镇化进程和居住人口高速流动性两个特征，使得该地区的公共服务设施满足不了社区居民迅速扩张的公共服务需求。由于外来人口的流动性，城乡结合部地区人均公共服务设施配置水平统计数据多数情况下无法真实体现现实的状况，但总体上看其道路交通状况、水电气基础设施状况、公共环境卫生等都与城市存在明显的差距。

（一）医疗卫生和公共卫生服务设施建设水平较低

在城乡结合部，社区配套卫生服务体系建设相对滞后，传染病控制和流动人口的公共卫生管理相对薄弱。医疗卫生服务设施供给严重不足、部分医疗卫生服务站医疗水平较低、医务人员技能有限。

在城乡结合部地区，公共卫生设施同样短缺。随着城乡结合部居民生活水平的提高与流动人口的增加，有限的基础设施已经满足不了现实的生活需要。绝大多数的城乡结合部没有完整的排水设施，无法将生活污水排入市政管网，大都是直排在河道中，造成河道水体污染；大量流动人口的涌入，使垃圾量急剧增加，加上城市大量未经处理的垃圾被清运或转移到城乡结合部，仅做简单

的填埋，导致当地的环境保护压力日益增大；道路清扫工作达不到城市的标准，甚至个别地区出现无人清扫保洁；城市建设工程增多，城乡结合部道路上大量的渣土车沿线乱倒垃圾和倒土填地等，造成多数的城乡结合部地区的生存环境变得"脏、乱、差"，严重影响城乡结合部居民的身心健康。

表 2－23　　农村、城市、城乡结合部主要公共物品供需结构

内容	主要供给主体	主要资金来源	主要受益主体	主要公共品需求类型
农村	村集体、私人、县乡政府	村集体资产、私人、县乡财政	村民	农村生产基础设施、农业技术信息、社保医疗、义务教育、水电道路等
城乡结合部	村集体、私人	村集体资产、私人、市民、财政	村民、居民、流动人口	公共卫生、公共安全、医保、社保、义务教育、水电道路
城市	国家、省、市区政府	国家财政	市民、部分流动人口	公共卫生、公共安全、医保、社保、义务教育、水电道路等

资料来源：马建秋，谢宝富．我国城乡结合部公共物品供给问题分析——以北京市城乡结合部为例［J］．中国软科学，2009（2）．

（二）交通设施供给不足

由于土地成本与生活成本相对比城区低廉，又具有邻近城区的优势，近年来许多工业企业往城乡结合部地区聚集，大量企业的存在，使得城乡结合部地区流动人口数量激增，机动车数量增长迅速。而城乡结合部道路是中心城区道路的扩展，乡村道路的延伸，作为城市职能的疏散地点和农村物资流通的必经之路，城乡结合部地区过境交通量大，但道路通行能力不足，交通不畅、道路堵塞现象频发。加上"村村通"工程的实施，使城乡道路的通车里程增加，为发展城乡客运创造了条件，但由于公交车次频率满足不了城乡居民出行的需要，许多个体营运业主利用一些安全性较差的农用车、拖拉机、三轮车、"摩的"等从事非法营运，导致交通事故多有发生。由于城乡结合部地区道路功能不明确，缺乏完善的道路交通管理部门，导致各种车辆混行，使原本有明确功能的交通性道路和生活性道路杂乱使用，尤其是各种商贩占道经营引起的交通混乱局面比比皆是。大部分城乡结合部流动人口杂乱，区域道路等级低，不成系统且空间狭窄，有些城乡结合部甚至没有专门的道路，仅以房屋间距充当步道。

（三）水、电、气设施供给情况

水、电、气作为满足居民生活需要的必需设施，城乡结合部的供给水平总体上好于大多数的农村地区。大多数的城乡结合部地区水、电、气设施已经向城市趋同，基本完成了村村通水、通电及用气的任务，但由于多数的城乡结合部地区水电气等设施建设尚未形成系统，居民仍然依赖原有的农村供水设施支撑日常用水。尽管90%以上城乡结合部居民已经使用自来水，但自来水管管径小、压力不够，水污染现象时有发生，加上大量流动人口的压力，其设施依然满足不了人口机械增长的需要。

同样，城乡结合部的电力供应也满足不了人口增长的需要。电力供应负荷大，供电网络负载不均衡，特别是多数老城区用电装置大多标准低、安装不规范。流动人口为了减少租金，常常五六个人挤在一间小小的租房里，原先只需要满足一家用户需要的设施，房屋出租后需要承担几家乃至十几家用户用电，用电负荷剧增，大大增加了用电隐患。有的人为图方便，在屋内私拉乱接电线和安装插座，有的甚至没有安装漏电保护器，直接使用铜丝或铝线代替保险丝，这极大地增加了安全隐患，同时也严重危害了自身的生命和财产安全。

目前，城乡结合部地区居民已经多数使用管道煤气和罐装煤气，但多数地区燃气管网安全运行存在问题，由于流动人口激增，很多当地的村民违章搭建房屋，破坏了燃气管网和设施。同时因为缺乏监管，罐装燃气和气瓶的质量都难有保障，有的销售点销售黑气，黑气中大多违规掺入二甲醚。该气体容易导致气瓶胶圈受腐蚀漏气，引发中毒、爆炸等安全事故。

（四）文化体育设施短缺

人口的机械增长，使得大多数城乡结合部地区群众性文化体育资源需求的增长与文化体育资源短缺的矛盾无法得到解决。城乡结合部地区内向公众开放的体育馆、图书馆、文化馆、广场等建筑物建设落后，相关群众文化活动稀少，居民的业余文化生活主要靠看电视和去KTV唱歌。

第三章

城乡结合部包容性发展的内涵及特征

我国城乡二元制度阻碍了我国的城镇化进程，城乡结合部地区问题的存在影响了城乡结合部居民的包容性发展。"包容性发展"概念的提出，是为了强调在经济增长的同时，要考虑到惠及全体民众，要求我国在城镇化推进过程中，能够促进参与城镇化进程的全体民众公平地分享城镇化的成果。在城镇化进程中，城乡结合部是城镇化和经济增长的产物，也是城镇化包容性发展的关键。城乡结合部的特殊性决定了其发展涉及诸多方面，蕴含着更加丰富的内涵与特征。本书在分析"包容性增长"概念的基础上，探讨城乡结合部包容性发展的内涵及特征，拓宽城乡结合部的研究视角，着力推动中国特色城镇化的健康发展。

第一节　包容性发展的内涵与核心

2011 年，时任国家主席胡锦涛首次以包容性发展为题发表演讲。包容性发展的概念源于包容性增长的提出，从包容性增长到包容性发展，是一个不断拓展和升级创新的过程。包容性发展的理念强调在"经济包容"的基础上实现"社会的包容"，是一种机会均等、益贫式、共享式的增长。

一、"包容性增长"概念的提出

学界普遍认为，"包容性增长"这一概念最早是由亚洲开发银行提出的。

在2007年8月9日举办的"以共享式增长促进社会和谐战略"研讨会上，亚洲开发银行在"益贫式增长"概念的基础上，针对中国经济社会发展过程中出现的发展不平衡问题，提出了"包容性增长"这一概念，并在《以共享式增长促进社会和谐》一书中对"包容性增长"理念进行了集中阐述，首次对"包容性增长"这一主题进行了系统性的研究。随后，世界银行等国际组织也纷纷加入了对"包容性增长"的研究。

（一）亚洲开发银行对包容性增长的定义

自2007年亚洲开发银行首次提出"包容性增长"概念以来，国内外学术界尚未对"包容性增长"形成一个明确的普遍被接受的正式定义，所以一般都把亚洲开发银行对包容性增长的定义界定为包容性增长概念的内涵。亚洲开发银行提出的"包容性增长"主要关注收入的包容性增长，强调增长应该是经济与社会的协调发展，应该更加关注收入，注重结果，倡导机会均等，努力使全体人民都能享受到经济发展的成果。

2008年，亚洲开发银行在《战略2020》中进一步阐述了"包容性增长"的概念，将包容性增长界定为能够创造更多经济机会，社会全体成员能够均等获得这些机会，能让所有社会成员积极参与，并且能够共享经济增长成果。但是，由于市场失灵等制度因素的存在，使得穷人缺乏获取机会的能力，增长所带来的新的经济机会并没有实现平等分配，因此包容性增长更需要政府的干预。

包容性增长的最终结果是：可持续的、平等的增长，社会包容性的增加，能力的增强，安全性的增强。保持经济增长是包容性增长的基本要求，并且这种增长应该是全面的、可持续的。社会包容性增加是指要消除制度性阻碍，以激励社会各成员参与。能力增强是指社会全体成员在财富和个人能力方面得到增强，从而能够在增长过程中更好地参与和服务。社会安全性增强主要是指对增长过程中增加的风险进行更好地管理。

（二）世界银行对包容性增长的定义

世界银行关于包容性增长内涵的认识主要汇集于《2004年世界发展报告：让服务惠及穷人》《2006年世界发展报告：公平与发展》以及《2008年增长报告：可持续增长和包容性增长的战略》三份报告中。

《2004 年世界发展报告》中关注包容性增长的内容主要涉及以下几个方面：（1）穷人有时比富人更需要基础服务，医疗和教育是穷人脱贫的重要方面，其他基础服务业也同样能在一定程度上缓解贫困。（2）并非所有人都能从经济增长中获益，但可获得且能支付得起的质优服务将有助于改善穷人状况。（3）政府有责任和义务为穷人提供基本服务，这主要缘于两个方面，一是市场失灵会降低经济效率，导致产出低于社会最佳水平，需要政府加以干预；二是政府有责任缩小穷人和富人之间的权利差距，改善穷人的健康和教育状况，以保证社会公平正义。

《2006 年世界发展报告》在 2004 年的基础上进一步强调：（1）所谓公平是在追求自己选择的生活方面机会均等且最终不应出现极端贫困的结果。（2）机会不平等是引发所有不平等的根源，它会降低经济效益，加剧政治冲突和社会矛盾，使制度更加脆弱。（3）公平与增长相辅相成，要建立包容性增长的制度，以实现政治和经济环境公平化，保证司法公正和权利平等，促进市场公平性。

《2008 年的增长报告》在已有研究成果的基础上对包容性增长进行了解释：（1）构建和实行可持续和包容性增长战略，可取得巨大成果并为广大民众所共享，包容性增长将成为消除贫困的一大利器。（2）持续高增长的经济体具有五个明显共同特征：充分利用全球经济；着眼于未来较高储蓄率和投资率；利用市场机制来进行资源配置；保持适度通胀和可持续财政；拥有敢作为、值得信赖和精明强干的政府。（3）可持续和包容性增长战略涉及的基本政策主要包括累积型政策、创新型政策 、稳定型政策、分配型政策和就业型政策等五类。

二、包容性发展的内涵

增长、平等和贫困一直以来都是经济社会发展所必需面对的三个核心问题，也是经济学研究的永恒主题。在“包容性增长”概念提出后，随着经济社会的发展程度不断深化和对三者关系认识的不断变化，国内外学术界对增长理念和贫困内涵的理解也在不断演进，并形成包容性发展理念。

（一）包容性发展的生成渊源

20 世纪中后期之前，由于大部分的发展中国家经济尚未实现高速发展，人们把贫困的原因仅仅归结于经济增长缓慢，把贫困定义为绝对收入贫困，并认为只要提高经济增长速度就能够自然解决贫困问题，贫困会随着经济增长而自然消除，即所谓的涓滴增长，而单纯强调增长的增长理论也一直在学术界占据着主导地位。

20 世纪 90 年代以后，人们关注的重点开始转向贫富差距，相对收入贫困一度成了贫困的官方解释。1990 年，长期致力于减贫工作的世界银行在世界发展报告中提出了“广泛基础的增长”概念，提出要建立具有包容性的制度，提供广泛的机会。

21 世纪初，以中国为首的许多发展中国家经济都进入了高速发展时期。然而，贫困却没有随着经济增长而消除。贫困问题的积累和持续贫困的顽强存在使得学术界认识到，一味强调经济增长已经无法解决现实存在的贫困问题了。2000 年，亚洲开发银行首先提出了“益贫式增长”概念，从能力和权利不平等的角度关注财富分配不平等，把贫困归结为能力贫困，并提出经济增长应当转向有利于穷人的增长模式。

自 2007 年亚洲开发银行提出“包容性增长”概念以来，权利贫困的概念逐渐出现在公众的视野中，人们开始意识到权利和机会不平等才是造成贫困的真正原因。在国际组织和各国学者的共同努力之下，增长理论不断完善发展，以机会平等为核心的增长理论也逐渐为学术界所广泛接受。

综上所述，国际组织和学术界对贫困内涵的认识不断深化，从绝对收入贫困→相对收入贫困→能力贫困→权利贫困的认识拓展，说明贫困内涵逐渐从货币范畴拓展至非货币范畴，也更深刻地揭示了贫困的本质以及贫困的根源。与此相对应，在 20 世纪中后期以来，学术理论也经历了从单纯强调增长→广泛基础的增长→益贫式增长→包容性发展的演进过程。

（二）包容性发展内涵的基本要义

基于国内外研究成果的借鉴和理解，本书对包容性发展内涵作出以下定义：

（1）经济持续增长是包容性发展的前提条件和基本要求。经济增长既是消除贫困的前提条件，又是实现包容性发展最终目标的根本保证。包容性发展就是在增长的前提下，改变过去只重视增长速度的经济增长方式，使增长更具包容性，提高增长的效率和质量，让增长的成果惠及更多的人。

（2）包容性发展的基本对象是贫困人口和弱势群体，消除贫困是包容性发展现阶段的主要目标，也是提出包容性发展的最初原因，同时还是包容性发展理论关注的焦点。但是，包容性发展的目标却远不止于此。惠及社会全体成员的增长，实现社会可持续发展是包容性发展的最终目标。

（3）机会平等和成果共享是包容性发展的核心要义，权利平等是实现包容性发展的内在要求。机会不平等是导致贫困的根本原因，也是影响经济社会发展重要的不安定因素。包容性发展要求增长的过程应该是基于平等的基础，只有保证社会公平正义，实现机会平等和经济增长成果共享，才能激励社会各成员积极参与并做出贡献，从而反过来刺激增长。导致机会不平等的根源在于权利的不平等，而权利不平等的根源在于制度缺失。因此，实现机会平等的关键在于改革原有的不合理制度，保障社会各成员的合法权利（特别是贫困人口和弱势群体），以确保社会各成员能够平等地获得经济机会，参与并共享经济增长成果。

（4）包容性发展的内涵并不是一成不变的。从动态视角上来看，包容性发展具有阶段性。在经济社会发展的不同阶段，包容性发展的内涵也不尽相同。特别是随着包容性发展理论的不断完善，其适用范围也早已超出了经济范畴，包容性发展理论对于解决其他领域的问题同样具有适用性和科学性。包容性发展的范畴广泛涉及经济包容、政治包容、文化包容、社会包容、环境包容以及国际关系包容等方面。

三、包容性发展的核心

由于学者们对包容性发展理论研究的领域、对象和内容各有侧重，对包容性发展的定义也不尽相同，所以至今学术界尚未形成对包容性发展内涵的统一理解。但是，他们均认同机会平等和成果共享是包容性发展的核心内涵。如果将经济增长分为过程和结果两大部分来讨论的话，那么机会平等就是包容性发展对增长过程所提出的要求，而成果共享则是包容性发展对增长结果的要求。二者分别集中体现了包容性发展在经济社会发展中的内涵和基本要求，这也正是为什么把机会平等和成果共享视为包容性发展核心的原因。

（一）机会平等

罗默（2006）认为，导致收入差距和非收入差距的原因有很多，但从政策制定的视角看，大体上可以分为两大类：一是个人背景或所处环境的不同（包括家庭财富与权势、社会关系、宗教信仰、肤色、性别、地理环境、工作行业等）；二是个人的努力和勤奋程度的不同。前者属于社会客观因素，是个人无法主观控制的，造成的收入差距反映的大多是由制度缺陷或市场失灵等社会因素所造成的社会不公。后者属于个人主观因素，是个人可以主观控制的，造成的收入差距反映的是市场激励机制起作用的表现。在此基础上，世界银行（2006）对“机会不平等”（如就业、受教育、基本卫生医疗服务机会等）和“结果不平等”（如收入不平等、财富不平等）的概念进行了重新厘清，认为如果从公平的角度来看，机会平等要比结果平等更为重要。由个人努力和勤奋程度不同所导致的结果不平等是可以接受的，而由个人背景或所处环境不同而导致的机会不平等却是不能接受的。

机会平等是包容性发展的核心内涵之一，也是包容性发展对经济增长过程所提出的要求。所以，机会平等的主要目的就是要解决经济增长过程中存在的不平等问题，消除在增长过程中对经济增长不利的因素，以促进经济社会持续健康发展。强调机会平等就是要消除由个人背景或所处环境的不同所造成的机会不平等。机会不平等具体表现为贫困人口和弱势群体面临着权利贫困和社会排斥，而这二者皆是由制度缺陷导致的。可见，实现机会平等就是要消除贫困者所面临的制度性障碍，保障他们平等获得经济机会和公平参与的权利，以激励社会全体成员积极参与并作出相应贡献。

（二）成果共享

增长成果共享是包容性发展对经济增长结果的要求，也是消除贫困的主要手段。也就是说，在一定程度上，增长成果共享可以归结为收入分配的问题。在这里，收入分配更多的是指初次分配，而非再分配。增长成果共享意味着收入分配必须是公平的，否则“共享”将无从谈起。只有实现了公平的收入分配，提高低收入者的稳定收入，让广大人民群众享受到切实的增长成果，才能更加有效地消除贫困。公平不等于平均，成果共享不等于成果平分。在成果分配的过程中，既要保证每个人都能够分享到增长成果，又要避免犯平均主义的错误。

从本质上来说，包容性发展是一种可持续的增长。这意味着增长成果共享不可能是毫无条件的。正所谓“天下没有免费的午餐”，没有任何人能够一味的索取而毫不付出。成果共享的基础是建立在参与上的，参与是共享成果的必要条件。只有个人参与到增长中去，才能得到与之贡献程度相符的增长成果。成果共享具有两个基本的特征和要求。第一，成果共享具有广泛性。所谓的“广泛性”，就是要求经济增长的成果应当惠及到社会绝大部分成员，尽可能地扩大受益人群（特别是贫困人口和弱势群体），保证每个人都能够获得最低限度的福利水平，实现“福利普惠”。第二，成果共享具有公平性。公平性的要求主要体现在两个方面。一方面，要实现共享机会均等，让人人都拥有分享增长成果的公平机会。另一方面，要保证成果分配的公平性。在满足每个人基本生活需求的基础上，实行“多劳多得，少劳少得”的基本原则，促进社会公平正义。

虽然，机会平等和成果共享的侧重点有所不同，但二者之间存在着必然的联系。实现机会平等，要求消除制度性障碍，保障贫困人口的权利，以提高他们参与经济增长过程的积极性。也就是说，机会平等能够促进人们参与，而参与恰恰是成果共享的基础，所以，成果共享离不开机会平等。反之，如果成果无法共享，那么机会平等同样无法实现，因为机会平等本身就已经包含了平等分享成果的机会。

对于当今中国来说，包容性发展的核心就是要在可持续发展中实现经济社会的协调发展。一方面，要改革不合理的社会制度，破除中国的二元体制，保证每个人（特别是贫困人口和农村居民）平等享有参与的权利，实现社会和经济同步发展。另一方面，要完善收入分配制度，促进收入分配公平，提高低收入者和农村居民的收入水平，缩小贫富差距和社会发展差距，促进经济社会可持续发展。总之，包容性发展就是建立在机会平等基础上并能使全体社会成员广泛参与，共享增长成果的经济增长。机会平等是包容性发展的基础，而增长成果共享是包容性发展的内在要求。包容性发展核心的要求就是要消除社会排斥和权利贫困，实现机会平等，以鼓励社会成员参与增长并做出贡献；改革收入分配制度，促进社会公平正义，使得社会全体成员共享增长成果。

第二节　城镇化进程中包容性发展的要求

中国的城镇化经历了长达60年相对曲折的发展历程，面临着诸多问题与矛盾。这一系列问题与矛盾的解决，要求我国在经济增长的基础上，更加强调机会平等、全民共享，实现城镇化的包容性发展。当前正值社会管理转型、社会分割日益凸显的关键时期，对我国城镇化包容性发展提出了更多的要求。

一、城镇化进程中面临的问题与矛盾

城镇化是社会经济发展的客观规律，是工业化进程中社会发展的必然趋势。城镇化是将农村的人口、用地、经济文化模式向城市转变的过程，以及农村人口和非农产业不断由农村向城市集中的趋势。一方面，城镇化是经济增长的客观结果，是经济社会发展在城乡关系上的具体表现。另一方面，城镇化是中国最大内需的所在，是中国经济新的增长点。城镇化的推进是拉动未来中国经济增长的引擎，隐藏着巨大的发展潜力，对于扩大中国内需，促进经济增长起到至关重要的作用。城镇化将社会资源在城乡之间进行优化配置，重塑我国城乡的格局，在这一进程中必将会面临一系列的问题与矛盾。

（一）经济增长进程中的失衡

1. 城乡发展严重失衡，城乡发展的差距在不断扩大，农村经济增长严重滞后于城市经济增长

改革开放以来，随着市场经济不断发展和完善，城市经济水平不断提高，城镇的规模也在不断扩大。相比之下，农村经济发展却相对缓慢，农业技术水平进步不快，加上农村劳动力大量外流，导致农村空心化问题严重，大量农村土地荒废，土地利用效率低下，耕地被占现象更是屡见不鲜，农村可持续发展面临困境。近年来，一些地方打着"加快城镇化进程"的旗号，盲目拉大城市框架，滥占耕地、乱设开发区，不断扩大城市面积。部分地区在"经营城市"的理念下，大肆追求土地增值的收益，进一步助长了多占耕地和不合理拆迁的行为。据相关资料显示，在1996～2008年12年间，我国城镇化率由

30.48%提高到2008年的45.68%，耕地面积由19.51亿亩减少到18.26亿亩，意味着我国城镇化水平每提高一个百分点，是以减少82万亩耕地为代价的。一方面失地农民增多和一些地方后续社会保障跟不上，已成为影响社会稳定的隐患；另一方面，促进农民工在城市落户的制度仍未建立，导致"土地城镇化"速度快于"人口城镇化"速度。若按此模式继续推进城镇化，失地农民的数量还会大量增加，农村人口人均占有耕地资源的数量将进一步减少。农村人口的减少慢于农村耕地的减少，不仅危及国家的粮食安全，而且势必进一步加剧解决"三农"问题的难度，从而扩大城乡发展差距。由图3-1可以看出，2006~2015间中国劳动力大量由农村流向城镇。

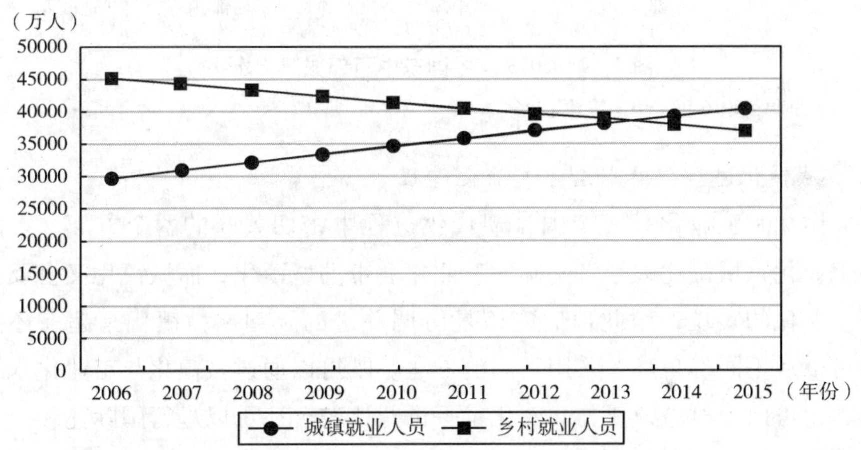

图3-1　2006~2015年中国城乡劳动力数量变化

资料来源：2016年《中国统计年鉴》。

2. 区域城镇发展与大、中、小城市发展存在差异

由于区域经济发展水平存在差异，我国东部与中西部城镇化发展程度也存在着差距。从空间分布看，城镇化水平和城市规模等级呈现东高西低、东密西疏、由东向西递减的分布特征。以2015年为例（见图3-2），东部地区城镇化率已达到68.29%，中部地区城镇化率为53.23%，西部地区为48.25%，东部城镇化率比西部整整高了20.04%。在《中国中小城市发展报告（2015）》中划分的一线城市和二线发达城市中，除重庆市外，其余12个城市都位于东部地区。除此之外，大、中、小城市和小城镇之间也存在着严重的发展差异。过去受到我国城市化发展战略的影响，城镇化的发展重点放在了大城市上，政

策、资金、人才等社会资源明显偏向于大城市，从而制约了中小城市的发展。

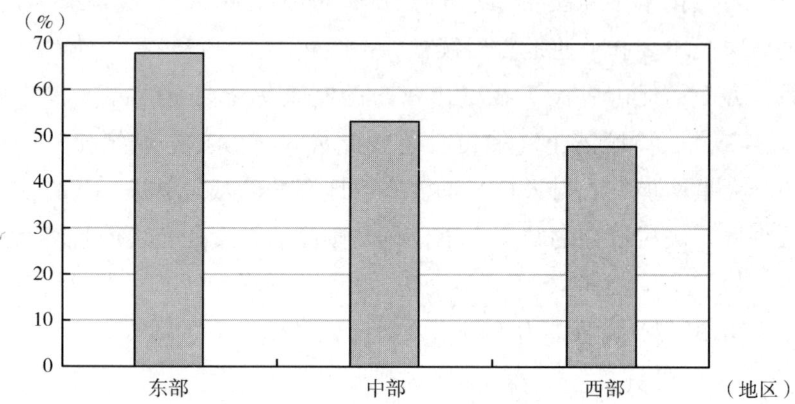

图 3－2　2015 年中国东中西部城镇化水平

资料来源：2016 年《中国统计年鉴》。

3. 城镇化进程仍然滞后于工业化进程

城镇化和工业化是一个国家现代化进程中密切关联的两个方面。一般来讲，工业化是城镇化的经济基础，工业化会带动城镇化，而城镇化又会反过来促进工业化的实现，因此他们应该是协调并进的。判断城镇化是超前还是滞后，可以从不同的角度、采用不同的方法。既可以通过城镇化与工业化水平的比较，也可以通过城镇化与非农化水平进行比较，还可以进行国际比较。本书选取城镇化与工业化水平、非农化水平进行比较（见表 3－1）。

表 3－1　　我国城镇化滞后于工业化与非农化程度　　单位:%

年　份	1952	1957	1965	1978	1985	1990	1998	2002	2008	2009
工业化率	17.6	25.4	31.8	44.3	38.5	37.0	42.1	44.8	47.4	46.3
非农化率	49.5	59.7	62.1	71.9	71.6	72.9	81.6	86.3	89.3	89.6
城镇化率	12.5	15.4	18.0	17.9	23.7	26.4	30.4	39.1	45.7	46.6
城镇化滞后于工业化	5.1	10.0	13.8	26.4	14.8	10.6	11.7	5.7	1.7	－0.3
城镇化滞后于非农化	37.0	44.3	44.1	54.0	47.9	46.5	51.2	47.2	43.6	43.0

注：工业化率为第二产业产值占 GDP 的比重，非农化率为第二、第三产业产值占 GDP 比重。
资料来源：根据历年《中国统计年鉴》的相关数据整理而得。

通过比较可以看出，1950～2008 年，中国的工业化一直超前于城镇化，即中国的城镇化一直是滞后的，2009 年城镇化滞后于工业化问题才得到基本解决。但城镇不仅是第二产业的聚集地，也是第三产业的聚集地，城镇化不仅是农民转向工业就业，也是农民转向服务业就业的过程。因此，能够综合反映第二、第三产业状况的非农化指标，也是衡量城镇化水平是否滞后的重要参照系[①]。非农化指标可以用非农产业的产值比率或非农部门的就业比率来表示。从产值比率来看，我国的城镇化水平一直滞后于非农产业产值比率。从非农产业就业比率来看，城镇化水平也明显滞后于非农化率（见图3－3）。

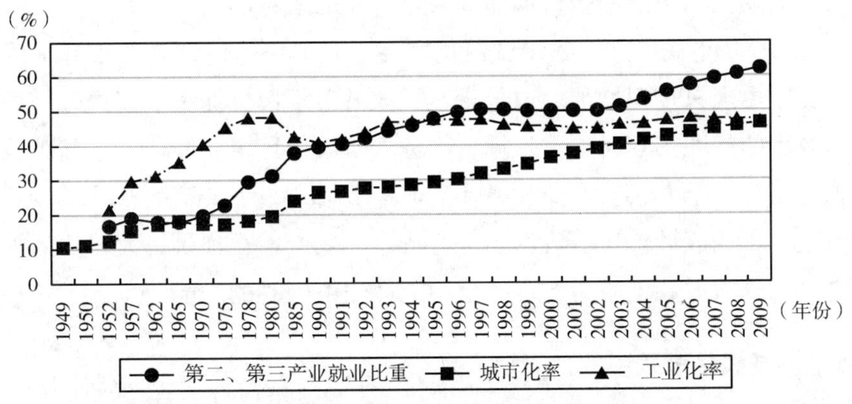

图3－3 我国城镇化与工业化、非农化过程的对比

资料来源：根据历年《中国统计年鉴》的相关数据整理而得。

4. *社会发展滞后于经济增长*

在城镇化的过程中，虽然经济实现了高速增长，但是社会发展却没有跟上经济增长的步伐。经济增长和社会发展的不同步性是过去过度追求经济增长速度的结果，随着经济增速的逐渐放缓，这种不同步性导致的社会性问题也开始显露出来。一方面，农民工仍然面临着许多社会歧视，无法享受到与城市居民同等的待遇，难以真正融入城市社会。另一方面，由于城市商品房价格居高不下，而廉租房和保障性住房建设滞后，农民工的住房难题一直没有得到彻底解决，从而进一步加剧了农民工的生活压力。可见，如果继续对经济增长和社会发展的不协调性放任不管的话，那么这种模式终将成为城镇化进程和经济社会发展的阻碍。

---

① 范恒山，陶良虎．中国城市化进程［M］．北京：人民出版社，2009：240.

5. 经济增长质量不高，增长代价过大。

改革开放以来，虽然我国经济实现了长期高速增长，但是这种增长却是建立在牺牲社会环境基础上的，实践证明这种增长模式是不可持续的。一方面，这种增长是以资源环境的牺牲为代价的。在城镇化进程中，资源利用效率低下，资源浪费现象严重，特别是土地资源的浪费，生态环境也遭到了严重破坏，环境污染也日益加剧。另一方面，这种增长是以农民工利益的牺牲为代价的。农民工为推动城镇化和工业化进程做出了不可磨灭的贡献，可是他们却没有得到与劳动量相当的回报，反而成为城镇化的牺牲品。

20 世纪 80 年代以来，我国城镇化速度不断加快，但许多城市和地区在城镇化过程中出现只重视增加城市数量、扩大城市规模，而不重视提升城镇化的质量和效率的问题。盲目追求指标，不务求实质，城市功能单一，基础设施落后，公共服务不全，第三产业比重小，特别是城镇生态环境治理设施不健全、运行不正常，造成城市运行成本高、运行效率低，增长代价过大，从而大大削弱了自身的辐射力和向心力，难以承担地区经济中心的职能。

（二）城镇化进程中的公平缺失

过度关注量的增长，刻意追求增长速度，忽视了公平性问题，导致我国的城镇化质量不高。同时城镇化发展成果的共享不均，影响了社会成员（特别是农村居民）的积极性，抑制他们参与城镇化的热情，从而进一步影响城镇化进程。

1. 城镇化成果共享不公平

随着城镇化的发展，我国城乡居民人均可支配收入虽然得到了增长，但是城乡收入差距却在不断扩大，农村居民收入远远低于城镇居民（见图 3－4）。目前，我国最严重的收入差距仍在城乡之间，城乡收入分配不公，导致城乡社会两极分化越来越严重，城乡矛盾不断激化，反而阻碍了城镇化的发展。收入分配不公的根源在于劳动报酬的不平等。劳动投入和劳动报酬本来应该是对等的，但是农民工在城市大多从事一些稳定性差、安全性低、劳动强度大、报酬却很少的社会底层工作，投入和报酬不成比例，劳动力价值无法得到实现，同时，往往缺乏合同保护，权益难以得到保障，以至于拖欠农民工工资的现象频现。

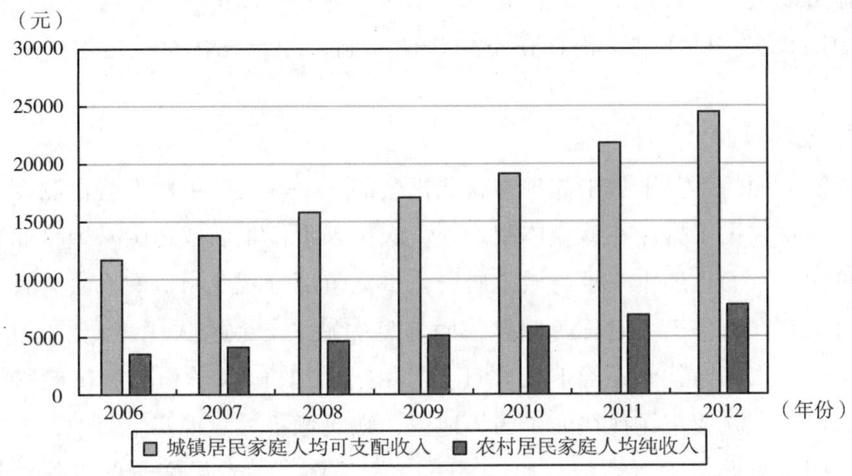

图 3-4　2006~2012 年中国城乡居民收入比较

资料来源：2013 年《中国统计年鉴》。

2. 社会公共资源共享不公平

首先，教育资源分配不公平。一方面，正如本书第 2 章所述，尽管近年政府加大了对农村义务教育的投入力度，但城乡之间教育资源分布仍然存在差异，农村教育资源无论是从师资力量还是从办学条件方面来看，都与城市存在差距，这直接影响了农村地区的升学率、辍学率以及整体文化素质水平。另一方面，不同阶层之间教育资源分配不公，农民工子女入学仍然困难。在城乡二元结构制度下，农民工子女无法享受到与城镇居民同等的教育资源，只能被动接受政府安排入学，缺乏自主选择权。其次，社会保障供给不公平。由于我国社会保障制度起步较晚，许多规定都存在着问题，部分参保门槛过高，导致农民工参保率较低，加上农民工工作的不稳定性和利益驱使，很少会有企业为农民工缴纳保险。农民工的社会保障权利也不完整，在很多大城市，受到户籍的限制，农民工无法享受到所有的社会保障福利。

3. 政治权利不公平

第一，农民工政治参与权利边缘化。农民工在离开农村后，在各种客观因素影响下，往往无法直接参与农村政治生活。而在城市，由于受到户籍制度的限制，农民工身份定位不明确，没有获得参与城市政治生活的权利，无法直接参与城市管理，更无法维护自身合法权益。第二，农民工权益缺乏法律保护。目前，我国鲜有直接涉及农民工权益保护的法律。虽然《劳动法》《工伤法》

等法律可以适用于农民工，但仍是以城镇居民为主要保护对象，同时由于缺乏明确规定和实际操作性，仍存在不少法律漏洞，导致无法有效地保障农民工权益。

4. 经济权利不公平

经济方面的不公平集中体现为就业机会的不平等。歧视性的就业制度和政策的存在将农民工排斥在就业体制之外，农民工不仅难以成为国家企事业和机关单位职工，而且还丧失了与城镇居民公平竞争部分就业岗位的机会。就业市场自身也存在着信息不对称等问题，而信息的缺失导致农民工就业的盲目性，农民工无法很好地找到适合自己的工作。由于受教育水平和职业技能水平较低，农民工在就业市场往往处于弱势地位，缺乏竞争力。现实生活中，农民工大多只能从事城市中所谓的“脏、乱、差”工作，做着最辛苦的工作，却领着最低的工资，劳动力价值无法得到真正的体现。

（三）城镇化进程中主体的弱化

长期以来，我国的城镇化主要都是由政府主导的，许多城镇并不是自然形成的，而是人为创造。由于不少地方政府错误地把造城和城镇化等同起来，于是出现了像“鬼城”“空城”这样要城不要人的现象。从 2000 年到 2010 年的十年间，我国城市建成区面积快速增长了 78.5%，而同期城镇人口仅增长了 45.9%，土地城镇化速度远高于人口城镇化。过去的城镇化误把“城镇”本身看作是城镇化的主体，认为城镇化就是城镇的发展，与农村没有关系，而将农民排除在城镇化主体之外，仅仅实现了土地的城镇化，而并未实现真正意义上的城镇化。

1. 农民工社会融入存在问题

第一，经济层面。农民工由于受教育水平较低，在劳动力市场仍然处于劣势，缺乏就业竞争能力。即使部分农民工和城镇居民拥有同样的劳动技能水平，也面临着许多就业歧视，缺乏市场话语权。就业的差异性决定了农民工和城镇居民收入水平和生活水平的差异，而经济条件的巨大差距是造成农民工无法融入城市社会的关键所在。一方面，农民工为维持必要的生活条件，需要付出更多的时间和精力，从而提高了农民工参与城市生活的经济成本；另一方面，完全融入城市生活存在着较高的经济门槛，而农民工由于收入水平较低，必然面临着各种进入歧视和障碍。第二，政治层面。农民工虽是城市社会中重要的组成部分，但是受到城乡二元户籍制度的限制，仍被视为“外来人口”，被排斥在城市政治生活之外，导致农民工政治参与边缘化。农民工不但政治参与度较低，无法参与城市社会管理活动，而且由于其身份的特殊性，往往无法维护自身合法权利。第三，社会文化层面。首先，农民工社会关系狭窄，社会文化交流范围仅仅局限于农民工内部群体，基本不参与城镇社交活动。其次，农民工对社区生活和城市文化缺乏归属感和认同感。农民工长期被城市主流文化和社会关系所排斥，容易产生排斥和抵触心理，无法很好地融入城市生活，对城市安定和社会和谐产生负面影响。

2. 农民工无市民化待遇

尽管农民工已经被统计为城镇常住人口当中，但是并没有享受到城镇居民应有的待遇。2015 年我国的城镇化率为 56.1%，在这其中包含了 2.74 亿农民工群体，如果不算农民工，中国实际的城镇化率只有 35% 左右。社会基本公共服务也并未实现均等化，农民工参保出现限制条件多、缴费比例高、手续烦琐、宣传工作不到位等问题，导致农民工参保意愿不足，参保率较低。由于受限于户籍制度，农民工子女无法和城镇居民一样享受到同等教育资源。农民工子女要么只能花高价在城镇学校寄读，这会加重了农民工的生活负担；要么只能留在农村接受教育，导致农村留守儿童和孤寡老人问题愈加严重。农民工的住房条件也与城镇居民相距甚远，农村户籍人口整体生存环境较差。直到 2011 年，我国农民工城镇住房拥有率仅为 0.7%，与城镇居民相比农民工的住房设施简陋、环境差。一方面，城市住房资源大量闲置，房地产产业出现严重产能过剩现象；另一方面，广大农民工群体却无力承担高额的房价。城市保障性住房建设却远远不能满足农民工群体巨大的住房需要，造成农民工居无定所，加大了农民工就业的流动性和不稳定性，从而影响社会安定和经济发展。

3. 城镇化盲目扩张带来一系列社会问题

过去国家一味追求城镇化率的增长，优先考虑城市扩张，而忽视基础公共设施建设，城市公共服务供给不足，配套的公共服务保障措施缺失；忽视人口集中和产业发展，导致“有城无市”，建成区人口密度低，生活不方便，城市建设闲置浪费，“鬼城”“空城”频现；忽视农民在城镇化的主体地位，忽略农民工生活水平的提高，忽视农民工的利益诉求，最终结果是农民市民化流于数字。过快发展的城镇化还导致城市房价过度上涨，生态环境严重恶化，农民工群体生活水平下降，整体利益受损，使得农民工群体丧失对城镇化的参与感和归属感，降低他们参与城镇化发展的热情和动力，而且还会加剧城乡居民之间的利益冲突和矛盾，不利于城市经济社会稳定发展。

4. 城镇化进程中农民工权益难以得到保障

近年来，多地出现了因征地拆迁而引发群体事件，甚至还出现了强拆、暴力拆迁等损害农民利益的现象。六成以上的农民上访与土地问题相关，由此引发的社会冲突更是占到农村群体性事件的65%以上。由于农民工的工作性质比较特殊，多以短工、临时工形式为主，加上农民工法律意识欠缺和国家相关法律的不完善，农民工就业往往没有签订劳动合同，这都给不法分子以可乘之机，导致拖欠农民工工资现象严重，而现实中法律体系和行政追偿机制往往作用有限，农民工权益难以得到保障。

5. 政府的责任缺失

首先，政府监管责任缺失，对农民工群体的监督管理力度不够，忽视部分农民工群体，缺乏对农民工群体的专门监管部门。其次，政府宣传责任缺失，社会宣传力度不够，造成社会信息不对称，导致农民工对包容性政策了解甚少，无法及时参与社会保障制度，正当权益得不到实现。最后，各级政府机构权责范围不明确，存在上下级互相推诿现象，将农民工群体置于政府管理体系的“真空地带”；政府管理体系受到户籍和地域的限制，政府管理责任并没有随着农民工流动而转移，对于跨区流动农民工群体缺乏责任约束。

二、城镇化进程中包容性发展的内涵与要求

城镇化作为生产力发展所引起的改变人类生产方式和生活方式，涵盖城市和乡村两大地域空间的转型过程。由于城乡的二元分割和城乡发展格局的失衡，弱化城乡之间的有机联系，使得农村更多的“给予”，而忽略其“索取”的要求，严重影响城镇化的健康发展。包容性发展不仅要求经济的增长，赋予城镇化发展新的内涵，提出新的要求。同时，包容性发展与城乡科学发展的理念相吻合，是推动城镇化进程的根本导向。

（一）城镇化进程中包容性发展要求增长性

增长性是包容性发展的基本特征，也是决定是否能在城镇化进程中实现包容性发展的关键因素。所谓的“增长性”，就是要在城镇化进程中，以包容性

发展理念为指导，有序推进城镇化进程，促进经济包容性发展，实现经济社会可持续发展。可见，增长性的实质就是要实现经济社会的包容性发展，既包括城市和农村的包容性发展，也包括农业和工业、经济和社会以及经济和环境的包容性发展。

经济持续增长是实现包容性发展的前提条件和基本要求。而增长性强调的是在城镇化进程中增长的重要性，在这其中包含着两层含义。第一层含义体现在增长的可持续性上，即对增长速度的要求。增长性要求在城镇化进程中必须保持一定的经济增长速度，保证经济持续稳定增长，为城镇化的发展提供必要的社会资本积累。第二层含义体现在增长的包容性上，即对增长质量的要求。增长性的核心问题就是如何提高城镇化进程中经济增长的质量，以实现经济包容性的增长。这其中，第二层含义尤为重要，它是包容性的城镇化发展模式区别于传统城镇化发展模式的根本之处。

城镇化和经济增长虽然没有必然的因果关系，但是二者密切相关。一方面，经济增长是推进城镇化进程的根本动力和保证，如果脱离了增长，那么城镇化将无法正常发展，甚至会出现过度城镇化的现象，浪费经济资源，加剧社会矛盾，对经济社会造成巨大损失。另一方面，城镇化将加大刺激我国的内需，加快经济增长。新型城镇化既是增长性在中国城镇化进程中的实践结果，也是拉动未来中国经济增长的动力。城镇化中蕴涵着许多发展的机会，必将加快我国经济增长的步伐。

（二）城镇化进程中包容性发展要求制度有效性

机会平等是包容性增长的核心内涵之一，而实现机会平等的关键在于消除城镇化进程中存在的制度缺失和制度性障碍。制度性的本质，就是要通过对社会制度的改革和创新给城乡居民（特别是农村居民）提供相对平等的发展机会，确保城乡居民享有同等的发展权利和社会待遇，能够共同参与城镇化建设并共享城镇化成果，形成城乡共同发展的体制机制。在现代市场经济体制下，单靠市场的力量是无法自动实现包容性增长的制度性的，因此政府的政策干预就显得格外重要。换句话说，制度性更多的是城镇化中实现包容性发展对政府提出的要求。

当前，中国农村存在的贫困主要是制度性贫困。因此，制度性改革成为包容性发展在城镇化进程中消除贫困的主要途径。城乡二元结构体制，是阻碍城乡一体化发展的主要障碍，不但会扩大城乡发展差距，甚至将对城市本身发展造成影响。

首先，城乡二元结构体制脱离现实发展需求，仅仅以原有户籍归属对城市居民和农村居民进行分割，严格限制城乡居民身份转换，与城镇化的发展目的相背离。其次，二元结构体制是一种歧视性制度，以户籍制度为核心，形成了包括劳动就业制度、税费制度、土地制度和教育、医疗卫生、养老保险等一系列社会福利制度在内的城乡歧视性制度体系，造成社会资源分配不公，激化不同利益群体冲突和矛盾，加剧经济社会发展不稳定性，不利于城镇化发展。城乡二元结构体制的实质是以户籍制度为基础的城乡发展壁垒，并由此演变出两种截然不同的社会资源配置制度。城乡二元结构体制是导致城乡差距的根源，而制度性改革的关键就在于破除城乡二元结构体制，进而消除由城乡二元制所带来的制度性障碍，实现城镇化的包容性发展。

（三）城镇化进程中包容性发展要求公平性

公平性，顾名思义就是经济发展成果在全体社会成员中公平分配的特性。成果共享是包容性增长对发展结果的核心要求，而城镇化进程中包容性发展的公平性就是要求城乡居民能够共享城镇化的发展成果。所谓的“成果共享”，既包括经济资源的共享，也包括社会资源的共享；既对城乡居民收入分配的公平性提出了要求，也对城乡居民社会公共资源共享的公平性提出了要求。实现城镇化公平性的关键，就在于实现城乡收入分配公平，缩小城乡发展差距，促进城乡发展一体化。

公平性原则是促进城镇化持续健康发展的基本保证。公平性是包容性的城镇化与以往的城镇化最大的不同之处。过去的城镇化往往只是表面上的城镇化，过度关注量的增长，刻意追求增长速度，忽视了公平性问题，增长成果没有实现全民共享，引发部分城镇化行为主体的不满，降低了他们参与城镇化发展的热情和动力，导致城镇化质量不高。包容性的城镇化把公平性纳入城镇化的发展目标。一方面，通过实现城镇化发展成果的共享，扩大城镇化包容性发展的覆盖影响范围，提高城镇化的发展质量，形成公平高效的城镇化发展环境；另一方面，促进社会公平可以提高社会成员（特别是农村居民）的积极性，激发他们参与城镇化的热情，从而进一步推进城镇化进程。总之，实现城镇化的公平性对于推动城镇化进程具有至关重要的作用。

（四）城镇化进程中包容性发展要求主体全民性

城镇化是指农村人口转变为城市人口的长期过程，其本质应当是人口的城镇化。这意味着在包容性的城镇化中，农民既是城镇化建设的主体力量，更是城镇化发展的主体。完成从非城镇人口向城镇人口的转变是城镇化的主要目标。所谓“转变”，既包括农民生产方式的转变，也包括农民生活方式的转变。过去的城镇化实现了农民生产方式的转变，但农民却始终无法真正融入城市生活。因此，如何实现农民生活方式的转变成为新型城镇化的核心问题。总之，实现城镇化进程中包容性发展的主体全民性，就是要充分尊重农民在城镇化中的主体地位，既要依靠农民的力量推动城镇化发展，又要着力解决农民工的社会融入问题，实现农民的“市民化”。

第三节　城镇化进程中城乡结合部的包容性发展

在具有中国特色的城市扩张进程中，城乡结合部是我国城镇化进程中的必然产物，也是坚持走中国特色城镇化道路无法回避的环节。同时，城乡结合部的出现，赋予城乡统筹发展的新内容，其发展方向和定位也将决定着我国城市的发展模式及城镇化的发展未来。出于对生活成本的考虑，流动的农民工们往往会选择城乡结合部作为居住地。因此，城乡结合部就成为流动的农民工和失去土地“原住”农民的主要集中区，从而形成城乡特质交织、社会矛盾问题集中的地区，将影响我国“三农”问题的解决以及城镇化发展的质量。包容性发展以人为本，在强调经济增长数量的同时兼顾效率、文化和产业的发展等，无疑是城乡结合部发展方式的根本指向，在推进我国城镇化的进程中需大力加快城乡结合部的包容性发展。

一、城乡结合部包容性发展的内涵和特征

（一）城乡结合部包容性发展强调经济的增长

1. 经济持续增长

经济增长既是包容性发展的基本要求，又是城乡结合部发展的首要条件。

经济增长是实现城乡结合部包容性发展的基础和前提，因此也成为城乡结合部包容性发展最基本的发展目标。城乡结合部作为城市化进程中城市和农村特殊的过渡区域，是城市经济和农村经济的结合体，具有城市和农村各自都不具备的特殊性和发展优势，但同时也面临着更为复杂的情况和考验。

从产业结构发展来看，城乡结合部经济增长目标的要求主要体现在三个方面。第一，优化农业产业结构，大力发展特色农业、生态农业和加工农业，重点发展郊区农牧业，形成市场导向型的城乡结合部特色农业体系；重点延伸农业的产业化程度，让农产品向纵深发展，逐步提高农业的市场化和现代化水平。第二，调整经济发展方式，实现产业结构的优化，使得城乡结合部工业结构由劳动密集型走向资本技术密集型；加大科技、教育投入力度，提高自主创新能力，实现由过去一味依靠城市内部产业转移的工业发展模式向同时依靠技术创新和模式创新的工业发展模式转变。第三，充分利用同时拥有工业生产要素和农业生产要素这一优势，促进工业和农业有机结合，有效提高城乡结合部经济增长的竞争力，为城乡结合部经济增长注入新的活力。一方面，农业不但是工业的重要生产原料来源，而且还为工业生产提供了大量的农村剩余劳动力。城乡结合部与城市工业相比，拥有原产地的优势，农业可以与工业直接联系，省去中间不必要的环节，节约了大量的运输和时间成本，加上城乡结合部劳动力价格较低，具有明显的成本优势，产品更具竞争力。另一方面，工业在为农业提供基础农业生产工具的同时，其技术水平的进步也深深影响着农业的工业化水平和现代化水平。在现代社会中，农业生产力的提高基本上都来自生产工具和农业技术的进步。所谓的生产工具进步即指农业机械化水平的提高，而农业技术的进步的根源在于工业科技的发展，尤其是生物和化学工业。农业和工业的互补性是城乡结合部的重要经济增长点，如何将二者更好地结合，发挥互补优势，提高经济效益，是城乡结合部今后实现经济增长的重点方向。

从就业结构看，城乡结合部蕴涵着巨大的发展潜力和改善空间。首先，城乡结合部是农村转变为城市过程中一种特殊的中间形态，而农村城市化的过程同时也是农民失去土地的过程。在这过程中，自然就产生了大量的农村剩余劳动力。这些失地农民失去了赖以生存的土地和生活保障，急于寻求新的工作以保证获得稳定的收入来源。在如今老龄化问题日趋严峻的中国，劳动力缺口越来越大，而农村城市化过程中产生的大量剩余劳动力对于中国来说无疑是雪中送炭，对于城乡结合部来说也无疑是巨大的发展潜力。其次，城乡结合部以劳动力密集型产业为主，居民大多从事于社会中低端行业，这些行业不但技术水平低、劳动强度大，而且经济效益低、劳动报酬少。这导致城乡结合部居民大都处于城市社会的中下层，直接阻碍了人口城市化的进程。改善就业结构，既要调整产业结构，促进产业结构优化升级；又要加强职业培训，提高劳动者自身劳动技能和熟练程度。总之，要充分利用好城乡结合部丰富的劳动力资源，从而提高劳动力工作效率，创造更多的经济效益，促进经济增长。

2. 城市化水平不断提高

城乡结合部是城市化发展到一定阶段的特殊产物。不断提高城市化水平，最终成为城市的一部分是其发展的直接目标。城市是城乡结合部的发展方向和最终目的地，而城市化水平作为界定城市的唯一标准，不断提高城市化水平自然成为城乡结合部的发展目标和任务。城市化水平是城乡结合部发展程度的衡量标准，其高低直接反映了城乡结合部的成熟与否和所处发展阶段。因此，城市化水平不仅仅只是作为一个简单的衡量指标，而更多的是为城乡结合部的发展道路指明方向。如图 3-5，中国的城市化水平远远低于英美日等发达国家，因此仍需不断提高城市化水平。

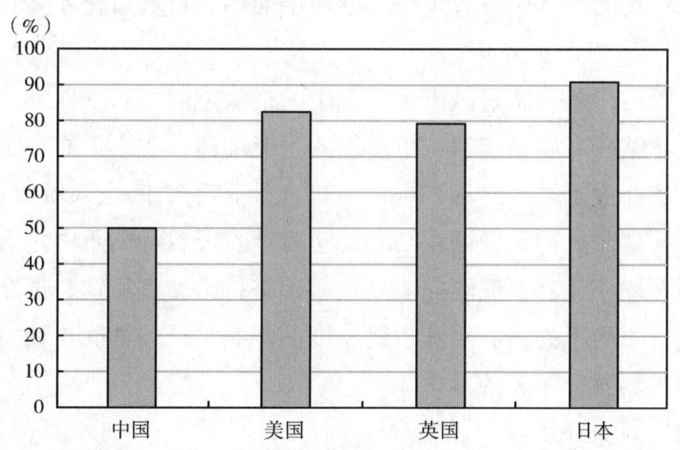

图 3-5　中国、美国、日本、英国城市化水平比较

资料来源：2013 年世界银行统计资料。

所谓的“城市化”，既包括土地的城市化，也包括产业的城市化和人口的城市化。因此，提高城市化水平并不是指简单地扩张城市用地规模，而是要共同实现社会各个层面的城市化。城市化的本质在于人口的城市化，而产业城市化和土地城市化只是人口城市化的客观需要和伴随结果，并不是城市化的主观目的。一方面，土地城市化和产业城市化为人口城市化提供必要的生活资料和物质基础，是人口城市化的必要条件。土地城市化为产业城市化和人口城市化提供必要的生产空间和生活空间，解决了城市化过程中的发展空间问题。而产业城市化为人口城市化创造了更多的工作岗位和发展机遇，促进了城乡结合部居民职业的转变。另一方面，人口城市化是土地城市化和产业城市化的最终目的，二者都是为人口城市化而服务的。

人口城市化蕴涵着两层含义：一层是指物质层面上的人口城市化，另一层是指精神层面的人口城市化。物质层面的人口城市化要求不断提高城乡结合部居民的收入水平和生活水平，最终达到与城市居民同等的生活水平。精神层面的人口城市化也可以说是真正意义上的城市化，不但要求城乡结合部居民过上和城市居民同等的生活，还意味着城乡结合部居民摒弃农村生活习惯，完全融入城市社会，成为城市居民的一分子。精神层面的人口城市化是一个漫长曲折的过程，不但需要城乡结合部居民的不懈努力，而且还必须不断地面对来自城市内部的误解和排斥。所以，一般来说，物质层面的人口城市化要早于精神层面的人口城市化实现，但只有实现了精神层面的人口城市化才算真正完成了城市化道路。

城乡二元的户籍体制是城市化进程中的最大障碍。长期以来，农村户籍一直是限制城乡结合部居民成为城市居民的主要障碍，它不但剥夺了他们的合法权利，而且还加深了城乡之间的隔阂，严重阻碍了他们融入城市社会。因此，破除城乡二元体制成为实现城乡结合部包容性发展目标的重中之重。当然，破除体制障碍并非一朝一夕就能完成。这必须坚持走新型城镇化道路，根据城乡结合部发展阶段的不同逐步放开户籍制度的限制，最终消除户籍差别，实现城乡结合部居民到城市居民的转化。

3. 社会全面发展

追求社会全面发展，是城乡结合部包容性发展与过去城乡结合部发展模式最大的区别之处。过去城乡结合部的发展模式往往只重视经济的增长和城市化水平的提高，而忽视了社会同步发展的重要性，从而导致城乡结合部社会发展远远滞后于经济增长和城市化速度。实现社会的全面发展既是城乡结合部包容性发展的内在要求，又是实现全面城市化的必经之路。从环境角度看，社会全面发展的目标大体上可以分为两大方面：一是生态环境，二是生活环境，而生活环境又可以进一步分为硬环境和软环境。首先，良好的生态环境是城乡结合部存在和发展的基础，集中体现了包容性发展对城乡结合部发展过程中人与自然关系的要求。目前，城乡结合部的生态环境呈现出不断恶化的趋势。这不但不符合可持续发展的理念，而且还对其城市化进程起到了制约作用。可见，改善生态环境已经成为实现城乡结合部包容性发展的重要目标之一。其次，城乡结合部的生活环境有待改进。从硬环境来看，无论是基础设施建设，还是地区功能性结构，城乡结合部都还远远落后于城市，无法满足居民基本生活需要。从软环境来看，城乡结合部的医疗卫生、教育、养老等条件也离城市相距甚远。可见，实现城乡结合部的包容性发展就必须加强城乡结合部的基础设施建设，构建城乡一体的功能结构，完善医疗、教育等公共基础服务，实现城乡社会发展的一体化。

（二）城乡结合部包容性发展强调机会平等与成果共享

1. 发展机会平等

机会平等是包容性发展理念的核心，也是包容性发展对经济增长过程所提出的要求。实现城乡结合部的包容性发展就意味着要消除城乡结合部发展过程中存在的不平等现象，实现城乡发展机会均等化。发展机会平等不仅关乎社会的公平正义，更与城乡结合部的发展前景密切相关。城乡结合部作为在城市化进程中产生的新事物，具有巨大的发展潜力和空间，但这并不意味着一定能发挥好它的潜力。而激活发展潜力的关键，就在于如何能保证城乡发展机会平等，消除城乡居民面临的制度性障碍，以提高其参与的积极性，为城乡结合部的发展作出更多的贡献。

当前，中国的城乡结合部存在着各式各样的问题与社会排斥现象，比如职业歧视、工资差异、户籍歧视等。这些不平等现象归根结底都是由制度性缺陷引起的，而其根源就在于城乡二元的户籍制度。一方面，户籍制度本身就是一道权利壁垒，阻碍着城乡结合部居民获取应有的发展权利和机会；另一方面，由户籍制度所造成的一系列社会资源分配不平等是导致机会不平等的直接原因。长期以来，由于户籍制度的存在，我国早已形成了城乡二元的资源分配格局，其中包括教育、医疗、就业资源等。而这些社会资源分配的不公直接造成了城乡居民的权利贫困，在机会减少的同时提高了他们参与的门槛，使得他们不得不面对更多的社会排斥。

实现城乡结合部包容性发展的本质在于提高其发展的“包容性”，即能让更多居民参与到发展的过程中去。这就需要我们不断地破除城乡结合部居民面对的制度性障碍，逐渐消除权利贫困和社会排斥，保障他们平等的发展权利和机会，激发他们参与的热情和活力，最终实现城乡结合部包容性发展。

2. 增长成果共享

所谓的“成果共享”，更多的是对增长结果所提出的要求，因此也可以理解为要求公平分配城镇化发展的成果。成果共享作为包容性发展理论的核心之一，同样对城乡结合部的发展具有积极意义。成果共享既是居民参与城乡结合部建设的目的，同时也是他们参与的动力。因此，能否实现增长成果的共享不但是检验城乡结合部发展结果公平性的标准，而且还与城乡结合部的发展动力密切相关。

增长成果共享包含着两层基本含义：一层是共享的广泛性，另一层是共享的公平性。成果共享的广泛性，就是要求城镇化的发展成果应当惠及到绝大部分城乡居民，包括城乡结合部居民，扩大受益人群的范围，实现广泛的成果分享。成果共享的公平性，首先在这里要区别公平和平均的概念，成果共享的公平性不意味着对增长成果的平均分配，而是要求在每个人都获得平等参与分享成果的机会和权利的基础上，尽量保证增长成果分配的公平性，促进社会公平正义。目前，中国城镇化发展成果的受益人群范围仍然很小，许多为城镇化做出贡献的农村居民，特别是一部分生活在城乡结合部的农民工及其子女依然被排斥在外。而成果分配也出现了严重的不公平现象，社会贫富分化日益加剧，城乡收入差距也在逐渐扩大，并没有实现增长成果的共享。如图3－6所示，城乡居民消费水平仍存在巨大差距，并没有实现增长成果共享。

收入分配是否公平是衡量增长成果共享程度的主要标准。也就是说，成果共享的目标可以归结为实现收入分配公平的问题上。实现收入分配公平的关键在于建立公平、合理、有序的国民收入分配新格局，而收入再分配调节政策是其主要手段。一方面，要不断完善城乡要素市场，充分发挥市场机制的主导作用，提高市场配置资源的能力和效率，实现资源分配的合理性和公平性；另一方面，针对市场存在的失灵现象，政府要加大收入再分配调节力度，弥补市场配置资源存在的漏洞，着力提高低收入群体的收入，缩小城乡贫富差距；除此之外，还需要积极改善民生问题，完善城乡一体的社会保障制度，为城乡结合部居民提供基本生活保障，实现增长成果的共享。

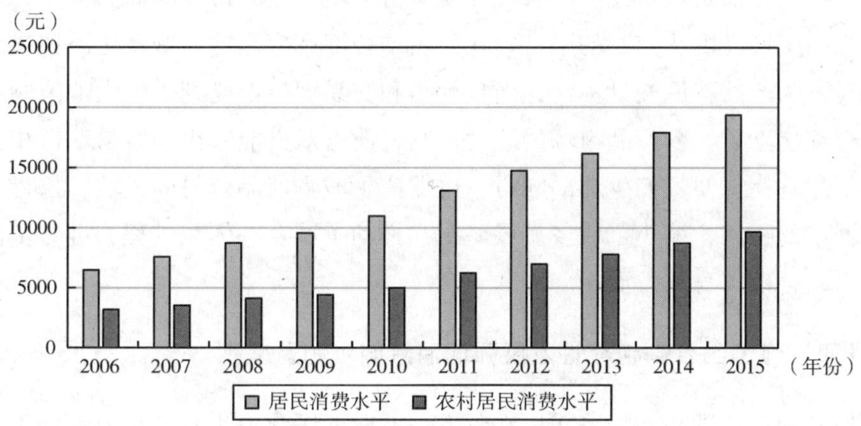

图 3-6 2006~2015 年中国城乡居民消费水平

资料来源：2016 年《中国统计年鉴》。

（三）城乡结合部包容性发展强调城乡市场的联动

城乡结合部是城市和农村的过渡区域，不但拥有自身所特有的经济资源，而且还起到了连接城乡市场的纽带作用。从劳动分工角度看，城乡结合部同时拥有第一、第二、第三产业丰富的劳动力资源；从商品交换角度看，城乡结合部能够实现农业产品和工业产品的快速流通和内部交易；从社会生产角度看，城乡结合部实现了农业生产和工业生产的有机结合和生产技术的共享。而这一切都是由城乡结合部在城乡社会中所拥有的特殊地位带来的。城乡结合部在沟通城乡市场的同时，也为自身的发展赢得了更多的核心竞争力。因此，城乡市场的联动机制将成为在经济层面实现城乡结合部包容性发展最为核心的动力。

1. 城乡要素市场联动

城乡结合部作为城市经济和农村经济的结合体，在同时拥有城乡要素资源的基础上，实现了城乡要素资源的自由流通和共享，扩大了城乡要素市场的规模。城乡要素市场联动的频繁化不但加速了劳动分工和产品市场的发展，而且还提高了要素流动的经济效率，实现了要素资源利用效率最大化。除此之外，建立在优势产业基础上的专业化城乡要素市场，还有力地推动了产业结构的优化升级，加强了区域内和区域外的经济交流，使得城乡经济联系更加紧密，推动了农村地域向城市地域转变的进程，带动城乡结合部发展。

2. 城乡产品市场联动

城乡结合部是城乡经济的桥梁，既丰富了城乡产品市场的商品种类，又为城乡产品交换提供了广阔的平台。在城乡结合部产生之前，城乡居民如果想要获得对方的产品不但交易不便，而且种类和交易规模都受到了极大地限制。城乡结合部建立了城乡产品市场的联动机制，使得双方能够更加容易获得相互需求的产品，在方便人们生活的同时，也促进了城乡产品贸易的发展，拉近了农村和城市的距离，缩小了城乡发展差距，推动了城乡一体化进程，进一步促进了城乡结合部自身的发展。

（四）城乡结合部包容性发展强调消除城乡利益差别

城乡利益差别是指城乡居民在收入、就业、医疗卫生、文化教育、生活环境等方面的差距。这些利益差别是带来城乡矛盾出现的根源，同时也是推动城乡结合部包容性发展的根本内在动力。在利益差别的驱使下，大量农村居民会涌入城市，而城市的企业为了追求更高的规模经济效益必然将不断向城市郊区及农村地区扩散，从而推动城市周边地区的发展。而城乡结合部作为城市和农村的过渡区域，由于城乡利益差别而引起的矛盾在这里显得更加突出。发展的过程本质上就是不断解决矛盾的过程，正是因为有了矛盾，才有了发展的动力。所以，从经济学的角度来看，人们对于利益的渴望和追求，是贯穿于城乡结合部发展过程中最根本的内在动力。

当前，我国城乡结合部发展面临着众多由城乡利益差别所引起的社会问题，社会矛盾日益加剧，甚至已经出现社会分化的趋势。因此，实现城乡结合部的包容性发展显得尤为重要。现实中存在的社会问题是城乡结合部发展过程中不可避免的，同时也是推动城乡结合部发展的内部动力所在。贫困问题是城乡利益差别的核心所在，而这恰好与包容性发展消除贫困的目标不谋而合。实现城乡结合部包容性发展的内在动力，就是要解决由城乡利益差别所引起的城乡社会矛盾和问题，逐渐减少城乡之间的利益差别，最终实现城乡利益一体化。

二、影响城乡结合部包容性发展的因素

前文已论述了城乡结合部是兼具城市和农村土地利用性质的城市与农村的

过渡地带，是一个特殊的经济地理单元。它的复杂性、交叉性、动态性以及多样性都加大了城乡结合部包容性发展的难度。基于城乡结合部自身的特点，分析城乡结合部包容性发展的影响因素，从而加快我国城乡结合部包容性发展的进程。

（一）动态的过渡性

城乡结合部作为城市化动态发展的产物，受到城市和农村双向发展的深刻影响，不断发生着动态的过渡性变化。从动态视角看，城乡结合部是农村景观转化为城市景观、农村用地转化为城市用地的过渡区域，是城市边缘区由农村走向城市这一城市化过程的中间阶段。因此，城乡结合部具有城市和农村两种经济形态的过渡特点，是城乡空间结构和人口、经济、社会等要素的过渡地带。从管理体制角度看，城乡结合部是城市管理体制和农村管理体制的过渡地带；从土地使用性质角度看，城乡结合部是农业用地和非农业用地的过渡地带；从人口分布角度看，城乡结合部是农村人口和城市人口的过渡地带。随着城市化进程的不断深入，城市规模将不断扩大，城乡结合部也会以多种形式由城区向外围推进，从而最终演变为城市。换句话说，以前的农村、郊区就是现在的城乡结合部，而现在的城乡结合部将成为未来的城市。所以，城乡结合部在城市化的动态发展进程中充当着过渡性的角色。如图 3－7 所示，以北京海淀区城乡结合部为例，城乡结合部用地性质由 36.7% 的农业用地和 63.3% 的非农业用地构成，其中非农业用地大多集中于城区周边，而越往外围，农业用地占比越大，呈现出典型的城乡结合部由内向外非农业用地逐渐向农业用地过渡的特征。

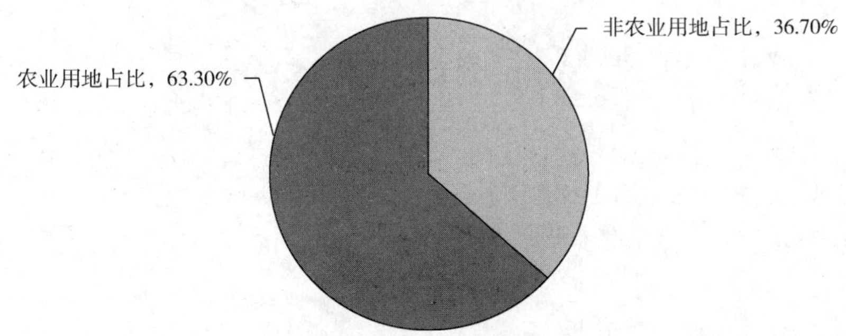

图 3－7　北京海淀区城乡结合部土地利用性质构成

资料来源：根据北京市国土资源局海淀分局相关资料整理而得。

（二）社会的边缘性

所谓的“边缘性”，不单单是指城乡结合部在空间地理位置上处于城乡边缘位置，更多的是指城乡结合部与城市和农村相比在社会管理上出现边缘化的特点。一方面，城乡结合部是城乡行政管理的交叉地带，兼具城市和农村的双重特性。城乡结合部的复杂性往往会造成行政管理的混乱，比如地方政府权责不清晰、对城乡居民身份界定不明确等问题。这就导致城乡结合部既无法实施城市的管理政策，也无法实行农村的管理体制，尤其是城乡结合部居民的政治参与权利无法得到保障。另一方面，城乡结合部的人口多以农业户籍人口为主，他们在实际上已经成为城市生活的一部分，但却始终无法摆脱农民身份。城乡结合部居民在为城市发展作出贡献的同时，却常常被排斥在城市之外，无法真正地融入城市生活。他们既无法享受到与城市居民同等的生活待遇，又无法享受到针对农村居民的惠民政策，沦为城乡社会的“边缘人”。如图3－8所示，在北京市海淀区城乡结合部的行政区划中（主要包括海淀镇、四季青镇、东升镇、温泉镇和西北旺镇），社区居委会和村委会的数量各为43个和45个，基本上各占一半，这些行政单位交错分布，在行政组织管理上缺乏统一性，充分表现了城乡结合部社会管理的双重性和边缘性。

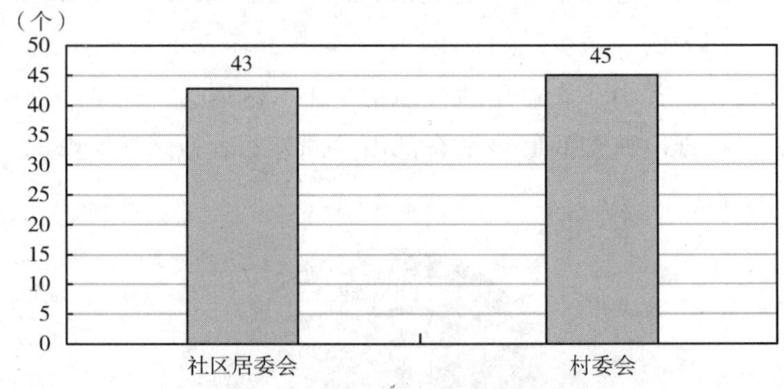

图3－8　海淀区城乡结合部行政区划

资料来源：2016年《海淀区统计年鉴》。

（三）经济结构的二元性

经济结构的二元性主要表现在产业结构和就业结构上。首先，从产业结构上来说，城乡结合部既有代表城市的现代工业和服务业，又有具有农村色彩的郊区农业。二者分布相互交错，又互相影响，共同构成城乡结合部特有的产业结构。一方面，现代工业和服务业为郊区农业的发展提供技术、资金和市场的支持；另一方面，郊区农业为工业和服务业的发展提供生产要素和生活要素。其次，产业结构的二元性决定了就业结构的二元性。城乡结合部的就业部门结构既包括传统行业的就业，又包括现代行业的就业；既有从事劳动力密集型行业的人，也有从事于资金密集型和技术密集型行业的人。如图 3－9 所示，以成都市温江区城乡结合部为例，第一、第二、第三产业均有分布，而就业人口也由农业人口与非农业人口构成，经济结构呈现出二元的特点。

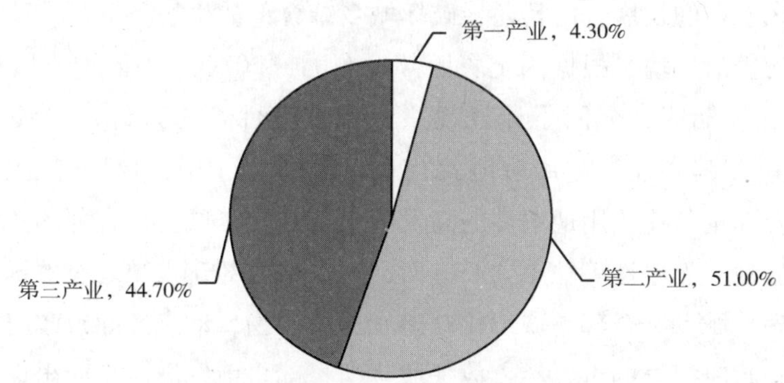

图 3－9 2015 年成都市温江区城乡结合部产业结构和就业结构

资料来源：《2015 年成都市温江区国民经济和社会发展统计公报》。

（四）经济增长和社会发展的不协调性

城乡结合部由于临近城市，受城市中心辐射力影响较大，经济增长速度远远高于农村地区。然而，与高速的经济增长形成鲜明对比的是，城乡结合部的社会发展严重滞后于城市。

第一，城乡结合部的基础设施建设落后，如本书第二章所述，城乡结合部的交通、通信等基础设施和水、电、天然气等生活设施供给相对不足。第二，城乡结合部居民的政治生活落后。经济条件的限制和户籍制度的限制，使得他们既无法像农村居民那样实行直接民主，又无法参与到城市的管理活动中去，政治权利得不到保障。第三，城乡结合部教育、医疗、养老等社会保障体系落后。城乡结合部一直是社会保障的真空地带，不但缺乏必要的社会保障机构，尤其是公共卫生等公共设施，而且往往无法享受到应有的保障权利。

（五）土地利用的混乱性

农村转变为城市的过程同时也是农业用地转变为非农业用地的过程。随着城市化进程的加快，城市土地的不断向外扩张，城乡结合部也随之不断向外动态迁移。在城市快速扩张的过程中，城乡结合部土地的用途和权属变更频繁，而土地价格也呈现出上涨的趋势。然而，这种“超速”的发展模式却给城乡结合部的土地利用带来了混乱。首先，农村大量耕地被非法占用。农业是经济发展的基础，也是维持城乡发展基本物质资料的必要条件。非法占用耕地不但不利于郊区农业的发展，而且还会破坏城乡结合部的生态环境，进一步恶化城乡结合部的生活环境。根据国土资源部发布的《2015 年中国国土资源公报》，在“十二五”期间，全国累计发现违法用地案件 6.3 万件，涉及土地面积 19.9 万公顷，其中违法占用耕地就有 6.6 万公顷，占了 1/3（见图 3－10），而城乡结合部正是违法用地案件的高发地带。其次，城乡结合部的建设具有自发性、盲目性、无序性等缺点。一方面，城乡结合部建设缺乏有效统一的规划和政府管理。城乡结合部是城市化动态发展的产物，动态性导致政府往往忽视城乡规划和政府引导的重要性，放任城乡结合部自由发展，从而出现建筑用地选址随意，建筑标准不一，建筑质量低下，居住用地和农业用地、工业用地混杂的现象。另一方面，城乡结合部建设具有“三低”的特点——土地价格低、建设标准低、建筑成本低。这使得投机分子有了可乘之机，他们出于自身经济利益考虑，大肆购买和开发土地，不但推高了土地价格，而且还造成了土地利用的无序性。地价的不断提高导致土地逐渐沦为资本的附属品，土地成为价高者得，而不是按需所得。这既改变了土地的原有用途，又降低了土地的利用效率，造成严重的土地浪费现象。

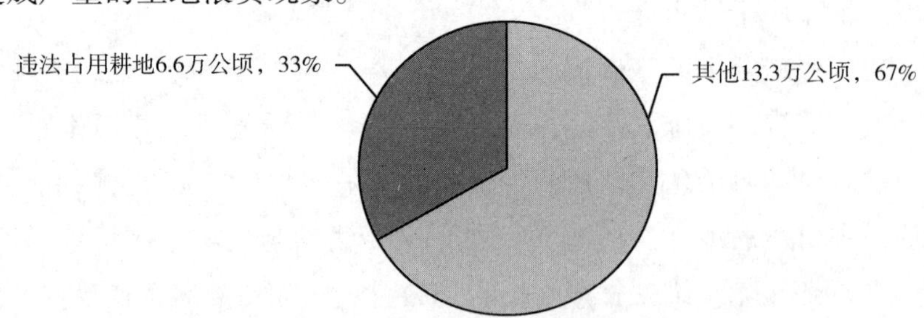

图 3－10 “十二五”期间全国累计违法用地面积

资料来源：2015 中国国土资源公报.

三、城乡结合部包容性发展的模式

城乡结合部是传统农村经济、传统城市产业与现代城市经济的结合体，是变化动荡、矛盾集中的经济元素，其自身又存在诸多不利于包容性发展的影响因素。特殊的经济形态决定着城乡结合部有着特殊的经济发展轨迹与机制，探寻城乡结合部包容性发展的模式，对完善经济发展理论以及推动我国城镇化建设的实践都具有积极的意义。

（一）以产业先行，带动城乡结合部包容性发展

工业化是城市化的根基，城市化以工业化为依托。产业是城乡结合部发展的基础，也是经济城市化的主要体现，在城市化进程中充当了“领头羊”的作用。甚至可以说，如果没有产业发展，那么就没有经济城市化和人口城市化，就更不会有城乡结合部的存在了。如果产业不发展，那么城市化运动就是纯粹的“造城运动”，只是形成了地理空间意义上的城乡结合部，并不能算是真正意义上的城市化。只有产业发展了，城乡结合部才有了发展的根基和动力。产业发展不仅可以为城乡结合部的发展提供物质基础和经济支撑，而且还能形成集聚效应，引领城乡结合部的发展方向。产业发展在创造更多的就业机会的同时，也实现了城乡结合部居民由失地农民向城市居民的转变，从根本上实现了生产方式由传统农业生产方式向现代工业生产方式的转变。由此可见，重视产业发展对城市化的引导作用和“产业先行”城市化发展模式的现实意义，对于实现城乡结合部包容性发展和城乡社会一体化具有至关重要的作用。

失地农民是城乡结合部的利益主体之一，同时也是包容性发展扶贫目标的重点关注对象。产业先行的目的除了带动经济增长外，还有一个重要目的就是解决城乡结合部失地农民的就业问题。产业先行之所以重要，关键就在于能够带动就业，帮助失地农民实现再就业，保证他们能够获得稳定的收入来源，为他们融入城市社会提供基本的生活保障。产业先行不但提高了居民参与城乡结合部建设发展的积极性和主动性，而且还实现了变“被动城市化”为“主动城市化”，推动了城市化进程，为实现城乡结合部的包容性发展打下了良好的物质基础。

产业先行带动城乡结合部包容性发展的实现途径主要有两条。一条路径是

通过建立产业园区，促进工业不断向园区聚集，发挥产业集聚优势，形成新的规模经济，从而拉动人口的聚集和经济带的延伸，带动城乡结合部发展。在这里，产业并不是泛指，而是指当地最具竞争优势的产业。在城乡结合部的发展过程中，着力培育地方特色产业和优势产业，有助于形成优势产业集群，提升地区优势产业竞争力，带动周边产业发展，进而提高地区整体产业发展水平。而另一条路径则是依托农业产业化，通过突出农业水利和交通等基础设施建设；加大对农业的资金投入和政策扶持力度，提高农业生产技术和农业现代化水平；建立城乡一体的要素交易市场，充分发挥市场机制的作用，促进农产品商品化和农业市场化的发展等具体措施，以提高区域农业生产效率和竞争力，提升地区农业产业化和生产专业化水平，有效延长农业产业链，实现第一、第二、第三产业链之间的无缝对接，促进城乡结合部产业结构的优化升级。

（二）以城市化为动力，推动城乡结合部包容性发展

1. 以城市为中心，充分利用城市的周边辐射效应

在城乡社会发展的过程中，城市往往处于增长极的地位，在城乡发展中扮演着重要作用。之所以要以城市为中心，是因为城市能够聚集大量的社会资源，具有强大的凝聚力和向心力。城市既是城乡结合部的发展方向，也是城乡结合部的最终形态。城乡结合部在向城市不断靠拢的同时，也在享受着城市辐射作用所带来的好处。城市的辐射作用主要表现为城乡共享部分城市资源，尤其是资金、技术和人才。城市的辐射作用的充分利用，意味着城市资源共享的覆盖范围的扩大，共享资源数量的增加，城市资源使用效率的提高，能够更好地为城乡结合部的发展服务。可见，城乡结合部的包容性发展离不开城市中心职能的支撑，只有以城市为中心，借助城市特有的资源集聚优势，充分利用城市对周边地区的辐射作用，才能提高城市结合部的发展速度和质量。

2. 新农村建设同步推进

农村现代化作为城市化的一大推动力，对城乡结合部的发展具有重要意义。同步推进新农村建设，既是农业现代化的基本要求，又是推动城乡结合部发展的重要途径。一方面，加强农村经济建设是新农村建设在经济方面的基本要求，具体表现为：深化农村金融体制改革，建立多元化的农村金融服务体系；重视小额农业信贷在农村的发展，加大商业银行和农村发展银行对新农村建设的资金扶持力度；不断拓宽新农村建设的资金来源渠道，为新农村建设提

供基本的资金保障。另一方面，加强农村的社会建设是新农村建设重要环节，具体表现为：加大公共财政对农村公共事业的投入；大力发展农村义务教育和职业培训；完善农村医疗卫生体系，建立健全农村养老保险制度，提高农民的社会保障水平和生活水平。

随着新农村建设的同步推进，城乡居民收入和生活水平差距会逐渐缩小，城乡二元结构矛盾逐渐得到缓解，从而解决了城乡结合部包容性发展的后顾之忧，对促进城乡结合部合理有序的发展，推动城乡一体化的进程具有重要作用。

（三）以政府为主导，支撑城乡结合部包容性发展

政府是经济社会发展的主导力量，是城市化进程中必不可少的推动者，决定着城乡结合部的发展方向。政府在城乡结合部的发展过程中，更多地充当了组织者和支持者的角色，起到了主导性作用。当然，政府作为主导力量并不意味着城乡结合部的所有事情都由政府来决定。所谓的“主导”，只是指政府主导城乡结合部的发展方向，避免城乡结合部走上错误的发展道路。换句话说，政府就是城乡结合部的“引路人”，指引着经济社会朝着正确的发展方向前进。

城乡结合部包容性发展的实现，离不开政府的支撑和扶持。一方面，政府拥有强大的实力和资本，足以承担起支撑城乡结合部发展的重担；另一方面，市场具有自身的缺陷和不足，无法满足实现包容性发展的需求，只有政府才能弥补这一块的空缺。市场失灵与包容性发展的矛盾主要表现为公共产品有效供给不足。公共产品自身的特点使其不能单纯依靠市场提供有效供给，只有政府才有能力解决。由此可见，政府在城乡结合部发展过程中具有不可替代的地位，能否发挥好政府的主导作用也显得格外重要。

政府主导城乡结合部发展主要依靠两把“刷子”：一把是规划和管理，另一把是财政。首先，政府通过创新城乡结合部治理机制，科学规划发展道路，建立合理有序的发展秩序，强化政府监管职能。同时在保证公共产品有效供给的基础上，简政放权，能够释放市场活力，充分发挥市场配置资源的基础作用和政府领导的主导作用，共同促进城乡结合部发展。其次，政府通过建立健全城乡一体化的财政资金筹集和使用制度，充分利用财政调节工具，加大对落后地区的财政投入，为城乡居民提供必要的资金支持，尤其是农村居民，以保证

城乡居民能够享有平等的发展机会，实现城乡财政投入均等化，能够为城乡结合部内部各行为主体提供更加有利的发展条件和机遇，为城乡结合部包容性发展创造更加公平高效的经济环境。

（四）以经济社会全面发展为目标，引导城乡结合部包容性发展

1. 人与自然和谐发展

人与自然本质上是统一的，人的生存和发展离不开自然，自然环境是一切生产资料和生活资料的源泉。良好的自然环境不但是城乡结合部发展的基础，而且还是实现包容性发展的物质前提。人与自然和谐发展就是以自然规律为基本前提，在保证基本生存下科学改造自然，合理开发自然资源，特别注意生态环境的保护，减少环境的污染，从而实现人与自然的和谐共存。人与自然和谐发展是包容性发展在环境方面提出的具体要求，体现了发展对自然环境的包容性。

实现人与自然和谐发展的关键，在于坚持走可持续的城市化道路。一方面，通过转变经济发展方式，提高经济增长对资源和环境的包容性，大力发展绿色经济、低碳经济和循环经济，促进生产技术进步，提高自然资源的使用效率，能够有效化解经济增长与自然环境之间的矛盾，实现人与自然和谐发展，对降低城乡结合部发展环境压力、提升城乡结合部环境承载能力具有重要作用；另一方面，在城市化进程中，同时大力推进生态环境建设，治理环境污染，恢复被破坏的自然生态环境，将城市化的环境代价降为零，可以为城乡结合部包容性发展创造一个有利的自然生态环境和人居环境。

2. 促进社会公平正义

实现社会公平正义是包容性发展核心内涵的要求，是充分调动城乡结合部发展活力的前提条件。社会公平正义不是抽象的概念，而是具体的。在不同的社会领域，公平正义的内涵要求也不尽相同。从经济角度看，社会公平正义就是要求保证城乡居民平等的发展机会，缩小城乡收入差距，消除社会贫困，实现经济增长机会平等和成果共享；从社会角度看，实现社会公平正义就是实现城乡社会基本公共服务均等化，保证城乡居民特别是农村居民能够享受到同等的社会保障水平；从政治角度看，社会公平正义要求消除城乡居民面对的制度性障碍，保证平等的政治权利，实现城乡政治的一体化。对于城乡结合部包容性发展来说，促进社会公平正义意味着以下三点。

第一，保证经济增长过程中城乡居民机会平等和成果共享。首先，建立城乡一体的就业机制，取消歧视性就业政策，破除就业户籍壁垒，保证城乡居民享有同等的就业机会，提高城乡居民在城乡结合部发展过程中的参与度和积极性。其次，推进收入分配制度改革，加大国家再分配调节力度，健全以税收、转移支付、社会保障为主要手段的再分配调节机制，保障城乡居民的基本生活水平，实现社会再分配公平。最后，实施精准扶贫的发展战略，加大政府对贫困人口的扶持力度，不断提高低收入者收入，引导贫困人口走向脱贫致富的道路。

第二，促进城乡社会基本公共服务均等化。基本公共服务主要包括教育文化、医疗卫生、住房保障、养老保险、就业保障等民生事业。实现基本公共服务均等化的关键，在于建立城乡一体的社会保障体系。在城乡结合部发展过程中，实现城乡社会基本公共服务均等化要以政府为主导同时允许多方参与。首先，政府为主体，深化财政体制改革，提高财政投入的使用效率，财政投入要更多向社会基本公共服务事业倾斜，特别是农村基层社会保障体系的建设。扩大城乡社会保障的覆盖面和影响力，推进城乡社会保障一体化进程。同时，在实现基本公共服务均等化的过程中，要强调不同主体参与，鼓励社会资本进入公共服务事业，扩大基本公共服务的供应市场，形成基本公共服务供给的多元合作机制和竞争机制，提高服务的效率和质量，更好地满足城乡居民的需要。

第三，实现城乡居民政治权利平等。实现城乡政治一体化的根本方法是破除城乡二元的户籍制度，逐渐放开城市对农民的限制和门槛，给予农民自主选择和参与的基本权利。除此之外，政府还需要降低农民参与政治生活的成本，为农民提供基本的物质保障，鼓励农民积极参与城市政治生活和城市管理活动，维护自身合法权利。政府还需要不断加强农民工政治思想教育，做好政治宣传工作，提高农民工的政治参与素养和能力，以帮助农民更好地参与政治生活，行使好自己的权利。

以上这些要求既是破除城乡二元结构、消除城乡发展差异的基本要求，也是实现城乡结合部包容性增长的必要条件。只有实现了城乡社会的公平正义，消除社会中存在的不平等现象，才能从包容性发展的本质上推动城乡结合部发展。

（五）以深化制度改革为核心，实现城乡结合部包容性发展

制度的缺失是阻碍我国城乡结合部包容性发展的一大障碍，深化各项制度改革，完善各项制度措施，是实现城乡结合部包容性发展的必要条件。

1. 土地制度改革的必要性

城乡结合部作为城市化和工业化的主要阵地，土地更替现象频繁发生，土地流转成为家常便饭，但同时由于土地问题而引起的社会纠纷和不公平现象也层出不穷。首先，土地产权制度存在漏洞。土地产权主体界定不清晰，我国法律虽然已经明确规定了农村土地归集体和国家所有，但是却没有对“集体”的具体划分作出解释，这样就在事实上造成了土地产权主体的多元化。农民土地产权不完整，农民只是土地的使用者和经营者，不具有对土地的完整产权和处分权，丧失对土地的处置权利，导致农民利益常常会受到侵害。其次，土地流转制度缺失。我国《土地法》规定：集体土地禁止进入市场，这直接限制了农村土地的流转。也就是说，农民无法自己处置土地的使用权，农村居民必须在放弃土地收益和进城务工的这二者之间做出抉择，既降低了土地的利用效率，又使得农民受到土地的束缚。农村农民进城务工，产生了大量的闲置土地，但由于土地流转制度的缺失，他们只能放任土地荒废，造成了社会资源的浪费。最后，征地制度存在缺陷。一方面，征地补偿标准低，缺乏善后处置措施，难以保障农民基本生活水平；另一方面，征地过程缺乏管理和监督，出现强制征地现象，征地补偿款也常常被上级克扣，农民基本权利遭受侵犯。总之，现行土地制度的不完善导致城乡结合部农民在失去赖以生存的土地同时，又无法获得足够进城定居的资本，成为无处安身的“游民”，加剧了农民的生活压力，与包容性发展内涵背道而驰。

现行土地制度存在的问题严重阻碍着城乡结合部包容性发展的实现。为此，必须加快推进土地制度改革，建立科学高效的土地流转制度，创新土地利用方式。建立产权清晰、权责明确的农村土地产权制度，明确土地所有权归属。完善征地补偿机制，加强监督和管理，提高征地和拆迁的补偿标准，坚持“先迁再拆”的原则，保障农民的基本权益。只有这样，才能有效地抑制城市化过程中城乡结合部存在的土地问题，提高土地资源的使用效率，激发城乡结合部居民参与发展的热情，真正实现城乡结合部包容性发展。

2. 户籍制度改革的必要性

户籍制度是城乡二元体制的核心，也是实现城乡结合部包容性发展的最大障碍。由于存在户籍制度，在管理上使得人口无法在城市和农村之间自由流动，限制了城乡间的联系，阻碍了农村居民的发展道路，抑制了经济增长的活力。这不但制约了城乡经济增长，而且还扩大了城乡发展差距，加剧了社会矛盾，违背了包容性发展的公平正义原则。现行不合理的城乡户籍管理制度以及城乡结合部管理体系的混乱，是阻碍城乡结合部包容性发展的重要原因。因此，户籍管理制度的改革将成为实现城乡结合部包容性发展核心内容之一。首先，通过推动户籍制度立法进程，为户籍管理制度改革提供法律依据，从法律层面上实现城乡居民身份的解放。其次，加强城乡平等思想宣传力度，淡化户籍人口概念，强化常住人口概念，从社会文化层面逐渐消除城乡差别。最后，降低城乡户籍迁移门槛，逐步取消城乡户籍划分，有计划分阶段地推进户籍制度改革，逐步破除城乡结合部包容性发展的户籍制度性障碍。

3. 财政制度改革的必要性

城乡结合部包容性发展对财政制度改革的要求主要有两点。一是城乡地区财政投入的公平性，随着我国城镇化进程的不断深入，城镇化发展重点的转移，原有的财政体制已经无法适应新型城镇化的要求。过去由于城镇化的发展重点是大中城市，财政体制也基本向大中城市倾斜，对于城镇和农村的投入很少。如今，大中城市的城镇化逐渐走向成熟，城镇化的发展空间也开始转向小城镇和农村，特别是城乡结合部地区。现行的财政体制已经无法适应农村城镇化发展的需要。二是城乡居民财政投入的公平性，包容性发展要求财政投入必须平等对待城乡居民，消除对城乡居民的经济歧视，实现社会公平正义，只有这样才能最大限度地调动城乡居民参与城乡结合部建设的积极性，扩大城乡结合部包容性发展影响范围和程度，促进城乡一体化进程发展。

4. 社会保障制度改革的必要性

社会保障制度是保障城乡居民基本生活水平的基本制度，也是城乡结合部实现包容性发展的主要途径，特别是对于居住在城乡结合部的低收入群体来说尤为重要。首先，住房保障制度改革是解决城乡结合部居民生活问题的首要条件。住房是农民进城面临的最大难题，农民工作为低收入群体，不具备购买商品房的能力，因此更需要城市住房保障体系的帮助。对城市来说，这意味着增加保障性住房的供应，增加公共租赁房屋的供给，放宽农民工使用条件，满足农民工基本住房需求，对于实现城乡结合部包容性发展具有重要现实意义。其次，教育制度改革是消除城乡差距的根本手段。目前，我国教育资源分布存在二元性，农民工和城镇居民子女享受到的教育资源不平等。城镇教育资源往往与户籍地相挂钩，一般不对农民工子女开放。农民工子女一般只能去专门的农民工子弟学校或者只能支付高额的“借读费”才能到较好的学校。不公平的教育制度不但加重了农民工的生活负担，还使得部分农民工子弟丧失了接受教育的机会，造成“穷者越穷、富者越富”的现象。所以，必须进行教育制度改革，实现城乡居民子女教育平等，从根本上消除农民贫穷根源，实现城乡结合部包容性发展。最后，社会保险制度改革为城乡结合部包容性发展提供基本保障，尤其是医疗保险制度和养老金制度。我国已经启动城乡居民基本养老保险和基本医疗保险制度的并轨，目前要促进尚未并轨地区的建设力度，争取早日实现全面的二者并轨。

第四章

城乡结合部包容性发展的重点

人是社会发展的主干与基础，包容性发展的理念认为我国城镇化建设应逐步转化为以人为本的新型城镇化建设。城镇化包容性发展不仅涉及产业的发展也涉及人的发展，其中人的包容性发展是推动我国城镇化建设的关键，也是城乡结合部包容性发展的重点。我国城镇化道路中的特殊性形成了城乡结合部的“准市民”，本书从人的包容性发展角度剖析“准市民”的个人生存和发展能力，机会平等、利益共享等方面的制度缺失与建构，为实践中城乡结合部“准市民”的包容性发展提供理论支撑，消除城乡“准市民”与市民之间的差异。

第一节　人的发展需求

人的需求无论在理论还是在实践中，都是一个重要的论题。人的需求既是基本的生理需要，又推进人的各种社会关系的形成和发展，使得人得以全面发展。马斯洛和马克思的需求理论都论证了人的需求是复杂多样的，需求的多层次性决定了人的全面发展的多层次性，并推动社会的全面发展与进步。

一、马斯洛的需求理论

人，是马斯洛心理学的研究对象。马斯洛曾说，人是一种不断需求的动物，除了短暂的时间外，人的需求极少数会得到完全的满足，当一种欲望被满足时又会马上产生新的欲望。马斯洛认为，人天生就有一种寻求发展的内在倾向，这种内在的倾向是促使人发展的动力源。在他看来，人的需要可以区分为两类：基本需要和特殊需要。前者在某种程度上是由体质或遗传决定的全人类共同的需要，具有类似本能的性质；后者则是在不同的社会文化条件下形成的各自不同的需要。通过对人类动机即似本能的基本需要的研究，马斯洛揭示出人性的内涵及其实现的必由之路，阐明了人应有的价值选择。

马斯洛将人的需求分为三类：意动需要、认知需要和审美需要。这其中，他特别重视意动需要的研究。在他的研究中，意动需要又可以分为五个不同层次。依次分别是：

（1）生理需要。这是最基本、最直接的与个体生存相关的需要。生理需要是一个人最主要的动机。生理需要主宰人的整个机体，但该过程却是动态发展的。例如，对于长期处于极度饥饿的人来说，乌托邦就是解决生理需要的“天堂”。若确保他余生的食物来源，生理需要将被满足。但是，马斯洛认为以上情况虽然真实，却并非普遍存在。在当前社会中，长期处于极度饥饿状态是极为罕见的。感受食欲，并不等同于饥饿。生理需要虽然是人的基本需要，却不是唯一。对人来说，更高层次的需要才是更重要的需要。（2）安全需要。安全需要最直接的含义是避免危险和生活有保障，引申的含义包括职业的稳定、一定的积蓄、社会的安定和国际的和平等①。当安全需要未能得到满足时，它就会占主导作用，处于这种状态的人，大部分仅仅为寻求安全而活着。（3）归属与爱的需要。假如以上需要都很好地得到满足，爱和归属的需要就会产生。处于这一需要层次的人，认为爱非常可贵，他们希望能拥有美满的家庭，得到社会团体的认同与接受，并且能够建立和谐的人际关系。（4）尊重的需要。尊重需要包括自尊、自重和获得他人的敬重。尊重需要的满足会使个体产生自信；反之，就会产生自卑的感受。（5）自我实现的需要。当上述所有的需要都得到满足之后，动机就会进入到最高层次——自我实现的需要。其内涵，马斯洛认为，“他可以归入人对于自我发挥和完成的欲望，也就是一种使它的潜力得以实现的倾向。这种倾向可以说是一个人越来越成为独特的那个人，成为他所能够成为的一切”。②

①② 马斯洛. 动机与人格［M］. 北京：华夏出版社，1987：40－53.

马斯洛的基本需要层次发展理论是一种包含多项联系的复杂结构[①]：

（1）五种需要呈“宝塔型”，按层次逐级上升，但这样次序是动态变化的。（2）某一层次的需要相对满足之后就会向更高一层次发展，追求更高一层次的需要就会成为驱使行为的主要动力。（3）五种需要可以分为两级，其中前三种需要都属于低级的需要，这些需要通过外部条件就可以满足；而尊重的需要和自我实现的需要是高级需要，他们是通过内部机制才能完成，而且一个人对尊重和自我实现的需要是无限的。同一时期，一个人可能拥有几种需要，但每一时期只有一种需要占支配地位，对行为起决定作用。（4）马斯洛和其他的行为心理学家都认为，一个国家多数人的需要层次结构，是同这个国家的经济发展水平、科技发展水平、文化和人民受教育的程度直接相关的。在发展中国家，低级需要占主导的人数比例较高，高级需要占主导的人数比例较低；在发达国家，则刚好相反。

二、马克思的需求理论

马斯洛的需求理论贡献是多方面的，他提出并系统阐释了行为动机理论和“需要层次论”，从而为伦理学的行为价值研究提供了一个值得参照的图式；他赋予了自我实现以崇高的理想价值，扫除了人生悲观主义气息。但是，他没有为其论述中心的“人”或“人性”做出具体的规定，因而落入了抽象人性论和人道主义的窠臼之中。我们应以唯物史观和马克思主义人学理论为依据，充分重视自我实现这种人的高层次心理需要和普遍追求；引导人们克服个人主义、利己主义的自我实现观；促进社会奉献和自我实现的统一，创造出既具有社会价值又拥有个人幸福的人生。如果说，人本心理学家马斯洛对于人的基本需要的研究是向上仰望的“攀爬”，那么马克思的研究则是俯视“深渊”，因为他把人的需要看作成人的本质。人的生物学本能（包括食欲、性欲等等在内）只是人的需要的自然前提，人的需要是通过实践，在改造自己的自然本性的基础上形成和发展起来的，人的需要与社会、文明在实践的基础上辩证统一。

马克思认为，人是一种有生命的自然存在物；而有生命的自然存在物的特

---

① 阙晓萌．从马斯洛需要层次论看信息需要［J］．情报杂志，2006（5）．

点就在于它有需要[①]。马克思把人的需要称为“人的本性”，把人的自然需要叫做“人的一般本性”，把人的社会（性）需要叫做“历史地发生了变化的本性”[②]。

（一）人的需要的社会属性

马克思将人的需要的社会历史性质归纳为以下几个方面[③]：

第一，人的自然需要会被社会历史制约和改造，是通过社会方式得以满足的、随着历史经济文化水平而不断变化的自然需要。“饥饿总是饥饿，但是用刀叉吃熟肉来解除的饥饿不同于用手、指甲和牙齿啃生肉来解除的饥饿”。[④]

第二，人会以自然需要为基础产生新的需要。比如，社会交际、认识的需要、精神和文化生活的需要，表现和培养自己独特个性的需要等。

第三，人的自然需要和后期新形成的需要，都会受到社会历史的制约。马克思指出这种需要应该具有社会人的属性。

第四，人的需要在量和质、横向和纵向方面都是不断变化发展的，并且呈现出一种螺旋上升的趋势。从量的方面说，人类对生活资料的需要尽管有一个限度，但它并不“取决于自然的量”，而是随着生产关系的发展和社会文明的进步而不断地扩大。从质的方面说，“需要的范围，和满足这些需要的方式一样，本身是历史的产物”，“由于人类自然发展的规律，一旦满足了某一范围的需要，又会游离出、创造出新的需要。”[⑤]

第五，需要的尺度具有社会性和历史性。“我们的需要和享受是由社会产生的，因此，我们对于需要和享受是以社会的尺度，而不是以满足它的物品去衡量的。”[⑥] 换言之，一个人的消费和享受的增长幅度若低于一般社会文明进步水平，那么他的需要就是没能满足。

（二）人的需要体系

马克思从历史唯物论和人的实践本质出发，进行了深入而全面地探讨，揭

---

①②③ 姚顺良．论马克思关于人的需要的理论——兼论马克思同弗洛伊德和马斯洛的关系［J］．东南学术，2008（2）．

④ 马克思，恩格斯．马克思恩格斯全集第46卷 上册［M］．北京：人民出版社，1979：29.

⑤ 马克思，恩格斯．马克思恩格斯全集第47卷［M］．北京：人民出版社，1979：260.

⑥ 马克思，恩格斯．马克思恩格斯全集第1卷［M］．北京：人民出版社，1972：367.

示了人的需要体系的三个特点。[①]

首先，人的需要在任何一个特定的历史阶段都会构成一个体系。人的需要是多面的，又都具有社会性，人的社会关系将各种不同的需要联结成一个自然的体系。

其次，从人的需要的发展过程来分析，人的需要会构成一个“需要的历史序列”。人的需要体系的变化是一个不断地从低级向高级发展演变的过程。[②]

最后，人的“需要体系”以社会“劳动的体系”或“生产的体系”为基础，并随后者的发展而发展。[③]人的需要形成了人类劳动和生产的最初原因，但从根本上讲，它是受社会劳动与生产的制约。追根溯源，人的外在需要体系的形成和发展，是以劳动体系的创造性本质为基础而建立的。

综上所述，马克思提出了关于人的需要的“三级阶梯”理论。[④] 该理论结合需要的社会体系和历史序列，将人的需要分为三段：

第一阶段：人的生存，即生理需要。从内容上看，这些需要是自然纯粹形成的需要，也是人作为自然存在物的需要。人的生理需要，是构成每一特定历史阶段上“需要的社会体系”的基础，也是构成整个人类社会发展的“需要的历史序列”的前提，是人类社会“劳动体系”和“生产体系”形成的最初原因。

第二阶段：人的谋生，即占有需要。为了满足人类的生理需要，必须要从事劳动和生产，即所谓的占有活动。从事劳动和生产，又要求使人必须超出仅维持自身生存的需要限度。首先，劳动者的再生产要求人们除了要生产出维持个人生存和家族繁衍的基本生存资料，还要追加生产劳动力的培训费用等生活资料；其次，生活资料的生产的发展又反过来要求扩大生产资料的再生产。[⑤]虽然在内容上超出了生存需要，但仅仅就操作手段或实现需要的方式来看，其目的仍是生存需要。因此，马克思称这类需要为“外在的”需要。这一需要实质上是人与动物既相联系又相区别的环节，它不仅构成了每一特定历史阶段上“需要的社会体系”，而且构成了人类发展着的“需要的历史序列”的过渡

①②③⑤ 姚顺良．论马克思关于人的需要的理论——兼论马克思同弗洛伊德和马斯洛的关系［J］．东南学术，2008（2）．

④ 马克思，恩格斯．马克思恩格斯全集第46卷下册［M］．北京：人民出版社，1979：19．

阶段。①

第三阶段：人的自我实现与全面发展的需要。此时，人的需要已不再仅仅是内在的、外在的、过渡性的自然需要，而是内在与外在相统一的需要；人也不再是单纯的自然存在物，而是真正的社会人。人的需要从外在形式到具体内容、从操作手段到最终目的都具有了社会性和历史性；而且这种逐步的社会化和历史化不是对自然需要的单一否定，而是更高的基础上对自然需要的提炼，外在表现为“自然”形式的需要，这个阶段是“需要的社会体系”的高级层次，也是“需要的历史序列”的高级阶段。②但是，这并不意味着人的需要进步和发展的终结，相反，它表明了人类摆脱了低级阶段的动物本能，开始了人类真正的历史时期。

综上所述，从马斯洛和马克思的需求理论看，人的需求具有多层次性。需求内容的丰富性，使得需求的划分是多角度的。马克思的社会人属性说明了人的全面发展离不开社会。从不同的角度可以将需求进行不同形式的划分。从需求的主体构成来看，可以分为个体需求、群体需求和社会需求。从需求的微观角度来看，个体需求是细胞；中观层面来说，群体需求是组织器官；从宏观角度看，社会需求是功能完全的人。“细胞”的差异性造成社会需求的不同。一方面，社会需求由所有社会人的个体需求构成，在需求的推动机制下，社会人之间发生了交往，这是社会联系产生的基础；另一方面，个体也在社会需求满足的同时完成了各自需求的满足。时代的更迭使得人有不同的需求，而需求的内容和实现的手段因社会关系和各种社会条件的有限性的影响也表现出不可避免的差异。马克思认为，人的全面发展是指每一个人的体力、智力在社会实践过程中能充分、自由、和谐地发展，其中最重要的是个人劳动能力的全面发展。需求以其无限发展性决定了人的发展的无限性。需求的产生和满足是不断发展的动态过程，因此决定了人的发展也是一个循序渐进的动态过程。③

---

①② 姚顺良．论马克思关于人的需要的理论——兼论马克思同弗洛伊德和马斯洛的关系［J］．东南学术，2008（2）．

③ 蒋丽娟．从需求角度看人的全面发展［D］．上海：东华大学，2012：18－23．

第二节 城乡结合部"准市民"的包容性发展

城乡结合部作为城镇化进程中的特殊区域，从人口流动角度看，其是城市郊区化和农村城市化共同作用的结果，即城市人口向郊区或农村回流和农村人口随着城市职能的扩散而涌入城市。城乡结合部的居民多以打工者和农村居民为主，城乡发展的历史问题导致城乡结合部的医疗资源、教育资源等社会公共资源远远不如城市。与我国区域经济高速增长形成鲜明对比的是，城乡结合部居民的医疗卫生条件、文化教育水平和生活条件并没有得到很大的提升和改善，并未完全实现"市民化"，而成为"准市民"。城乡结合部"准市民"在城市化进程中扮演的更多是贡献者和牺牲者的角色，并没有真正融入城市社会。因此，要推动我国科学和谐的社会发展，真正意义上实现包容性发展，就必须关注城乡结合部"准市民"在城镇化进程中的制度诉求。城乡结合部"准市民"的包容性发展是城乡结合部发展的重点。

一、"准市民"包容性发展的必要性

城乡结合部的城镇化不单单是指促进该地区的经济增长、地域范围扩大等直接表象，有学者提出①，城镇化的目标是推动包括进城务工人员在内的所有市民的全面发展，扩展他们的实质自由。所以城乡结合部包容性发展的重点在人而不在物，这里的"人"指的是居住生活在城乡结合部流动的农民工、本地有地的农民工、失地农民和本地居民（持非农业户籍）等人，统称为"准市民"。城乡结合部"准市民"的包容性发展是一种实现人的城镇化的发展，是经济新常态下新型城镇化的终极目标之一，将促进具有"深层次、丰富内涵"的中国特色城镇化的健康发展。准市民是城乡结合部经济建设的主体和基础，促进和实现他们的包容性发展可以加快城乡结合部向城镇化过渡的进程，并最终实现我国经济包容性、共享式增长。

---

① 方喜．人的城镇化——基于经济学"人的发展"视角的城镇化理论与实践［D］．成都：西南财经大学，2014：30.

（一）准市民的包容性发展符合时代发展的理论趋势

人本思想在马克思主义理论中占据重要的地位。人是社会历史发展过程中的主体，人民群众是历史的创造者，人的自由和全面发展对社会历史的发展具有积极作用。毛泽东思想中的“群众路线”，即一切为了群众，一切依靠群众。群众路线是党的生命线和根本工作路线。在中国特色社会主义理论中，人民群众是中国特色社会主义事业的主体力量，工人、农民、知识分子是建设中国特色社会主义事业的根本力量。习近平总书记在“七·一讲话”中指出，坚持一切为了人民，一切依靠人民，坚持人民主体地位。党的十八届五中全会明确了如期实现全面建设小康社会奋斗目标，推动经济社会持续健康发展必须遵循的首位原则是坚持以人为本，充分发挥广大人民群众的积极性、主动性和创造性，不断把为人民造福事业推向前进。综合以上处于不断发展中的理论，可以看出对人的重视和发展是贯穿整个历史过程的，时代发展的重点在于“人”。坚持以人为本，把促进人的全面发展落实到经济社会发展的全过程。首先，准市民是我国建设中国特色社会主义事业中不可缺少且数量庞大的中坚力量，其包容性发展以马克思主义的人本思想、毛泽东同志的群众史观、中国特色社会主义的依靠力量理论为指导思想和理论基础，和当代实践经验教训结合起来，不断完善不断发展。其次，准市民得到全面自由的发展是新型城镇化的要求和目标，是时代发展的正确方向。所以，实现准市民的包容性发展符合时代发展的理论趋势，不仅对过去提出的理论思想做出检验，还能加以进一步的完善和创新。

（二）准市民的包容性发展有利于经济的健康持续发展

经济的健康持续发展与人的全面发展是相互促进的。经济增长是准市民包容性发展的前提和条件，没有足够的经济实力支撑，人也谈不上全面发展。准市民的包容性发展是新型城镇化的终极目标，如果忽视了人的城镇化，经济社会的发展就没有了内在动力，经济也就不能健康持续地发展下去。第一，实现包容性发展的准市民能提供素质更好、生产效率更高的劳动力，可以加快城乡结合部产业结构的优化升级，农业生产的专业化现代化，第二、第三产业向城乡结合部的转移，乡镇企业的改革和发展，发挥城镇经济的引力作用等。第二，产业结构的转型升级和乡镇企业的发展能进一步吸收城乡结合部的剩余劳动力，改善失地农民难就业、农民工远就业的问题，缓解就业结构和就业制度的严峻形势。在对有关农业剩余劳动力转移的相关研究中，有学者认为[①]当前我国发展农村工业为主体的农村非农产业有很大效果，甚至对农业剩余劳动力的吸收具有决定性作用。第三，准市民的包容性发展进一步带动城乡结合部经济健康持续增长，能够缩小与城市经济差距。所以，准市民受惠于经济增长带来的好处，也有利于经济的健康持续发展。

（三）准市民的包容性发展有利于缓解社会内部矛盾

长期以来，准市民的社会地位和社会保障程度远远落后于城市市民，他们在二元体制下享受不到和城市市民同等的收入、医疗、养老、教育、生活环境水平。如果不重视准市民迈向“市民化”的过程，社会的内部矛盾将不断积聚，人民群众的矛盾不断深化，不利于社会的稳定安全。第一，实现准市民的包容性发展可以提高准市民的收入水平，缩小与城市市民的收入差距，实现收入分配公平，缓解人民内部矛盾。第二，国家为了实现新型城镇化，为了实现准市民的市民化，就必须对医疗保险制度、养老保险制度、教育制度进行改革，使之更适应准市民包容性发展的要求，那么带来的结果将是一种正向的效应：社会更加公平，人民的归属感和幸福感有所提升，社会内部矛盾得到缓解。第三，准市民的包容性发展离不开必要的硬件设施，如学校、医院和休闲娱乐场所等。重视基础设施的供给建设，完善城乡结合部已有的基础设施设备，促进生活环境的改善，可以解决很多社会问题，如上学难、看病难、文化设施资源分配不均、准市民文化生活不丰富等。社会矛盾的缓解可以体现包容性发展下的城镇化对准市民的尊重，反过来，正是由于实现准市民的包容性发展的要求和为之做出的不懈努力，才让过去和现在所存在的社会内部矛盾不断缩小，全面推进城镇化建设的目标才能如期实现。

二、“准市民”包容性发展的基本要义

“准市民”代表了一种身份、地位和户籍，从需求的角度，“准市民”的

---

① 徐平川．论中国三元经济结构下农业剩余劳动力的转移［J］．昆明理工大学学报（社科版），2001，1（4）．

发展包含生存型需求、保障型需求、发展型需求。生存型需求指以满足农民生产生活的基本需要，当前“准市民”的生存型需求已基本得以满足，但在长期二元结构下，“准市民”占有的社会资源与城镇居民相比相对有限。保障性需求是指使其不受侵害，并使自身的生存型需求不受侵害的要求，可分为社会保障权利和司法救济权利。发展型需求是指为了实现人的全面发展，获得对于事关自己发展进程自由参与的要求以及保证获取个体发展的各种资源和条件的需求，包括就业权、教育权等。本书对“准市民”包容性发展的探讨特别强调由于在城镇化的进程中“准市民”各项经济福利的缺失已严重阻碍我国城镇化的健康发展，从而以人的包容性发展的角度构建城乡结合部“准市民”的机会平等、利益共享的制度保障。

（一）人与人之间的平等发展

1. 打破户籍制度隔阂，实现人人平等

“人人平等”指的有两层含义：一种是法律意义上的平等。我国宪法规定，中华人民共和国公民在法律面前一律平等。无论是准市民还是市民，法律都承认其合法地位，并明确要求一切公民享有平等的权利和地位。另一种是社会意义上的身份平等。当前我国仍是城乡二元结构下的户籍制度，这一制度使得同样的发展机会摆在市民与准市民面前却是一种社会身份上的不公现象。二元户籍制度对准市民与市民之间的发展机会共享起着决定性的作用，很多制度都是建立在二元户籍制度之下的。

第一，有学者认为①，农民工是中国二元户籍制度下的“第三种户籍”，是一种特殊的身份标识。因为许多公共服务体系和社会保障制度是建立在城乡户籍制度之上的，农民工要向市民转化，首先要突破这种特殊身份的限制，才能享受到与市民同等公平的权利和发展机会。只有让农民工逐步摆脱特殊的身份，实现社会身份上的平等，才能够实现“准市民”包容性发展。

第二，失地农民问题产生的根源是城乡二元结构。其中，城乡二元户籍制度起着基础性的影响。有的失地农民土地被征用之后身份从农业户籍转为非农业户籍，有的失地农民身份并没有发生转变，仍然是农业户口。我国二元户籍

---

① 岳澎，黄解宇．从“二元结构”到“三元结构”——中国“农民工”的户籍演变路径及其解决方案［J］．农业现代化研究，2008，29（2）．

制度发展到现在，成为农村与城市之间的壁垒，造成了农村与城市之间在经济上的不平等，农村村民与城市居民之间身份的不平等。这种户籍制度的隔阂是失地农民问题产生的制度根源。依据包容性发展的原则，必须逐步打破城乡二元格局，城乡之间统筹发展。改革户籍制度，加快户籍立法，让位于城乡结合部中的失地农民身份转变更加及时，才能更好地适应城乡结合部城镇化的速度与发展，才能从新型城镇化中受益，实现自身的包容性发展。有学者认为①，耕地的流失速度比农用地和集体用地都来得快，原因在于交通便利的土地会被人们优先开垦成耕地，在征地时，交通便利的耕地也就成为征地的首选。相关数据显示，耕地被征用的失地农民数量不断增加，从 1998 年的 15. 27 万人到 2008 年的 463. 21 万人，短短十年时间增加了 447. 94 万人。在此期间，如果户籍制度仍止步不前，不加改善，这几百万失地农民不仅耕地被征用，而且身份界限模糊，不利于他们的包容性发展。所以，面对失地农民数量的急剧增长，户籍制度的改革也必须提上日程并加以重视，使其能更好地为失地农民服务，更好地适应失地农民向市民的转变。

第三，本地有地的农民所持户口自然而然是农业户口。他们居住在城乡结合部及附近的农村地带，依靠耕地进行劳作获取生活资料。

总之，我国二元户籍制度对流动的农民工、失地农民和本地有地的农民都是起分隔的壁垒屏障。只不过本地有地的农民受户籍制度的影响小于流动的农民工和失地农民，因为他们依靠自给自足的小规模的庭院经济，无须进城务工，土地没有被征用，不必对未来就业问题过多担心。但是，户籍制度是许多社会公共服务的基础。在城乡结合部，本地有地的农民因为户籍制度的限制仍享受不到和城市居民同等的待遇，生活水平差距和贫富差距依然存在。所以，为了实现农民的市民化，必须深化户籍制度改革，实现身份上的人人平等。打破户籍制度的壁垒，淡化社会公共服务与户籍制度的挂钩关系，实现户籍“淡出”，福利“渐进”。

2. 共享平等的社会保障权

社会保障权利与准市民的生活息息相关，在本书第二章中阐述了城乡结合部“准市民”的社会保障权包括养老保险、医疗保险、最低生活保障，其中

---

① 李明月，胡竹枝．失地农民内涵与数量估算——以广东省为例［J］．中国人口科学，2012（4）：101.

医疗保险除了基本医疗，还有工伤保险、生育保险、失业保险等。社会保障制度是衡量准市民生活水平的重要指标，它体现了包容性发展中的发展机会平等、共享式发展和益贫式发展的理念。社会保障水平的高低是一个国家对民生问题的重视程度的体现。由于现行的二元户籍结构，决定了我国现行的社会保障制度也是二元结构的。这种二元的社会保障制度拉大了准市民与市民之间的生活差距。在城乡结合部，有的社会保障制度不完善甚至缺失，造成了准市民生活的不幸福不便利。共享一体化的社会保障制度是实现准市民包容性发展的要求之一。

在医疗保障方面，目前我国在扩大基本医疗保险覆盖面、提高医疗保障水平、完善医保基金管理等方面取得一定成效①，城乡居民医疗保险制度已经并轨，形成城乡居民医疗保险和城镇职工医疗保险的二元医疗保险体系。而医疗保险对城乡结合部农民工的作用和效果并不显著，专门针对农民工医疗保障的制度供给又不够丰富，形成外出农民工参加社会保障的比例不高、增速缓慢的局面。为了要实现农民工的市民化，衡量市民化的社会保障制度不能不重视，追求准市民的包容性发展，保障准市民的基本健康权利，建立与之相关性、有益性、便利性的医疗保障制度必不可少。随着户籍制度的深化改革，医疗保险制度也在不断完善。我国已经建立起农民工医疗保障制度。在新型城镇化“以人为本，实现人的城镇化”的理念下，城镇化不断发展带动城乡结合部的医疗保险制度往高效、公平的方向靠拢，让准市民享受其带来的种种益处，是准市民共享城镇化发展成果的标志之一。

不管是失地农民还是农民工，抑或者是本地有地的农民和本地居民，养老问题始终是得面对的一个问题。当前城乡结合部保障水平偏低的养老保险制度并不能大部分支撑起准市民的养老问题，如此会加重自身和下一代的负担。首先，当前失地农民的养老保险制度主要是政府主导型和商业保险型为主。如何促进这两种不同模式的养老保险制度相辅相成、共同发展，将决定失地农民的养老保障权利怎样更好地实现②。其次，农民工进城务工，为城市建设作出自己的贡献，却不能享受到和城镇职工同等的养老保险制度，而且他们的养老保险金还停留在农村长期固定、水平低的标准，同时外出农民工的养老保险占比低。

---

① 褚福灵．我国城乡医疗保险现状分析［J］．中国医疗保险，2011（12）．

② 郭强．失地农民养老保险问题研究［D］．济南：山东师范大学，2011：43－48．

在城镇化的进程中，建立统一的养老保险制度，提高城乡结合部养老保障金的水平，将农民工的养老保险制度和城镇职工的养老保险制度纳入同一体系，这是农民工与城镇居民应该共同享有的城镇化带来的发展成果。然后，本地有地的农民因为农业户口的关系，而且祖祖辈辈都是居住在农村以及城乡结合部，也不能享受到和城市同等待遇的养老保障水平。本地居民虽然持有非农业户籍，但是居住地却是在城乡结合部。城乡结合部养老条件自然比不上城市，养老院数量少且大多数是不规范的，养老保障水平低。随着我国老龄化社会的到来，养老保障问题越来越被重视，应建立共享一体化的养老保障制度、享受同等待遇的养老保障水平，让城乡结合部的准市民分享到城镇化带来的效益，加快实现他们的市民化。

此外，城乡结合部“准市民”群体参与工伤保险、生育保险与失业保险的程度因其从事职业不同而有所差异。总之，城乡结合部“准市民”社会保障权的缺失、不平等，形成了“准市民”和市民之间经济福利的差异。城乡结合部“准市民”包容性发展需要构建共享平等的社会保障制度，实现人与人的平等发展。

（二）人与环境的和谐发展

1. 人与生态环境的和谐发展

从生态层面上来看，城乡结合部在发展过程中的生态环境并不乐观，农业污染、工业污染、生活污染严重破坏了生态环境和人们的生存环境，如滥用农药化肥、污水随意排放、垃圾围村的现象在城乡结合部随处可见。准市民的包容性发展应该是一种“人要尊重自然，要与生态环境和谐发展”的状态。生态环境是城乡结合部固有的组成部分之一，为城乡结合部的建设提供了土地、森林、原材料等，城镇化的过程中又会对此产生重大影响。城乡结合部在城镇化过程中，要摒弃过去粗放型经济发展模式、“先发展后治理”的观念，坚持统筹人与生态环境可持续发展。生态环境的保护不仅需要政府管理监督机制的健全，也需要准市民自身建立一种可持续发展的理念，保护生态环境。城乡结合部的生态问题得到解决，生态环境得到改善，形成一种新型绿色城镇化，准市民从中受益的不仅是生存环境的改善，还能从中找到经济发展机遇和效益。生态环境的良好效应要在城镇化后才能显现出来，是新型城镇化建设结果的体现。准市民要充分发挥自己的主观能动性，保护好生态环境，带来正的外部性，还要从生态环境的良好效应中获得更大更持续的发展。

城乡结合部要实现人与生态环境的和谐发展，就必须努力保护好城乡结合部的生活环境，靠国家、政府和准市民三方共同坚持绿色环保的发展理念，建立起良好生态的家园。

2. 人与社会环境的和谐共处

人是社会活动的主体，社会是由人建立发展起来的，人与社会环境密不可分。准市民来自特殊的社会环境——城乡结合部。在这里，居住方式、生活方式相近的准市民小团体组织孕育而生。从图 4－1 可知，大部分进城务工的流动农民工出于对生活成本的考虑，选择居住在城乡结合部。他们大多会选择与老乡和当地朋友进行交友，形成一种隐性的小团体，12.7%（2016）农民工基本不和他人来往，自我保护意识较强烈。有学者指出①，这种乡村亲缘、地缘关系会影响农民工的城市社会交往，是影响农民工市民化的重要因素之一。农民工不与当地城市居民互相来往，其思想观念与生活方式就不容易受到市民潜移默化的影响，必然影响他们市民化的进程。

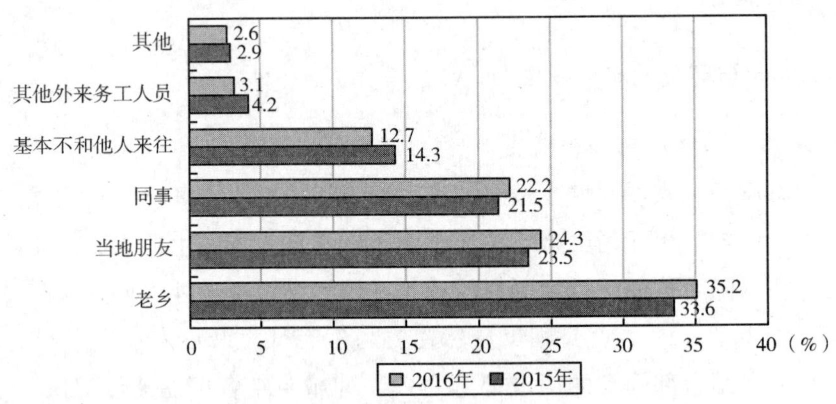

图 4－1 进城农民工业余时间交友选择的情况

资料来源：国家统计局网站，2016 年农民工监测调查报告。

失地农民的身份比较特殊。他们原本就居住在城乡结合部，和原本自己所处的环境已经大不相同。他们失去土地，已经不是农民的身份；又没有进入城市生活工作，也不属于市民。所以，他们对自己的身份认识比较混乱。表 4－1 是西安城乡结合部被动失地农民对自身的身份认知调查，只有 0.97% 的失地

① 胡文静．安徽省新型城镇化的瓶颈：农民工市民化影响因素［J］．经济研究导刊，2013（2）．

农民感觉自己已经是市民了，7.5%的失地农民不同意自己是城里人，大部分人还认为自己仍然属于农村人或者是城里的二等人。失地农民对自身的身份认识不到位，也就不能很好地融入社会，不能适应变化中的社会环境。人与社会环境和谐共处，首先要承认并肯定人的身份。实现失地农民的包容性发展，不能让失地农民成为农村与城市的“边缘人”，重视其利益诉求，创造条件让其实现身份转变的愿望，消除身份认同模糊的诉求，共建稳定美好的社会环境。

表4-1　　西安城乡结合部被动失地农民对自身的身份认知

项目	非常同意		同意		说不清		不同意		很不同意	
	频数（人）	百分比（%）	频数（人）	百分比（%）	频数（人）	百分比（%）	频数（人）	百分比（%）	频数（人）	百分比（%）
A 感觉已经是了	5	0.97	15	2.90	25	4.80	39	7.50	20	3.86
B 感觉是城里的二等人	13	2.50	45	8.70	16	3.08	16	3.09	14	2.7
C 感觉还是农村人	10	1.93	40	7.70	21	4.05	26	5.02	6	1.16
D 不如农村人呢	5	0.97	45	8.70	19	3.70	22	4.25	13	2.50
E 不好说	5	0.97	42	8.10	11	2.12	39	7.53	8	1.54

资料来源：崔波．城市化中失地农民空间感知与身份认同——以西安城乡结合部被动失地农民为例［J］．城市观察，2010（5）．

（三）人与城镇的统筹发展

城镇是推动人的发展的载体，“准市民”包容性发展的实现离不开城镇的发展，同时城镇的发展也需要以人的发展为动力，二者相辅相成，满足“准市民”土地、就业等方面的利益诉求，从而促进城镇产业的不断升级。

首先，失地农民未失地之前，土地是他们赖以生存的生产资料。在城镇化的进程中，政府征用失地农民土地来发展经济，实现工业化城镇化。我国当前的征地制度仍是非市场化的，征地补偿制度不合理，补偿标准低，损害了失地农民的利益。得到合理经济补偿的失地农民所受的影响会相对较小，而没有得到合理经济补偿的失地农民在征地之后生活水平急剧下降。有些生活本来就比较贫困的失地农民在土地被征用之后，失去了唯一的经济来源，将步入特困的行列，会造成贫富差距拉大。以陕西省部分市县为例（如表4－2），从2010～2016年，蓝田县、太白县、咸阳市和渭南市的耕地面积减少得较明显，其中渭南市的耕地面积从2010年的521千公顷减少到2015年的505公顷，减少得最为明显。耕地减少的原因是由于耕地征用用于经济发展、城市建设。耕地减少最直接的影响群体便是失地农民。

表4－2　　　　陕西省部分市县常用耕地面积

地区	2010年	2011年	2012年	2013年	2014年	2015年
蓝田县（公顷）	40667	40533	40400	39879	39733	39680
陇县（公顷）	35577	35292	35436	35479	35442	35413
太白县（公顷）	6631	6665	6513	6482	6460	6475
咸阳市（千公顷）	359.25	359.27	359.57	356.85	353.96	351.24
渭南市（千公顷）	521.04	521.65	521.45	519.41	511.14	505.34

资料来源：根据《2016年陕西区域统计年鉴》整理。

我国相关法律规定，被征地农民生活水平不因征地而降低。在城镇化进程中，征用土地是不可避免的。但是，城镇化的利益受损者——失地农民不能因此而变成城镇化的牺牲品。应该对征地补偿标准进行考量，适当提高征地补偿金额，建立起市场化的征地补偿机制，提高征地补偿标准，为失地农民寻找合适的就业岗位和鼓励其自主创业，这不仅体现了对准市民的人文关怀，也解决了经济增长中土地、劳动力等经济问题。土地是农民工转变身份之前所赖以生存的生产资料之一。确切地来说，农民工虽然职业是工人，但并没有完全脱离土地的影响。土地制度是影响“农民—农民工—市民”过程的一个重要因素。农民工出外务工，农村土地产权模糊，土地流转制度缺失，土地处于荒废状态，既没有为农民工本身带来益处，也没有为城镇化建设带来效益。所以，要实现准市民的包容性增长，离不开他们赖以生存的土地，离不开土地制度的不断完善，以适应其发展。要完善农村土地流转制度，减轻农民工放不下土地进城务工的心理负担，又可以额外增加农民工财产性收入，促进消费，拉动内需，改善准市民的生活质量。

其次，就业是民生之本，就业是准市民维持生活的来源。就业结构和就业制度不完善，准市民的市民化也注定是一个曲折的过程。总体来说，当前我国的就业形势不乐观，就业结构不平衡，就业制度不完善，不利于准市民实现自身利益，进而影响到人与城镇的统筹发展。

第一，失地农民在拥有这个身份之前大多从事农业或与农业相关的工作，土地被征用之后，自然而然成为“既失地又失业，失地即失业”的一个群体。所以在城乡结合部这一特殊的环境中，针对失地农民的就业制度和政策不仅要解决其最基本的生存问题，更要从包容性发展的角度出发，为其提供更好的就业服务，创造更好的就业环境。当前我国失地农民的就业发展形势不容乐观。首先，失地农民自身文化素质不高，技术能力不过关，没有职业技能培训的意识和条件，在就业市场中只有极大的劣势和极小的优势。其次，就算失地农民找到了工作，由于可替代性高和劳动报酬低，就业的稳定性差，再失业的风险高。不断的失业就业，会使失地农民内心产生对自身的怀疑和不认同感，不利于自身身心的发展，也不利于社会稳定。最后，有学者认为①，当前征地补偿大多采用“货币安置”这一方式，而这一种安置方式只是“生活指向性”的安排，而不是“就业指向性”。这种方式虽然解决了刚开始失去土地时的生存问题，但是解决不了长远的就业问题。针对以上的就业问题，我国出台了解决失地农民就业问题和支持失地农民就业的相关政策：2006 年党的十六届六中全会通过了《中共中央关于构建社会主义和谐社会若干重大问题的决定》，不仅要实施积极的就业政策，鼓励自主创业，还要多渠道多方式地来增加就业岗位和进行职业技能培训。2015 年党的十八届五中全会指出，要坚持共享发展，其中就有，“促进就业创业，坚持就业优先战略，实施更加积极的就业政策，完善创业扶持政策，加强对灵活就业、新就业形态的支持，提高技术工人待遇”。综合来看，政府在征用土地之后应该充分考虑到失地农民的就业和生活问题。实现失地农民的包容性发展，要给予充分的政策支持和政策服务，建立健全完善的就业培训、再培训机制，建立以市场为主的征地补偿方式，从长远利益考虑最适合失地农民的征地补偿方案。只有解决了失地农民的就业问题，找到新的谋生出路，这个群体才能拿掉“失地农民”这个头衔，向其他种职

① 翟年祥，项光勤．城市化进程中失地农民就业的制约因素及其政策支持［J］．中国行政管理，2012（2）．

业身份过渡。

第二，从表4-3可以看出，进城农民工主要从事制造业和建筑业，从事制造业的占比达到30%左右，从事建筑业的占比在20%左右。这两种行业的工人的特点是技术要求不高，以体力劳动为主。

表4-3　　农民工从业行业分布　　单位：%

行　业	2015年	2016年	增减
第一产业	0.4	0.4	0.0
第二产业	55.1	52.9	-2.2
其中：制造业	31.1	30.5	-0.6
建筑业	21.1	19.7	-1.4
第三产业	44.5	46.7	2.2
其中：批发和零售业	11.9	12.3	0.4
交通运输、仓储和邮政业	6.4	6.4	0.0
住宿和餐饮业	5.8	5.9	0.1
居民服务、修理和其他服务业	10.6	11.1	0.5

资料来源：2016年全国农民工监测调查报告［R/OL］.［2017-04-28］. http://www.stats.gov.cn/tjsj/zxfb/201704/t20170428_1489334.html.

同时农民工的工作大多是暂时性，没有保障的，大多是一些脏活、差活、累活，不仅体力上很辛苦，而且很容易会遭遇失业的风险。不仅如此，大多数农民工在非正规的劳动力市场就业，缺乏签订劳动合同的观念，不能很好保障农民工的合法权益。从表4-4可以看出，2015年有63.8%的农民工没有签订劳动合同，到了2016年人数还有所增加，有64.9%的农民工没有签订劳动合同。最后，农民工的工资水平偏低。即使与城镇职工处于同样的工作地点环境，也会出现一种“同工不同酬，同工不同利”[①] 的现象，与城镇职工的收入差距偏大。表4-5是2017年第一季度的全国居民收支主要数据。从中可以看出，在全国居民人均可支配收入、人均可支配收入中位数、人均消费支出中城镇居民的水平远远高过农村居民。从表格注释可以看出，农民进城镇属于较低收入的人群，会拉低城乡居民收入水平。

① 岳澎，黄解宇. 从“二元结构”到“三元结构”——中国“农民工”的户籍演变路径及其解决方案［J］. 农业现代化研究，2008，29（2）.

表 4－4　　农民工签订劳动合同情况　　单位：%

合同类型	无固定期限劳动合同	一年以下劳动合同	一年及以上劳动合同	没有劳动合同
2015 年农民工合计	12.9	3.4	19.9	63.8
其中：外出农民工	13.6	4.0	22.1	60.3
本地农民工	12.0	2.5	17.1	68.3
2016 年农民工合计	12.0	3.3	19.8	64.9
其中：外出农民工	12.4	4.2	21.6	61.8
本地农民工	11.5	2.2	17.7	68.6

资料来源：2016 年全国农民工监测调查报告［R/OL］.［2017－04－28］. http：//www.stats.gov.cn/tjsj/zxfb/201704/t20170428_1489334.html.

表 4－5　　2017 一季度全国居民收支主要数据

指　　标	水平（元）	名义增速（%）
（一）全国居民人均可支配收入	7184	8.5
按常住地分：		
城镇居民	9986	7.9
农村居民	3880	8.4
（二）全国居民人均可支配收入中位数	6067	6.7
按常住地分：		
城镇居民	8700	6.7
农村居民	3060	7.1
（三）全国居民人均消费支出	4796	7.7
按常住地分：		
城镇居民	6387	7.0
农村居民	2921	8.0

注：全国居民收入增速快于分城乡居民收入增速是因为，在城镇化过程中，一部分在农村收入较高的人口进入城镇地区，但在城镇属于较低收入人群，他们的迁移对城乡居民收入均有拉低作用；但无论在城镇还是农村，其收入增长效应都会体现在全体居民收入增长中。

资料来源：根据国家统计局 2017 年《一季度居民收入和消费支出情况》相关数据整理。

总之，歧视性的就业结构和就业观念不符合包容性发展的理念，甚至会让农民工的现状几乎没有改变，市民化进程受阻。城镇化进程中建立统一、平等的就业制度可以增加农民工的收入，缓解农民工的民生问题，促进消费，提高其生活水平和拉动内需。这就要求政府企业应该重视加强农民工的技能，提高农民工的素质；完善劳动合同签订规则，加强对农民工劳动权益的保护。

当前，城乡结合部的就业结构和就业制度在政策支持的前提下不断的变革和完善，使之对社会经济和准市民的发展更有带动作用，对农民工、失地农民、本地有地的农民和本地居民才能是一种共享式的发展机会。城镇化的一个目标是实现产业结构的变化和升级——即从第一产业的农业向第二、第三产业的非农产业的转型，从原本粗放型的生产到集约型生产的转变。产业结构的转化升级是一种经济模式转变和经济增长的表现，当然这离不开“人”这一重要因素。城乡结合部的就业结构和就业制度的变革，深刻体现了准市民的包容性增长与经济的相互促进关系：更好的经济带来更好的就业；更好的就业又有更好的经济。这说明准市民的包容性发展不是单向的，而是双向的。

（四）追求人的全面发展

1. “准市民”自身能力发展

准市民是城乡结合部中直接参与城镇化的群体，他们自身能力素质的情况与城镇化进程快慢密不可分。当前，流动的农民工文化素质和技术水平都不高，大多是初中毕业，甚至只有小学毕业，从事的工作内容也只是低技术水平的脏活、累活、差活；具有高中、大专及以上的人占少数。从接受技能培训的程度来看，其比重远远匹配不上城镇化的速度和要求。不仅比重低，涨幅也慢。以上都是一些显而易见的现状，要实现农民工的包容性发展，追求其全面发展，就得改变这个现状，提高农民工的文化程度，促进他们自身能力的发展，加强对他们的技能培训，使其适应新型城镇化的要求。

本地有地的农民所从事的职业与农业有关。我国 2017 年政府工作报告指出，要促进农业稳定发展和农民持续增收，推动农业现代化与新型城镇化互促共进。当前我国城乡结合部农民的现状是文化程度低，科学耕作方式掌握少，耕作方式仍处于小规模、自给自足的落后状态。提高农民的科学耕作技术，最大限度地发挥出所拥有耕地的效益，致力于农业现代化，进而促进新型城镇化。

2. “准市民”子女教育制度

准市民子女的受教育权是公民的一项基本权利，它的实现能够提高自身素质，被称为是“增强能力的权利”。当前，农民工子女要么留在农村，成为留守儿童；要么跟随父母进城，居住在城乡结合部，接受城市教育。基于城乡二元户籍制度下的教育制度，对农民工子女的受教育权并没有实施很好的保障，相反，还存在一定程度上的歧视现象。根据相关专题调查[①]，在广西，对319名农民工进行问卷调查，农民工随迁子女在公办学校读书的有217人，占68%；在民办学校读书的有102人，占32%。这些不能进入公办学校的农民工子女有40.2%是因为公办学校限制太多，达不到其要求。作为农民工市民化进程中不可缺少的基本发展权利之一和城镇化下的发展成果之一，城乡二元教育制度必须进行改革。2017年全国人民代表大会《政府工作报告》中提出的展望中就有一点，要办好优质公平教育，统一城乡义务教育学生“两免一补”政策，加快实现城镇义务教育公共服务常住人口全覆盖，持续改善薄弱学校办学条件，扩大优质教育资源覆盖面，不断缩小城乡、区域、校际办学差距。改革后的教育制度要让农民工子女享受到和城市户籍市民子女平等统一的入学条件，不以户籍作为入学门槛，属地化教育问题得到改善，还要让城乡的教育资源公平化，减小地区之间的教育资源倾斜，不断缩小办学差距。

失地农民子女的教育问题与征地有很大的关系。相关学者曾经做过调查[②]，以浙江省金华市秋滨街道为例，该地区的土地几乎被征用完，失地农民从原本的土地观念中解放出来，而且随着城镇化进程的不断推进，对子女的教育问题也会变得重视起来。据表4－6的数据显示，征地后失地农民认为子女应该上学的比例上升到了87.7%，务农的比例大大降低，只有0.4%。虽然失地农民对子女的教育问题的重视程度有所提高，但是城乡结合部的教育水平仍处于落后的农村教育，教育资源供给不足，师资力量不够强大。城镇化和市民化不仅是需要当代努力，下一代的责任也很重大。在城乡结合部，政府应当对教育体制进行改革，提高教育资源质量，将义务教育落实到每一位失地农民子女身上，更好地实现自身的教育权利。相关调查者对此提出的建议之一是以杭州为例的“教育集团化”[③]，用名校起带头作用，创办一系列民校，共享进步优质的教育资源。

---

① 蒋宏杰．广西农民工随迁子女接受义务教育情况调查报告［R］．北京：中国统计出版社，2014：571.

②③ 邵国平，许慧霞，夏凤．失地农民子女教育现状调查及对策——以浙江省金华市秋滨街道为例［J］．浙江师范大学学报，2005，30（5）.

表 4-6　　征地前后户主对子女受教育的态度　　单位:%

项　目	征地前	征地后
上学	57.3	87.7
务农	28.2	0.4
学手艺	12.3	10.6
其他	2.2	1.3

资料来源：邵国平，许慧霞，夏凤. 失地农民子女教育现状调查及对策——以浙江省金华市秋滨街道为例［J］. 浙江师范大学学报，2005，30（5）.

本地有地的农民和本地居民子女所面临的教育环境和农民工、失地农民是差不多的，大都是在城乡结合部接受教育，所享受的教育资源相对缺乏。总之，改善城乡结合部的教育体制，增强教育力量，公平供给教育资源，提高师资水平，实现人的全面发展，为城乡结合部"准市民"包容性发展的实现打下良好坚实的基础。

第三节　"准市民"包容性发展的实现

城乡结合部的包容性发展一方面要求经济、政治、社会、文化、环境等多方面协同发展，另一方面强调以人的发展为中心，平等、共享发展成果，以促进城乡结合部经济增长以及"准市民"群体生活质量的提高，增加幸福感，最终实现"准市民"群体的全面发展。这些方面相互协调，相互配合，多维度地对"准市民"群体的包容性发展产生重要影响。

一、影响"准市民"包容性发展的因素

在马斯洛的需求层次理论中，人的需求被分为生理需求、安全需求、情感归属需求、尊重需求以及自我实现需求。人们在追求这些需求的过程中，必然需要基本的生活保障、人身保障、公平的发展机会、相互尊重的交流方式、自身能力的提升等。本书根据这些需求的内在本质，将影响"准市民"包容性发展的因素分为经济因素、社会保障供给条件、社会融合因素以及人口条件。从物质层面到精神层面进行分析，能够全面评价这些因素对"准市民"各方

面发展产生何种影响，反映“准市民”包容性发展的水平。

（一）经济因素

城乡结合部的经济发展情况是该地区城镇化水平以及居民生活质量的重要影响因素。首先，城乡结合部的工业化水平是“准市民”实现包容性发展的前提，良好的经济环境会促进“准市民”的全面发展。城乡结合部的产业经济繁荣程度高于农村，为第二、第三产业的发展提供诸多就业岗位。这很大程度上缓解了失地农民重新就业的压力，也为本地有地农民以及本地非农籍居民创造更多的就业机会，并且促进处于流动状态的农民工留在城乡结合部务工。根据马斯洛需求理论，解决基本温饱问题是追求更高需求的根本要求，“准市民”通过劳动换取工资收入，在一定程度上满足自身生理需求后，才有条件实现进一步发展。其次，除了城乡结合部当地的经济发展情况之外，城乡地区之间、城乡居民之间财政投入的公平性，也会对城乡结合部“准市民”的生活和就业产生重大影响，并进而影响了城乡结合部“准市民”的包容性发展。

（二）社会保障供给条件

公共服务的供给是“准市民”包容性发展的重要依托，社会保障作为公共服务的主要组成部分，其供给均等化是衡量“准市民”平等发展的主要内容，也是促进城乡结合部均衡发展的重要途径，满足了人们的安全需求。随着工业化的发展，传统农业经济中的家庭保障早已无法满足人们的需求，此外，越来越丰富的工作种类也加大了人们所面临的社会风险，因此，社会保障的供给尤为必要。第一，社会保障供给为“准市民”这样的弱势群体提供了最低生活保障，使遭遇事故的家庭恢复生产，保证劳动力再生产的顺利进行。例如因工伤导致暂时性失业的农民工，失去基本收入来源，在接受补偿后能够渡过暂时的困境，保证其在恢复劳动能力之后可以继续工作，使得劳动力再生产得以延续。第二，社会保障均等化供给在一定程度上促进了社会的分配公平。社会保障供给是居民收入再分配的一种，通过筹集社会保险基金，向有需要者提供保障金，给予必要的帮助，缓解了社会财富分配不公平的问题。其供给均等化程度越高，“准市民”的基本生活权益更能得到保障。第三，社会保障供给有助于保持社会稳定，为“准市民”实现包容性发展营造良好社会环境。社会保障是社会的“减压阀”，在一定限度内减弱社会资源分配不公的现象，减少社会矛盾冲突，促进建成和谐社会，保持社会秩序稳定发展。

（三）社会融合因素

在“准市民”包容性发展过程中，社会环境的优良起着重要作用，一个平等和谐的社会环境是“准市民”真正实现市民化的载体。其中“准市民”的社会融合程度在很大程度上决定了“准市民”群体是否真正市民化，是“准市民”实现包容性发展的目标之一。我们将社会融合维度界定为社会制度、人口角色及思想融合三个方面，其中二元户籍制度是阻碍“准市民”社会融合的根本原因，基于户籍制度产生的社会资源分配不均等使得“准市民”在社会地位和公共服务的享有上并不能达到与城镇居民同等的水平。在市民化过程中，“准市民”群体被边缘化对待，受到许多歧视，导致他们在心理、行为上不能真正融入城市。同时削弱他们的自尊心和自信心，将引起一系列的社会矛盾，影响社会秩序地良好运转。

（四）人口条件

美国经济学家舒尔茨在人力资本学说（1960）中提出，推动经济增长的因素主要是人力资源的提升，其重要性高于物质资本的增加。这样的发展目标与马斯洛的需求理论相契合，人类需求的最终追求是达到自我实现的境界，即能够完成与自身能力相匹配的工作。在此过程中，人口素质的提升不但能使“准市民”从广度或深度上搜寻更适合自身的工作，并且人力资源的提升以及知识外溢，能够在促进人的全面发展的同时带来经济的快速增长。“准市民”包容性发展蕴含着推动人的全面发展，加大对教育、就业等方面的投入，提升人口的素质，从而加快经济发展。

二、“准市民”包容性发展的要求

“准市民”作为城乡结合部发展的主体力量，是推进我国城镇化进程的动力来源。基于上述影响城乡结合部“准市民”包容性发展的因素，对“准市民”包容性发展提出相关要求。第一，在经济层面上提高“准市民”的收入水平、改善住房条件，是实现“准市民”包容性发展的基本要求。第二，确保“准市民”享有平等福利水平是维持可持续发展的保障，主要体现在建立成熟的社会保障体系，实现公共服务均等化。第三，外部环境带动“准市民”内在心理与价值观由农村过渡到城镇，“准市民”的生活方式及精神观念发生转变，完成城乡结合部人群的社会融合。第四，促进“准市民”个体能力的全面提升，通过再教育或自学提高“准市民”文化水平，提升自身素质。

（一）经济因素

经济因素包含宏观层面上的经济运行状况以及微观层面上体现的经济运行结果。宏观层面上的经济运行状况影响了“准市民”包容性发展的条件，微观层面“准市民”的收入水平（这里的收入指可支配收入）和住房条件，其反映了生活质量，是实现“准市民”包容性发展的物质基础。这里我们主要讨论“准市民”群体的收入水平以及农民工的住房问题两个方面。

1. “准市民”收入水平

英国经济学家刘易斯（1954）在《劳动无限供给条件下的经济发展》一书中指出经济增长的关键在于资本积累，发展中国家在二元经济结构格局中，城乡收入差距是农村劳动力转移的一大动力。美国经济学家托达罗的预期收入差异理论（1969）中提出农村劳动力向城市转移的一个因素是人们对城乡“预期收入”的期望。在现有的研究成果中，唐根年、徐维祥等（2006）认为收入水平的提升以及城乡收入差距的减小是农民城市化的基础。相关学者对收入差距与城市化的研究表明：“准市民”的收入水平是促进“准市民”实现包容性发展过程中不可忽略的因素（见表4－7）。

“准市民”的收入水平是影响其生活质量的基本要素之一，一定程度的收入是促进“准市民”生活质量提高的保障，显然收入与居民的生活水平是成正相关关系。良好的收入条件保障了“准市民”群体的基本生活，促进其对固定资产的投资，且能购买相关的社会保险，享受更好的社保体系，子女能接受更优质的教育等。

表4－7　　改革开放以来城镇和农村居民收入绝对数及城镇化率

年份	城镇居民人均可支配收入绝对数（元）	农村居民人均纯收入绝对数（元）	城镇人口占总人口比重（%）
1978	343.3	133.6	17.92
1980	477.6	191.3	19.39

续表

年份	城镇居民人均可支配收入绝对数（元）	农村居民人均纯收入绝对数（元）	城镇人口占总人口比重（%）
1985	739.1	397.6	23.71
1990	1510.2	686.3	26.41
1991	1700.6	708.6	26.94
1992	2026.2	784.0	27.46
1993	2577.4	921.6	27.99
1994	3496.2	1221.0	28.51
1995	4283.0	1577.7	29.04
1996	4838.9	1926.1	30.48
1997	5160.3	2090.1	31.91
1998	5425.1	2162.0	33.35
1999	5854.0	2210.3	34.78
2000	6280.0	2253.4	36.22
2001	6859.6	2366.4	37.66
2002	7702.8	2475.6	39.09
2002	8472.2	2622.2	40.53
2004	9421.6	2936.4	41.76
2005	10493.0	3254.9	42.99
2006	11759.5	3587.0	44.34
2007	13785.8	4140.4	45.89
2008	15780.8	4760.6	46.99
2009	17174.7	5153.2	48.34
2010	19109.4	5919.0	49.95
2011	21809.8	6977.3	51.27
2012	24564.7	7916.6	52.57
2013	26955.1	8895.9	53.73
2014	29381.0	9892.0	54.77
2015	31790.3	10772.0	56.10

资料来源：2016 年《中国统计年鉴》。

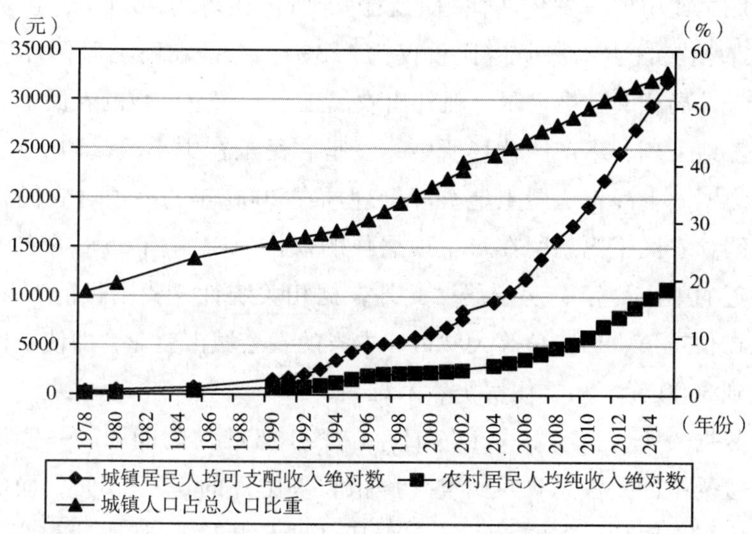

图4-2 改革开放以来我国城乡居民收入及城镇化率变动情况

资料来源：2016年《中国统计年鉴》。

从改革开放以来，我国城乡居民的人均收入水平总体呈增长趋势。从图4-2分析我国城镇居民与农村居民的人均可支配收入逐年上升，契合于我国城镇化率的增长，但不可忽视的一点是，农村居民收入水平的增长滞后于经济增长，城乡人均收入差距也越来越大，城乡间的贫富差距并没有因城镇化的推动而有所缩小。收入差距的加大对实现“准市民”包容性发展起着副作用，并从中衍生出其他社会问题，使得“准市民”的包容性发展受到制约。

2. 农民工住房问题

城市化背景下，大量农民工涌入城市，在远离农村到新的生存环境的过程中，农民工的住房问题成为其在城市中生活、工作以及家庭迁移的一大制约性因素。较好的住房条件有利于改善农民工的健康状况，便利子女在家学习，影响农民工的社会地位及自尊①。此外，住房也是最重要的有形资产，如果农民工拥有城市住房，将大大提高其财富水平②。

当前农民工的住房状况存在几大特征，一是住房形式以雇主（或单位）提供免费宿舍和自主租房为主。根据国家统计局资料统计，2015年外出农民

①② 李英东．农民工城市住房的困境及解决途径［J］．西北农林科技大学学报，2016，16（2）．

工中，从雇主或单位得到免费住宿的农民工所占比重为46.1%，租赁居住的占37%，农民工自主购房所占比重仅为1.3%。二是农民工居住环境较为恶劣。国家统计局相关数据显示，在外出农民工中，超过半数的农民工居住在集体宿舍、工地工棚、生产经营场所中。三是农民工在中小城镇购房意愿较强，但购房能力弱。上海市房屋土地资源管理局在2006年的一项对农民工住房问题研究表明，农民工愿意留在打工地居住的仅占30%，有35%的农民工有意回家乡附近的中小城镇买房定居。此外，据相关统计，我国目前有超过60%的农民工在长三角、珠三角等大城市和本省的省会城市就业，即使农民工家庭月收入达到3000元，租赁住房仍然困难。①

以上数据表明，目前农民工依旧存在“住房难”的问题。一般认为住房成本的可接受范围是占总收入比重（房租收入比）的5%至8%，而农民工住房成本占农民市民化成本的30.7%，占其总收入的20%。② 城市过高的住房成本迫使农民工更偏好居住在成本较低的城乡结合部，造成农民工在城市务工，在城乡结合部定居，一定程度上促进了城乡结合部的发展。对于农民工个体而言，他们的住房需求旺盛，但一方面由于收入较低，房价较高；另一方面由于缺乏完善的工作保障，获得贷款的机会较小，使其购房的难度大大增加。因此，采取措施降低住房成本是增进农民工福祉的必然要求。

3. 从经济因素看“准市民”包容性发展

经济因素是“准市民”实现包容性发展的基础。若“准市民”的收入水平连基本生活都无法保障，人的全面发展则无从谈起。我国城乡人均GDP水平在逐年上涨，但物价水平的增长速度快于收入增长，人们实际生活水平的提升受到阻碍。近年来，我国经济出现下行趋势，城镇化速度相对放缓，二者呈正相关关系，这要求城镇化的发展要与工业化及现代化同步，在扎实经济的基础上发展城镇化，是“准市民”包容性增长的必要前提。第一，利用好当前城乡结合部经济发展的内在优势和巨大潜力，发展经济和推动工业化，为“准市民”包容性发展打下坚实的物质基础。第二，提高“准市民”的收入水平，扩大中等收入阶层，缩小城市市民与城乡结合部准市民之间的收入差距和两极分化。第三，解决好农民工进城务工的住房问题，为满足农民工的住房需

① 王炜，王治尹．“我想城里安个家”［N］．人民日报，2011－10－27（017）．

② 陈广桂．房价、农民市民化成本和我国的城市化［J］．中国农村经济，2004（3）．

求提供更多保障。

（二）社会保障供给条件

我国的社会保障体系由社会保险、社会救济、社会福利和优抚安置等组成，社会保险是社会保障体系的核心部分。因而在此主要讨论社会保险的供给问题。根据社会保险法规定，社会保险中包括养老保险、医疗保险、失业保险、工伤保险、生育保险等五项基本保险。在这里我们重点分析具有代表性的"准市民"养老保险以及农民工工伤保险问题。

1. "准市民"养老保险

传统养老保险严重阻碍"准市民"实现市民化。过去我国农村养老方式主要为家庭养老，至今"养儿防老"的思想一直是我国主流的养老观念。随着我国城镇化水平加快以及人口老龄化时代的到来，传统养老保险的主要缺陷日益突显：第一，农村养老保险覆盖面窄。农村居民生活水平低，在支付基本生活支出后无太多的剩余，使得农民即便有意愿参保，但也没有购买养老保险的能力。加之人们的养老观念在短期内难以转变，因而参保人数较总人口而言相对较少。第二，养老保险制度缺位，跨地区转移困难。一些已参保的居民，诸如已参保的农民工进城谋生时，无法把养老保险转移到生活地的农保部门，因而无法享受养老保险带来的补助。长期中损害了农民工的利益，阻碍了劳动力的转移。第三，政府扶持力度不足。传统农村养老保险资金主要是农民群体承担，养老保险金以"个人交纳为主，集体补助为辅，国家给予政策扶持"的原则①，促使农村养老保险严重受制于"准市民"群体的收入，稳定性较差。

现行的城镇职工社会养老保险未能解决好失地农民的养老问题，城乡结合部部分农民被征收土地后失去唯一收入来源，他们中的部分人得到征地补偿，但补偿金额较低，且还有部分失地农民未能得到征地补贴。为保障其权益，我国部分地区出台了相关失地农民养老保险制度以保障失地农民老有所依。以江西省鹰潭市为例，某课题组调研发现②（见表4-8），在总样本为192人中，有76%的农民不愿意接受被征地的原因主要是考虑被征地后的生活保障问题

---

① 张晓慧．我国农村社会养老保险制度发展状况及对策研究［D］．长春：东北师范大学，2009：8.

② 钱忠好，肖屹，曲福田．农民土地产权认知、土地征用意愿与征地制度改革——基于江西省鹰潭市的实证研究［J］．中国农村经济，2007（1）.

及补偿金额偏低这两大方面，补偿标准与农民预期或需要的相差太大，难以为其提供基本生活保障。这是当前土地征收出现的一个普遍现象，为解决这一难题，我国部分地区出台了相关失地农民养老保险制度以保障失地农民老有所依。

表4-8 农民不愿意土地被征用的原因

原因	选择人数（人）	所占比例（%）
1. 土地被征后缺乏生活保障	74	38.5
2. 补偿标准偏低	72	37.5
3. 政府压价，未与村民协商，强行征地	24	12.6
4. 缺乏知情权，国家征地政策未兑现	18	9.4
5. 征地以后环境变差	2	1
6. 未回答	2	1

资料来源：钱忠好，肖屹，曲福田．农民土地产权认知、土地征用意愿与征地制度改革——基于江西省鹰潭市的实证研究［J］．中国农村经济，2007（1）．

同时新型养老保险机制的试行突破了传统养老保险障碍，促进"准市民"市民化进程。以江苏苏州为例，苏州是全国首个"统筹城乡社会保障发展典型示范区"，2012年，苏州率先实行基本养老保障与基本医疗保险并轨，将在城乡企业内就业的本地有地农村居民和失地农民纳入社会保障体系。截至2015年末，苏州市已发放社会保障卡951.6万张，其中参加养老保险和享受待遇人数为711.9万人，"职工社会保险和城乡居民社会养老、医疗保险参保覆盖率连年保持在99%以上。"① 基本实现了养老保险的全覆盖。

新型养老保险机制在部分地区的探索中取得重大突破，但大部分地区的养老保险依旧存在许多制约，受限于户籍制度等条件，导致农民工群体无法被纳入城镇养老保险范围内，"准市民"的城镇化进程受到阻碍。据数据统计，截至2015年末，全国基本养老保险参保人数达8.58亿人，其中城乡居民参保人数为5.05亿人。但要看到的是，该年我国农村人口数为9.3亿人，这意味着还有4.25亿农民群体未参保，从全国范围看覆盖面仍较小。

2. 农民工工伤保险

由于各种因素的制约，农民工主要从事采矿业、制造业、建筑业等行业，

① 陆晓华．我市医保参保人数近900万［N］．苏州日报，2016-09-17（A01-A02）．

工作条件艰苦，环境恶劣，安全风险高，农民工工伤事件时常发生，但工伤保险在农民工群体中的覆盖率却比较低。根据《2015 年度人力资源和社会保障事业发展统计公报》显示，2015 年全国参加工伤保险人数为 21432 万人，其中参加工伤保险的农民工人数为 7489 万人，覆盖比例约为 34. 9%。

造成农民工工伤保险覆盖率低的主要原因有农民工自身参保意识弱，自我保护意识不强；受户籍制度影响，农民工处于参保范围边缘；雇主忽视农民工劳动保障权利等。如表 4 - 9 数据表明，2015 年与 2016 年没有签订劳动合同的农民工分别占农民工总数的 63. 8% 和 64. 9%，且外出农民工没有签订劳动合同的总数多于本地农民工。说明无论是雇主或是农民工本身，对于农民工工伤事件的预防都不够重视。

表 4 - 9　　农民工签订劳动合同情况　　单位:%

项　　目	无固定期限劳动合同	一年以下劳动合同	一年及以上劳动合同	没有劳动合同
2015 年农民工合计	12. 9	3. 4	19. 9	63. 8
其中：外出农民工	13. 6	4. 0	22. 1	60. 3
本地农民工	12. 0	2. 5	17. 1	68. 3
2016 年农民工合计	12. 0	3. 3	19. 8	64. 9
其中：外出农民工	12. 4	4. 2	21. 6	61. 8
本地农民工	11. 5	2. 2	17. 7	68. 6

资料来源：2016 年全国农民工监测调查报告［R/OL］.［2017 - 04 - 28］. http: //www. stats. gov. cn/tjsj/zxfb/201704/t20170428_1489334. html.

面对农民工工伤保险覆盖率低的情况，政府也相继颁布各项规定，完善农民工工伤保险的相关制度。2004 年 1 月 1 日，出台的《工伤保险条例》中第一次明确将农民工划入参保范围内，为农民工工伤保险提供了法律依据，同年 6 月，发布的《关于农民工参加工伤保险有关问题的通知》中明确要求凡是与用人单位建立劳动关系的农民工，用人单位必须及时未其办理参加工伤保险的手续。2006 年，国务院发布的《关于解决农民工问题的若干意见》和《关于做好建筑施工企业农民工参加工伤保险有关工作的通知》明确了农民工参加工伤保险的相关要求，并加快农民工参与工伤保险的政策实施。这一系列措施使得农民工参与工伤保险的人数逐年上升，直至 2015 年，参与工伤保险的农民工人数为 7489 万人，比上年末增加 127 万人。工伤保险是对农民工工作安全的预防性保障，完善的工伤保险制度有助于维护社会稳定，“是推动完成城乡社会保障制度接轨的突破口”[①]。从马斯洛的需求理论上看，享受工伤保险是农民工的安全需求，进而满足其安全感与归属感，对农民工的全面发展具有正面作用。

3. 从社会保障条件角度看“准市民”包容性发展

社会保障是实现“准市民”包容性发展的重要因素。“准市民”群体属于弱势群体，从上述分析来看，我国社会保险仍存在不足，但在改革中正不断完善，社会保险覆盖率以及保险水平在逐年上升，高水平的社会保险对“准市民”实现包容性发展有着正向推动作用。

完善社会保险体系是“准市民”包容性发展的重要内容。首先，要求实现社会保险在城乡间全覆盖，使得城乡结合部的“准市民”人人平等享有社会保障。这里的“人人平等”，既指不受性别、户籍、民族等影响，公平共享社会保险，也指在同一群体内部各成员亦能够做到基本均等共享。[②] 其次，合理分配社会保险金，资金的分配需要适应当前经济社会的发展，结合我国国情制定具有中国特色的社会保险体系。我国人口众多，人均产出较少，当前老龄化问题突出，这决定了我国社会保险金能够提供的只是最基本的保障，因此要构建多方参与的社会保障体系，以政府为主导，联合企业，满足“准市民”多样化需求。再次，社会保障体系应适应于流动的劳动力市场机制，鼓励城乡结合部的农民与有非农户籍的居民就业。最后，社会保障中的社会保险具有强制性，需要通过法律手段加以制约与保障，因而加快立法进程、明确相关法律责任十分必要。

（三）社会融合因素

社会融合是衡量“准市民”是否实现真正市民化的重要因素，是“准市民”实现包容性发展的目标之一。我们将社会融合维度界定为社会制度、“准市民”群体内部的人口角色及失地农民思想融合三个方面，综合讨论在这三方面下“准市民”实现包容性发展的衡量。

1. 社会制度

社会制度指广义的政治、经济、文化、法律等制度的总和，在该部分，我

---

① 张勃．对农民工工伤保险问题的分析［D］．广州：暨南大学，2007：31.

② 郑功成．中国社会福利改革与发展战略——从照顾弱者到普惠全民［J］．中国人民大学学报，2011（2）.

们主要讨论二元经济下的户籍制度对“准市民”包容性发展的影响。

二元经济下的户籍制度是制约“准市民”社会融合的主要原因，它是公共服务供给制度的基础，我国现行的社会保障体系、教育制度等都是在户籍制度基础上建立起来的。户籍制度产生于特殊的历史背景，导致以“农村户口”和“城市户口”为标志的城乡二元结构的产生。在经济水平不发达时期，城乡社会福利都处于较低水平，由户籍制度带来的分配结果差异并不明显。随着经济的发展，二元户籍制度以及由其衍生而来社会资源分配不均问题愈发显著，“准市民”所享有的社会福利水平明显低于城镇居民。

2. “准市民”群体内部的人口角色定位

城镇化背景下“准市民”成为城市居民、农村居民外的第三种身份，“准市民”群体被分为四类，其中失地农民是居住在城乡结合部，因为政府征地等原因而被迫失去赖以生存的耕地的“准市民”群体；农民工是脱离原有生产方式，进城务工的人群，但迫于生活成本而居住于城乡结合部；本地有地农民是指居住在城乡结合部且拥有土地，部分收入来源于耕种，他们三者的户籍身份都属于农民。在社会生活中，与持有非农户籍的本地居民之间存在着社会融合问题。

在我国长期城乡二元结构背景下，“农民”不仅是一个职业概念，更是一种身份认定。“准市民”群体的角色界定主要是由二元户籍制度产生，第三种身份的角色使得“准市民”承受许多歧视性待遇。第一，由于两种户口所享受的待遇差别极大，使得享受福利较高的有非农户籍的本地居民具有优越感，在意识和行为上歧视其他三类“准市民”群体，阻碍了他们在就业等方面的发展。第二，“第三种身份”决定着持有农民户籍的“准市民”属于流动人口，失去参与选举与被选举等的权利，基本的政治权利无法得以保障。第三，由于失地农民和农民工已经从农村脱离，既不属于农村，也不属于城市，在城乡结合部因而在心理上缺乏归属感，缺乏向城市转移的信心，制约了“准市民”的社会融合。

3. 失地农民思想融合

马克思指出“人的全面性不只是想象的或设想的全面性，而是他的现实关系和观念关系的全面性”①，即在考虑人的全面发展时，不可忽略观念层面

① 马克思，恩格斯．马克思恩格斯全集［M］．北京：人民出版社，1980：36.

的影响。土地是农民赖以生存的资本，解决了农民劳动力闲置的问题外，农作物收成也解决了农民的温饱问题，是农民世世代代传承的物质保障。耕作是农民收入的主要来源，在征地后，失地农民必须面临激烈的就业形势，子孙后代失去了保本的收入来源。学者针对土地征用意愿对江西省鹰潭市的农民进行实证调查①，调查发现在是否愿意被征用土地问题上，有 83.75% 的农民表示在现行条件下并不愿意土地被征用。

失地农民丧失赖以生存的土地后，不再具备传统耕种的农民身份，他们的市民化意愿强，部分失地农民在户籍上已经成为城镇居民，但由于在观念、生活习惯、文化方面与城镇居民仍存在较大差异，因此并没有完全融入本地居民的生活。失地农民的社交网络沿袭着传统农村以乡缘、亲缘为主的方式，社交网络较密集，初期存在明显的地缘排斥，一定程度上延缓了包容性发展。此外，城乡结合部中持有非农户籍的本地居民对持有农民户籍的人群存在社会偏见，对农民群体的固有印象没有发生转变。随着城乡结合部的发展，居民间的生活交流越来越广，传统的社交网络逐步拓宽，逐渐弱化亲缘的因素，但依然存在制约包容性发展的元素。

4. 从社会融合看“准市民”包容性发展

马克思说：“交往的普遍性，从而世界市场成了基础。这种基础是个人全面发展的可能性。”社会融合促进劳动力的交流，打破传统农村隔绝的生活方式，促进思想的传播和进一步发展。融合程度越高，城镇化的质量越高，对“准市民”实现包容性发展完善和促进作用越强。

首先，社会融合是城乡结合部发展必须经历的过渡性过程，也是“准市民”实现包容性发展的关键因素。要使“准市民”基本融入本地居民的生活，根本要求是彻底打破二元户籍制度，让“准市民”在身份上与市民完全一致，消除固有的身份歧视。其次，充分尊重“准市民”民意表达，保障其参与政治的权益政府及参与城乡结合部建设的权利。此外，政府应秉持平等原则合理分配社会资源，实现公共政策公平化与公共服务均等化，保障“准市民”能够共享城乡结合部的发展成果。再次，加强观念教育，运营诱导式教育方法，让“准市民”从自身改变传统固有的生活习惯与小农行为，培养其市民意识，

① 钱忠好，肖屹，曲福田. 农民土地产权认知、土地征用意愿与征地制度改革——基于江西省鹰潭市的实证研究［J］. 中国农村经济，2007（1）.

鼓励其积极适应城乡结合部生活。最后，本地居民应尊重失地农民与流动农民工原有的风俗习惯，社区应积极引导正向文化发展，多元化实现“准市民”的包容性发展。

（四）人口因素

人口素质是对“准市民”群体自身能力水平的衡量。“准市民”的人口素质高低是影响其经济收入、就业条件、社会融合等的主要因素，这在城镇化背景下，“准市民”的教育及就业问题是我们分析的重点。

1. 农民工的教育水平

在二元经济结构下，我国城乡教育水平具有显著差异。教育水平的高低影响着“准市民”的技能水平，进而决定着“准市民”的就业状态。随着社会经济的发展，劳动力市场对技能型工人的需求越来越大，劳动者只有提升自身素质使其所拥有的技能与工作岗位相匹配，才能在市场上找到较好的工作。

由于二元户籍制度导致的教育资源分配不均，使得“准市民”群体整体的教育水平较低。年长农民工由于社会条件限制，受教育人数很少。由于我国九年义务教育政策的实施，新生代农民工的受教育程度相对于年长农民工而言较高，但在农村义务教育完成率仍然较低，学生辍学问题仍较严重，数据显示，2016 年我国农村整个中学阶段的辍学率达到63%①。此外，“准市民”的自身素质对下一代人的发展具有重要影响，城镇化进程中留守儿童人数日益增多，农民工进城务工，将孩子交给父母看管，隔代教育对孩子人格塑造以及思想观念的形成多是存在负面影响。因而加大对“准市民”群体的教育具有重要意义。一方面，发展“准市民”教育有利于改善其物质生活水平，拓宽其收入来源，增加就业机会；另一方面，加大“准市民”教育投入有助于劳动力资源的开发；此外，有利于农村教育事业的发展，促进社会和谐发展。

农民工的教育水平是他们社会融合的动力，很大程度上影响他们的就业以及收入。有学者②从时间序列和截面数据等研究分析得出，“农村劳动力工资性收入和劳动力平均受教育年限之间存在正相关关系”，即受教育年限越高，劳动报酬越多。教育水平不仅影响农民工自身的收入，对劳动力市场结构也起

---

① 史耀疆，马跃，易红梅，刘承芳，张林秀．中国农村中学辍学调查［J］．中国改革，2016（2）．

② 张淑英．农民工资收入与受教育程度关系研究［J］．科技与经济，2009，22（5）．

到重要作用。随着社会经济的发展劳动力市场对技能型工人的需求越来越大，准市民只有提升自身素质使其所拥有的技能与工作岗位相匹配，才能在市场上找到较好的工作。当前我国出现的“民工荒”现象背后原因主要是技术性农民工的供给无法满足企业需求。

2.“准市民”的就业结构

城乡结合部的发展增加了失地农民的就业岗位，但失地农民刚从传统农业中脱离出来，受限于自身技术水平低下导致劳动生产率低，在就业市场上缺乏竞争力，只能从事第二、第三产业上低水平的劳动，就业缺乏稳定性。大量低廉的劳动力促进了城乡结合部产业经济的发展，但同时也限制了失地农民自身能力的提升。

相对于失地农民而言，在城市中的农民工有较高的技术水平，但一方面由于就业机会的限制导致进入劳动力市场存在障碍，另一方面已就业的农民工大多只能从事高风险、劳动强度大、工资相对低廉的工作。随着城乡结合部产业经济的发展以及农民工返乡创业的政策支持，越来越多的农民工返乡就业，如图4－3所示，从2011～2015年的农民工总量及增速来看，农民工总量持续上升，但自2011年以来农民工总量增速持续回落。从农民工就业行业分布表（表4－10）可看出，农民工在第三产业的就业比重加大，2015年自营就业率达到11.9%，比2014年上涨0.5个百分点，这意味着农民工的自主创业意识加强，就业环境有所改善。

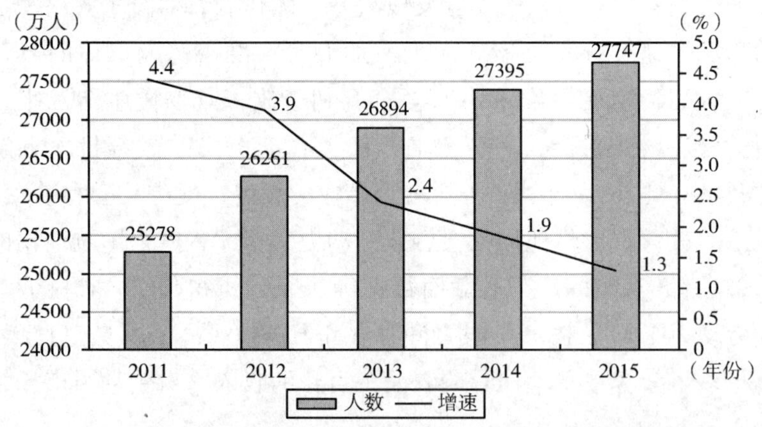

图4－3　2011～2015年农民工总量及增速

资料来源：2015年农民工监测调研报告［R/OL］. www. gov. cn 2016－04－28. http：//www. gov. cn/xinwen/2016－04/28/content_5068727. htm.

表 4－10　　2014 年与 2015 年农民工就业行业分布情况　　单位:%

项　目	2014 年	2015 年	增减
第一产业	0.5	0.4	－0.1
第二产业	56.6	55.1	－1.5
其中：制造业	31.3	31.1	－0.2
建筑业	22.3	21.1	－1.2
第三产业	42.9	44.5	1.6
其中：批发和零售业	11.4	11.9	0.5
交通运输、仓储和邮政业	6.5	6.4	－0.1
住宿和餐饮业	6.0	5.8	－0.2
居民服务、修理和其他服务业	10.2	10.6	0.4

资料来源：2015 年农民工监测调研报告［R/OL］. www. gov. cn 2016－04－28. http：//www. gov. cn/xinwen/2016－04/28/content_5068727. htm.

3. 从人口素质看“准市民”的包容性发展

从上述分析来看，“准市民”的人口素质具有很大的提升空间，政府也将农村教育事业提上工作重心。目前我国对于农村教育投入力度加大，2015 年出台的《乡村教师支持计划》，致力于提高乡村教师的地位和待遇，促进乡村教师职业发展，此外，高校也在扩大对农村生源招生，“在教育部出台的《关于做好 2015 年普通高校招生工作的通知》中，则明确要求继续实施农村贫困地区定向招生专项计划，提高中央部门高校和省属重点高校在边远农村贫困地区的招生比例。”①。未来对于“准市民”人口素质提升的前景良好，有助于推动整个社会经济发展与“准市民”的社会融合。

提升“准市民”自身素质的关键在于“准市民”的自我培养。“准市民”应积极学习新知识与新技能，主动接受新观念，重视自身及子女的受教育情况，加强合作意识与群体观念，努力适应社会发展需求。从外部因素来看，政府应充分重视“准市民”群体的素质教育，降低“准市民”职业教育和技能培训成本，加大教育宣传，转变准市民传统教育观念。通过相关宣传普及正确教育观，完善成人教育体制，建立适合于准市民群体的教育制度，使“准市民”树立终身教育观念，保障“准市民”包容性发展的可持续性。此外，政

① 新华网．教育部：国家专项计划今年招收贫困地区学生 6.3 万［EB/OL］．［2017－04－16］. http：//news. xinhuanet. com/politics/2017－04/16/c_1120817204. htm.

府应联合企业，建立适合农民的就业培训机制，传授并引导"准市民"观摩学习技能型知识，以填补当前劳动力市场技能型功能的欠缺。最后，要充分利用当前网络力量，运用网络课程教学、远程教育、3D 体验等技术，多层次丰富"准市民"的自我提升需求。

三、实现"准市民"包容性发展的路径

当前我国城乡结合部"准市民"与城镇市民存在经济福利上的较大差异，虽然已基本实现获得平等的就业机会，但在平等获取工资报酬、劳动保护条件、社会保险以及平等获得公共资源和服务的权利方面已严重缺失。因此要实现"准市民"包容性发展需要在思维上创新，培养包容性心态；在机制上创新，完善规则；在方法上创新，统筹兼顾实现共荣；在制度上创新，保障包容性发展。

（一）思维创新

当前我国城镇化仍存在许多约束和障碍，思想观念上的障碍可以说是最难破除。思维创新要贯彻从古至今以人为本的指导思想，逐步实现"以经济增长为目标"到"以实现人的城镇化为目标"的转变。所以，要实现准市民的包容性发展，就得突破原有的城镇化思想上的误区，打破固有的思维模式，转变思路方式，进行思维创新。准市民由于二元户籍制度的影响，享受不到和城市户籍居民同等的待遇，长期生活在不平等、被排斥的社会环境里。久而久之，他们觉得自己确实得不到社会的肯定和制度的保障，这种思想上的误区会使其内心产生自卑感、失衡感，没有归属感，不利于身份转化，也不利于社会的稳定发展。所以，第一，加强准市民的心理素质教育和思想政治教育，积极主动化解准市民的心理矛盾，对自身、社会和制度恢复信心至关重要。第二，从政府自身出发。要健全相关法律法规，保障准市民基本权利，做到准市民权利受到侵害时有法可依。思维创新要求全社会共同转变。城市市民也是思维创新中重要的一个群体。享受农民工进城务工所带来效益的城市市民会形成一种"刻板印象"，[①] 思想上已经固定形成了一种农民工就是社会上的"二等公民"

① 刻板印象是指个人受社会影响而对某些人或事持稳定不变的看法。它的消极性表现为：在被给予有限材料的基础上做出带普遍性的结论，会使人在认知别人时忽视个体差异，从而导致知觉上的错误，妨碍对他人做出正确的评价。

的印象，只能干些脏活、差活和险活，素质低下，是造成社会不稳定的一个群体。所以，要大力宣传农民工在城镇化建设中的突出作用，正确认识到农民工作出的不可缺少的贡献。转变对农民工的刻板印象，以“人人平等”的观念来尊重农民工，接纳农民工。

（二）机制创新

1. 改善“准市民”参与机制

“准市民”是城镇化的主体，也是城镇化的参与者。在城乡结合部的发展规划中，任何一项政策都会对“准市民”产生影响，保障“准市民”的“话语权”与“参与权”是重要前提。此外，政策制定者应充分收集“准市民”对于城乡结合部发展的建议，在信息传递过程中减少传递层次，以保障信息的真实性、有效性，以使“准市民”参与到发展规划中来，才能使政策有惠于民，真正做到促进“人的发展”。

2. 改良综合考评机制

当前，我国主要采用 GDP 指标来衡量经济的发展，而“过分依赖增长数字的政府绩效评估机制，由于其评价体系的狭降性，长期来看反而会束缚经济发展的手脚，使经济发展动力不足。”①“准市民”包容性发展的内涵中包含有经济、文化、环境等方面，经济是包容性发展的一大主体，但单一以衡量经济高低的指标来衡量包容性发展显然不够。因此在综合考评中应加以考虑社会保障、生态环境等相关指标，以更为完整地反应包容性发展的综合性与多样性。

3. 规范政府行为，完善政府职能

在城镇化进程中，政府起着主导作用，新型城镇化要求政府从一元主导地位转换成多元参与者，在市场机制作用前提下参与规划城乡结合部建设，做好“守夜人”身份。政府行为应公正、公开，让“准市民”参与监督规范政府的行为。政府内部应加强各部门间的交流，提高政府工作效率。此外，应明确在资源分配过程的责任，推动资源分配均等化。

（三）方法创新

1. 城乡结合部生产方法的创新

科学技术是第一生产力，用科学的生产方法进行发展是当今时代的潮流。

---

① 刘琳娜．科学发展中的包容性增长研究［D］．武汉：华中师范大学，2013：104.

城乡结合部产业转型、乡镇企业改革、劳动力素质提高等都与科技密不可分，准市民的包容性发展是以生产方法的创新、科学技术的运用为工具，所以城乡结合部要跟上科技时代的潮流，重视科学生产。第一，如果准市民对当前的科学技术毫不上心，甚至有所抵触，只用落后被淘汰的生产方式进行生产只会更落后。准市民要转变落后的生产观念，重视科学技术的学习和掌握。第二，政府要出台相关政策，加大对城乡结合部的科技投入，对运用科学技术进行生产的准市民采取补贴、奖励措施。

2. 城乡结合部“准市民”管理方法的创新

乡缘、亲缘、情结是中国人传统的思想观念。在城乡结合部这一特殊的环境中，乡缘、地缘、亲缘成为准市民联系的纽扣。失地农民搬迁到新的居住点时，几乎是同村同时同地搬迁，乡缘、地缘联系依然很紧密；有学者指出①，影响农民工市民化的政策因素之一在于，城市的整个组织体系是通过单位实现的，没有单位的人基本上不能组建民间组织。农民工进城务工，缺乏对城市的归属感，他们又是城市中独立的个体，没有从属于哪个单位，只能依靠乡缘地缘建立起属于他们自己的小团体。准市民这种依靠乡缘、地缘建立起的团体有时是一种凝聚力的表现，可以发挥出很大的作用，但如果不遵守相关法律法规，破坏社会稳定安全，也会成为一种危害。由此，城乡结合部管理方法就得进行创新，从乡缘、地缘式管理到有纪律性、有组织性的管理过渡。第一，准市民要自觉保证遵守法律法规，维护社会稳定，发挥乡缘、地缘、亲缘的凝聚力，团结一心为城镇化建设作出努力，实现城乡结合部和自身的包容性发展。第二，政府要建立起准市民管理体制，依据城乡结合部的特殊地理、社会环境和“准市民”的特殊身份，创新对“准市民”的管理方法，建立起有效的管理体制。

（四）制度创新

制度的不健全使得“准市民”的利益得不到良好的保障，影响了我国城镇化建设的推进，严重制约了准市民包容性发展的进程。户籍制度是二元经济结构产生的根本原因，随着城镇化的发展，户籍制度造成了社会资源分配不公平，损害了“准市民”的发展权利，减缓“准市民”实现包容性发展的进程。

---

① 胡文静．安徽省新型城镇化的瓶颈：农民工市民化影响因素［J］．经济研究导刊，2013（2）．

创新户籍制度最重要的一点，是使户籍制度与公共服务供给相分离。我国社会保障体系、就业制度、教育制度等都是依托于户籍制度建立起来的，由于二元户籍制度的限制，导致公共服务供给严重不均。将公共服务供给机制从户籍制度中脱离出来，使“准市民”群体能够不受户籍限制从而平等享受城镇化成果，对流动人口的生存发展以及“准市民”的社会融合都具有重要意义。此外，从源头上打破“农村户口”与“城镇户口”之分，对缩小城乡差距、缓解社会矛盾有重要作用；同时有助于打破“准市民”群体的心理障碍，加速劳动力转移，实现人力资源有效配置，促进“准市民”平等享有城镇化包容性发展的机会。

实现充分就业是包容性发展的又一目标。由于多重因素的影响，我国现行就业制度对“准市民”仍有不公平待遇，享受的机会明显少于城镇居民。加快完善就业制度，有助于加快农村劳动力的转移速度，提升“准市民”发展空间，促进城乡结合部经济的发展。建立统一的劳动力市场，发挥市场调节作用，促进建立“准市民”按自身意愿选择职业、平等就业的制度。同时发挥政府转移支付的功能，加大资金投入力度，鼓励“准市民”自主创业，保障“准市民”拥有畅通就业渠道，加大成功就业的机会。综合开发“准市民”职前培训以及再培训、再就业机制，使“准市民”群体能够更好地与所从事的工种相匹配，提高劳动效率，改善就业不稳定性。

党的十八大提出“全覆盖、保基本、多层次、可持续”的社会保障方针，加快社会保障的覆盖面，建立适合我国国情的保障制度刻不容缓。总之，包容性发展的实现需要制度保障的同质与有效，要求社会各方面的相互兼容，避免市民之间不同的权利配置，从而确保城镇化的主体共享发展成果。制度的创新是实现“准市民”包容性发展的必要条件，在本书第六章中将全面梳理阻碍“准市民”包容性发展的制度障碍，分析“准市民”的制度诉求，建构促进城镇化进程中城乡结合部“准市民”包容性发展的制度框架。

第五章

城乡结合部“准市民”包容性发展与城镇化协同

城乡结合部是中国城镇化进程中的重点区域，城乡结合部“准市民”的包容性发展能够更好地促进我国城镇化的健康发展。现阶段我国推进的新型城镇化道路的内涵也体现了城乡结合部“准市民”包容性发展的本质。因此，城乡结合部“准市民”包容性发展与新型城镇化一脉相承，二者可以协同发展。

第一节　城乡结合部是中国城镇化进程中的重点区域

城乡结合部是一个动态的概念，它是城镇化进程的产物，同时又被动地承受着城镇化发展带来的正负面效应，是我国突破农业转移人口市民化困境的重点区域。城乡结合部的相关问题在城镇化发展过程中应运而生，也必然在城镇化的不断推进过程中得以解决。将中国城乡结合部地区率先融入城镇化发展进程，使城乡结合部“准市民”率先融入城市生活，充分发挥城乡结合部这一特殊地区的实验性、示范性以及推动性作用，是加快城镇化进程以及提升城镇化质量的必然要求①。

---

① 崔向华．市民化与土地脱钩——北京城乡结合部新型城镇化问题思考［J］．国际城市规划，2014，29（4）．

一、城乡结合部是城镇化发展的产物

正如本书第一章所述，作为城乡社会关系频繁碰撞的空间以及城乡经济要素高度混合的区域，典型的城乡结合部基本上都需要满足以下几个条件：首先，从地理位置上看，城乡结合部是在城乡二元地域体系上衍生的城市中心区与农村腹地相结合的过渡地带，同时具有城市和农村的某些特点和功能。城乡结合部行政上一般属于郊区的乡镇管辖，而不属于城市的街道管辖。其次，从人口构成上看，在城乡结合部工作和生活的群体包括具有城镇户口的市民、具有农业户口的农民、当地失地农民以及流动的农业转移人口等。城乡结合部介于城市建成区与乡村之间，人口密度比较大，人员构成比较杂，流动人口比较多。再次，从功能上看，城乡结合部同时具有城市与农村两种生活方式，是城市功能与农村功能互相渗透、互相交融的区域，不同于纯粹的城市与农村。最后，从产业结构上看，城乡结合部由于地理位置与城市中心区毗邻，如食品加工以及服务业等非农产业相对于农业而言更为发达。换句话说，城乡结合部的区域特征是多元交叉，即城乡地域交叉、农民市民生活交叉、街乡行政管理交叉等。正是因为存在这些“交叉”，才导致引起广泛关注的城乡结合部现象。

同时，城乡结合部是中国城镇化发展过程的产物，是城市与农村互相渗透及交融过程中产生的特殊区域。城乡结合部以往属于农村，后来随着城镇化的深入，城市能量的不断向外辐射以及扩散，而导致城市核心区外围地域的不断扩张，城市的行政范围也随之拓展，城镇规模不断扩大。尤其是改革开放以来，随着城镇化的快速发展，城市中心区域持续向外扩张。特别是大中型城市中心城区的企业、人口、住房等资源不断向周边地区迁移，从而形成了既不同于城市中心区，又区别于农村，而且具有自身独特性质与特点的城乡结合部。

一方面，在城镇化的过程中，随着人口自由流动的限制被打破，大量外来人口涌入大中城市，导致房地产市场中需求高企，再加之“土地财政”对各地方政府利益的驱动，房地产市场呈现出一派繁荣的景象。由于城市原来的中心城区土地面积有限，房地产的开发重点自然而然转向城郊。城郊地区的大部分居民本以农业为生，土地被征用后，失地的农民便以出租富余的住房为生。另一方面，大量农业转移人口涌入城镇，进入企业工作或者从事服务业。由于城乡过渡区域的生活成本较低，大量流动人口便聚集在这些城乡交互地区，租用原来城郊失地农民的住房，形成城乡结合部。在此趋势之下，城乡结合部不仅出现了当地居民与外来流动人口混居，而且往往外来流动人口数量远多于当地居民的局面[①]。若以城市为圆心，那么随着城市能量的辐射半径不断延长，城乡结合部也随之向外扩张，这必然使得现在的城乡结合部发展成为新的城区，现在的农村区域转变成了新的城乡结合部。随着城市的不断扩张，城乡结合部也呈现出由小变大，区位由内向外，问题由简单到复杂的发展趋势[②]。但是，由于各地城镇化的发展速度、影响因素以及发展的内在动力有所差异，使得城乡结合部的发展既有一致性，又有差异性。

值得注意的是，城乡结合部是城镇化发展的产物，同时又被动承受着城镇化发展带来的正负面效应。城乡结合部良好的地理位置使其理所当然地成为城镇化发展过程中最富有生机和活力的地区，但同时城乡结合部也存在着诸多的问题与矛盾。一直以来，城乡结合部常常因为弱势群体聚集、治安状况不佳、城乡隔离分治等原因被社会和民众所诟病。大众普遍认为，弱势群体聚集在城乡结合部，有可能进一步导致底层社会群体的隔离，固化社会流动。此外，随着经济增长的放缓，这种社会隔离与固化将日趋显著并且逐渐恶化。因此，在城镇化进程中，城乡结合部如何充分发挥自身特有的优势，避免各方矛盾，促进人的城镇化，是社会各界反复探讨的一大焦点。

二、城乡结合部发展对于推动城镇化的重要性

城乡结合部承载着缓冲、疏散以及消纳城市中心区域压力的功能，发挥着调节生态环境的作用。城乡结合部的发展能够促进农业现代化的发展，进而推进城镇化的发展。在此背景之下，如果城乡结合部发展得不够理想，必然将阻滞城镇化的进一步发展。由此，推进城乡结合部的发展，必将有利于城镇化的深入[③]。

---

① 贾凯．新型城镇化背景下城乡结合部社会治理问题研究 [J]．理论导刊，2014 (3)．

② 杨慧，郑潇蓉，周熙．新型城镇化下城乡结合部地区“缝合规划”探讨——以银川丰登镇为例 [C]．海口：2014 年中国城市规划年会，2015：46 - 50．

③ 高畅，赵永艳．城镇化进程中城乡结合部生态环境治理路径探析 [J]．河北青年管理干部学院学报，2016 (6)．

首先，城乡结合部承载着缓冲、疏散以及消纳城市中心区域压力的功能。随着城镇化的高速发展与不断深入，城市中心区域出现了一系列诸如人口剧增、交通拥堵、环境恶化的城市病，城市承载能力下降，不堪重负。相对而言，城乡结合部空间广阔、交通便利、环境良好，且地价便宜，加之有地方政府出台的各项优惠政策扶持，因而可以用于兴建各类工业开发区，建设各类住房，疏散城区人口，可以有效地缓冲、疏散以及消纳城市中心区域的压力问题，有利于推动人的城镇化。

其次，城乡结合部承载着调节生态环境的功能。由于人口与产业高度聚集在城市中心区，城市中心区每时每刻都在排放大量的污染物。而城乡结合部不仅仅接收城市中心区排放的这些污染物，而且还利用城乡结合部丰富的绿色植被资源将部分可分解的污染物分解。可以说，城乡结合部具有控制、调节及解决城市环境污染的功能，是城市生态环境的绿色屏障①，有利于推动人的城镇化。

再次，城乡结合部承载着促进农业现代化发展的功能。由于地理位置的特殊，城乡结合部的农业发展具有其他地区所无法比拟的优越性。城乡结合部区域可以根据城市居民的消费需求，及时高效地提供新鲜肉、蛋、奶、蔬菜等主副食品为城市居民服务。由于城乡结合部的土地既要满足城市居民对农产品的需求，又要满足城市不断扩容的需求，因而就给城乡结合部区域的土地提出了集约、高效利用，便利有效销售的要求。这种客观要求促使城乡结合部的农业快速向高产、高效、高质的现代化农业发展。而农业的现代化解放了更多的劳动力，这些农业转移人口进城就业和生活，将进一步推动城镇化的发展。

最后，城乡结合部的发展能推进城镇化的发展。在城镇化的发展过程中，城市中心区的人口数量以及产业类别持续增长，经济、社会、文化等物质要素和非物质要素也由城市中心区向着周边区域扩散及渗透②。在这种趋势之下，城乡结合部不断向外拓展，成为城镇化由内向外推进发展的前沿阵地。此外，靠近城市的乡村受城市的辐射，自身不断发展，促进了这部分地区逐渐转化为城乡结合部，而今天的城乡结合部将是明天的城镇。

总之，城镇化是扩大内需和促进产业升级的有力支撑，是推动区域协调发

①② 霍飞．城镇化进程中泊头市城乡结合部土地利用研究［D］．西安：长安大学，2015：11.

展的重要抓手，是解决"三农"问题的重要途径，是经济社会发展的必然趋势，也是现代化的必由之路。在这一时代背景下，为进一步提升城镇化质量，推进城乡一体化发展，党的十八大做出要坚持走"中国特色新型城镇化道路"的重大战略选择，这是立足中国国情，全面总结城镇化发展的国际国内经验做出的正确抉择[①]。然而，在新型城镇化的过程中，不可避免地产生了一系列矛盾及问题，这些矛盾和问题在城乡结合部区域表现得尤为突出。因此，随着农业转移人口向城镇不断转移，及时有效地化解城乡结合部地区各类复杂的冲突、矛盾与问题，将有利于推动城镇化进程，有利于维护城镇化趋势下的社会和谐与稳定。

三、城乡结合部发展对于推动城镇化的一致性

从理论上讲，城乡结合部这一概念的提出，加深了当前社会各界对于中国城镇化的认识；从实践上讲，城乡结合部的发展对于中国城镇化进程的现实推进做出了重要的贡献。虽然城乡结合部只是城镇化进程中的一个区域，但它能够为其他地区破解类似的困境与问题提供经验借鉴。城乡结合部发展从宏观层面上可以看作是城镇化进程的一个组成部分，从微观层面上可以看作是市民化的一种推动力。可以说，城乡结合部的发展与城镇化具有一致性。

（一）城乡结合部发展可以看作是宏观层面的城镇化进程的组成部分

从空间特性来看，城乡结合部是一种区别于城市与农村的、具有特殊的社区形态的"地域空间"，其特性主要包括：地理位置的优越、功能的丰富以及社会关系的多元等。相对于城市与农村而言，上述这些特性使得城乡结合部具备明显的优势，从而能够有效地克服城市与农村两种空间所存在的一些先天性缺陷，有助于从整体上促进中国城镇化的发展和深入。因此，城乡结合部发展可以看作是宏观层面的城镇化进程的一个组成部分。

首先，城乡结合部地理位置的优越性在很大程度上缓解了"空间失配"。"空间失配"的概念最早由美国学者约翰·凯恩（John Kain）在1968年发表

① 马树颜．新型城镇化进程中维护城乡结合部社会稳定问题研究［J］．山东行政学院学报，2016，151（6）．

的《住宅隔离、黑人就业和大都市分散》一书中提出，其具体表现为底层群体工作岗位的郊区化以及居住的隔离等①，其集中讨论的正是生活在城市空间的底层群体就业能力不足的问题及其相关影响。从宏观层面上来看，"空间失配"反映了经济个体对于空间的现实需求与空间所能够提供的供给之间存在着较大的矛盾。而城乡结合部由于其先天存在的地理位置的优越性使其极其接近城市资源，使其在城镇化过程中能很大程度地避免或者缓解可能出现的"空间失配"现象。

其次，城乡结合部社区功能的丰富性避免了城市的"结构功能的空间分化"现象②。学者们普遍认为，农村社区的空间特性是功能大而全，而城市社区存在着"功能结构的空间分化"，不同的空间承担着对个人与家庭不同功能的需求满足③。由于城乡结合部独特的空间特性，使之具备较为丰富多样的诸如工作、生活、休闲、社交以及经济合作、利益分配等社区功能，从而避免并防止城市社区所特有的满足能力的功能结构空间分化所衍生出的城镇化困境的出现，有利于城镇化地进一步深入发展。

最后，城乡结合部社会关系的多元性能够突破农业转移人口自愿形成的隔离界限。在资源受限的情况下，农业转移人口往往为了其共同的心理需求与文化需求，自觉降低了对于城市的价值认同感，主动形成了隔离于城市的社群网络。这种"自愿性隔离"从实质上说，拉大了流动的农业转移人口与城市的距离，阻碍其真正融入城市生活④，不利于人的城镇化。与此同时，城市居民对于外来农业转移人口的排斥性心理，也成为流动的农业转移人口成功融入城市的障碍。而当前居住于城乡结合部的群体主要有具有城镇户口的市民、具有农业户口的农民、当地失地农民以及流动的农业转移人口等。在城乡结合部区域生活的上述群体在财富、权利以及教育等资源上皆存在着较大的差异性，城乡结合部为这些异质化群体提供了较为充足的通过日常性交往而打破隔离的机会，从而助推了城镇化的进程。

由上可知，城乡结合部的发展可以看作是宏观层面的城镇化进程的组成部

① 周江评．"空间不匹配"与城市弱势群体就业问题：美国相关研究及其对中国的启示［J］．现代城市研究，2004（9）．

② 罗峰．"过渡性市民化空间"的理论分析与现实思考［J］．学习与实践，2015（12）．

③ 桂勇．城市"社区"是否可能？——关于农村邻里空间与城市邻里空间的比较分析［J］．贵州师范大学学报（社会科学版），2005（5）．

④ 郭星华，杨杰丽．城市民工群体的自愿性隔离［J］．江苏行政学院学报，2005，（1）．

分，而城乡结合部存在的问题必须同时也能够在城镇化的范畴内解决。中央城镇化会议明确提出：“城镇化是一个自然历史过程，是我国发展必然要遇到的经济社会发展过程。推进城镇化必须从我国社会主义初级阶段基本国情出发，遵循规律，因势利导，使城镇化成为一个顺势而为、水到渠成的发展过程。”2014 年“中央一号”文件也提出“全面深化改革，要鼓励探索创新，在明确底线的前提下，支持地方先行先试，尊重群众实践创造。”因此，城乡结合部到底选择何种模式发展以及实现何种模式的城镇化，需要充分尊重广大民众特别是农业转移人口的意愿，充分调动其参与城镇化建设与发展的主观能动性。

（二）城乡结合部发展可以看作是微观层面的农业转移人口市民化进程的推动力

市民化是一个长期而复杂的过程。从微观个体层面的市民化进程来看，城乡结合部自身所拥有的先天优势，能够对农业转移人口的市民化起到较为正面的推动作用。城乡结合部的存在以及发展，能够在很大程度上舒缓农业转移人口的职业、身份、生活方式与价值观念等转变过程的剧烈程度，能为身处市民化不同阶段的农业转移人口提供更多更缓和的市民化选择以及更好的支持。从个体的视角来看，市民化实质上是个体与外界之间的空间实践过程。在具体的实践过程中，个体通过转化自身所具备的财富、权利、人力资本以及社会资源，以期获得外界空间的社会认同。而在日常生活层面，市民化的实现则具体以农业转移人口目前以及未来的工作、生活方式的选择为表象，这些现实的需求都能够通过城乡结合部这一特殊区域所营造的日常生活空间得以达成①。

一方面，城乡结合部较为低廉的生活成本能够为农业转移人口提供完整的家庭生活机会。农业转移人口整体家庭层面的市民化才是真正意义上的市民化，因此家庭的因素已经成为当前影响农业转移人口市民化的整体决策的重要因素，特别是家庭生命周期对于个体的城乡迁移影响巨大②。而城乡结合部的生活成本较为低廉，能够营造完整的家庭生活氛围，最大限度地满足了农业转移人口赡养老人和抚育孩子等家庭的基本需求，避免以及防止由于人口流动而出现的家庭生活“破裂”现象，为农业转移人口家族成员提供了相互的生活

---

① 罗峰．“过渡性市民化空间”的理论分析与现实思考［J］．学习与实践，2015（12）．

② 张世勇．新生代农民工逆城市化流动：转变的发生［J］．南京农业大学学报（社会科学版），2014（1）．

保障，提升了其安全感，从而缓解了流动的农业转移人口对于"家"的眷念以及故土情结。与此同时，对于部分暂时还无法实现举家迁移的农业转移人口来说，城乡结合部也能够为其未来可能的整体迁移提供一个契机，提供一个更好地融入城市的机会，有助于推动市民化进程。

另一方面，城乡结合部能够促进生活在其间的农业转移人口生活方式与价值观念的转变。城市居民生活方式的特点主要是职业生活竞争性强而节奏快，闲暇生活复杂丰富，个人生活独立自主，日常行为相对规范精致，人际交往异质而流于表面①。而上述这些城市居民的生活方式对于进城就业的农业转移人口而言，绝对不可能一步到位，一蹴而就。而作为异质性的区域，城乡结合部为各类差异化的群体提供了一个在日常生活中能够相互频繁接触的场所，加强了不同群体之间的交往，在保持一定的传统农村生活方式的同时，还拓展出了能够对现代城市生活方式进行预演的社区公共空间，有利于促进生活在其间的农业转移人口生活方式与价值观念的转变。此外，市民化这一共同的目标使得生活在城乡结合部地区的各类群体进入城市之后，有助于维持社会整体上的和谐与稳定。这显然对当前推动农业转移人口的市民化进程具有积极而重要的意义。

总之，城乡结合部的形成与发展对推动其后续的农业转移人口的市民化进程发挥着重要作用。对于身处城乡结合部的各类群体而言，市民化是其一个重要的工作及生活议题，他们在城乡结合部中所学习并掌握的所有与城市生活相关的技能，都将对其后续的市民化进程产生不容忽视的重要影响。

值得注意的是，城乡结合部的形成与发展，在很大程度上是城市自然发展与广大民众自主选择的结果，这一过程体现了经济社会发展的自然规律与人民群众的智慧②。当前，对于大量聚集在城乡结合部区域的流动的农业转移人口而言，其生存方式是一种在城乡二元结构背景下具有自主性选择的"生存策略"③，而不能被单纯地看作是其被动地承受城市社会各种制度排斥或者城市居民的心理排斥的结果。市民化进程应该是就业特征存在差异，且稳定性不同的流动农业转移人口从进入城市就业开始逐步融入城市的生产与生活，是逐步

---

① 郭星华，胡文高．闲暇生活与农民工的市民化［J］．人口研究，2006（5）．

② 罗峰．"过渡性市民化空间"的理论分析与现实思考［J］．学习与实践，2015（12）．

③ 田毅鹏，齐苗苗．城乡结合部非定居性移民的"社区感"与"故乡情结"［J］．天津社会科学，2013（2）．

实现城镇化的过程，而不是整齐划一、一步到位的过程。因此，无论各类群体是主动还是被动地进入城乡结合部，无论在拥有了城乡结合部的生活经历之后，他们是否还要继续市民化的进程，都不外乎是一群有着自我意识与行动能力的主体做出的具有主动性的“生存策略”，都是基于自身实际情况而做出的理性选择。同时，城乡结合部的形成与发展也存在着各种问题与矛盾。比如，作为弱势群体聚居的区域，城乡结合部的社会管理及服务难以避免地存在着“残缺性”和“非均衡性”①。因此，一方面，需要密切关注身在其间的处于市民化不同阶段的农业转移人口的真实需求，充分调动与发挥农业转移人口在市民化进程中的积极性与创造性；另一方面，在构建完整的市民化空间体系的认识高度上，需要超越当前政府制度下对于城乡结合部以城乡为区分的社会治理，完善对于城乡结合部的监管，从而为整个经济与社会发展探索出一条更为完善的市民化道路，真正提升市民化的质量。

第二节 城乡结合部“准市民”包容性发展推动了城镇化进程

基于城镇化进程中城乡结合部的具体实际，不难看出包容性发展是城乡结合部发展的内在需求，城乡结合部从传统型发展转向包容性发展具有重要的现实意义。城乡结合部“准市民”包容性发展的理念，满足了中国城乡协调发展的实践要求，对于推进中国特色的城镇化发展进程具有极为重要的理论与现实意义。促进和实现城乡结合部的包容性发展可以加快城乡结合部向城镇化过渡的进程，并最终实现中国经济包容性、共享式增长。

一、城乡结合部“准市民”包容性发展的必要性

包容性发展是在包容性增长的理论基础上发展而来。相较于包容性增长，包容性发展更加强调在经济、政治、社会、生态等多方面的进步。从包容性增长到包容性发展的转变过程中，随着经济和社会的进步，包容性发展被赋予了

① 田毅鹏，齐苗苗．城郊“村落单位化”的社会管理功能及其限度［J］．社会科学，2014（1）．

越来越丰富的内涵。包容性发展的本质要求是人的发展，是公平、共享、兼容、可持续的经济发展方式，强调机会平等、成果共享，发展机制的兼容以及发展条件的可持续，注重相互之间的有效协同，通过创造自由发展机会，营造公平竞争环境，构建合理收益分享体系，相互之间进行有效互补，使社会平衡发展，将社会全体成员尤其是弱势群体纳入到经济发展的进程中来。包容性发展既沿袭了国际社会对“广泛基础的增长”“益贫式增长”和“包容性增长”的理论脉络，又是对中国倡导的协调发展新理念的理论深化，更是城乡协调发展的实现形式和最佳路径①。从包容性发展的内涵，并结合城乡结合部的特征，不难发现，城乡结合部“准市民”需要包容性发展。

（一）城乡结合部“准市民”的经济贫困亟须包容性发展

毋庸置疑，目前城乡结合部“准市民”最大的困境是经济贫困。包容性发展强调对城乡结合部“准市民”这一弱势群体的持续关注，能够为其提供平等的就业机会和发展机会，使其能够获得良好的生存空间，能够获得公平的发展机会；使其能够提高经济收入，实现收入分配公平；使其能够享受平等的经济增长成果，从而促进社会公平，缩小城乡差距，缓解人民内部矛盾。例如，实现包容性发展的准市民能提供素质更好、生产效率更高的劳动力，改善“准市民”难就业的问题，缓解就业结构和就业制度的严峻形势。当然，城乡结合部“准市民”受惠于包容性发展带来的好处，也有利于经济的健康持续发展。

（二）城乡结合部“准市民”的权利贫困亟须包容性发展

城镇化进程中的城乡结合部存在诸多困境，这些困境从表面上看好像属于经济问题，或者属于社会问题，但是追根溯源，应该是“准市民”在城乡结合部的权利贫困与缺失问题。长期以来，“准市民”的社会地位和社会保障程度远远落后于城市市民，如果不重视“准市民”的“市民化”，社会的内部矛盾将不断深化。这个问题在城乡结合部流动的农民工群体中表现得尤为明显。按照现行的户籍制度和公共服务供应体制，城乡结合部流动的农民工只是统计意义上的城镇人口，既不是真正的市民，也不是真正的农村人口。他们既不能

---

① 权衡．包容性城镇化是城乡协调发展的实践形式［J］．文理博览（理论），2016（5）．

享受与市民同样的公共服务，也无法在户籍所在地真正享受农民的公共服务。他们在城乡之间流动，由此导致其与按照户籍制度提供的公共服务之间明显脱节。再加上，城乡结合部流动农民工的利益表达和权利诉求渠道不畅，其自由迁徙、平等就业等诸多权利普遍虚化或缺失，使其成为名副其实的弱势群体。如果出现经济增长放缓的情况，城乡结合部流动的农民工这一弱势群体有可能进一步与社会其他群体隔离，固化社会流动。

正像学者阿马蒂亚·森指出的那样：“贫困不单纯是一种供给不足，而更多的是一种权利不足。”① 由此可见，权利贫困才是城乡结合部“准市民”所处困境的关键节点。而包容性发展强调经济增长和社会发展的一切成果为每位社会成员所共享，实现基本公共服务和社会福利均等化。例如，包容性发展要求包括如学校、医院及休闲娱乐场所等硬件设施的改善。如果政府重视基础设施的供给与建设，完善城乡结合部已有的基础设施设备，促进城乡结合部生活环境的改善，像“准市民”子女上学、看病困难、文化生活不丰富等等社会问题就可以得到不同程度的缓解与改善。这有利于消除城乡结合部“准市民”的权利贫困和社会排斥，促进社会融合。

（三）城乡结合部“准市民”的文化多元性亟须包容性发展

中国社会正在经历重大的社会结构转型。城乡结合部受城镇化和工业化的双重影响，具有高度的复杂性、交叉性以及多元性。城乡结合部在人口方面就表现为既有当地农村人口，也有城市人口，还有外来流动人口。这些人既有从事农业的劳动力，也有从事非农产业的劳动力。这些人拥有不同的职业类型、不同的生活方式、不同的价值观念、不同的需求、不同的信仰以及不同的文化素质，相互形成强烈的对比。这就要求建立一个包容性的社会发展机制，完成多元文化从抵制、排斥到包容、开放的转变，从而才能为城乡结合部“准市民”中不同群体提供平等的公共服务机会以及有效的利益表达渠道。这对城乡结合部持有传统的文化观念，经常被歧视的弱势群体来说显得尤为关键。包容性发展尊重人与人之间的文化差异，调和了人与人之间的各种认知，允许权利共享，满足了城乡结合部“准市民”多元文化的需求。

---

① 余敏江．从技术型治理到包容性治理——城镇化进程中社会治理创新的逻辑［J］．理论探讨，2015（1）．

综上所述，包容性发展强调民众都能够获得公平就业与发展的机会，都能够共享经济社会发展的成果，特别是那些弱势群体的利益获取。作为弱势群体的主要聚集区域，中国城乡结合部地区人口规模庞大。因此，改善城乡结合部地区“准市民”的生活质量只有贯彻“机会平等、共享成果”的理念，才能有利于城乡结合部地区实现均衡发展，才能让更多的“准市民”支持参与改革，使城乡结合部社会管理创新能够落到实处，深入人心①。

二、城乡结合部“准市民”包容性发展推动了城镇化进程

城乡结合部“准市民”包容性发展充分吸收了新发展经济学以及发展社会学的理论成果，通过包容性发展理念与中国城乡协调发展的实践要求，对于促进和实现有中国特色的城镇化具有极为丰富的实践内涵与非常重要的现实意义。城乡结合部“准市民”包容性发展是中国特色城镇化的新实践与新方向，体现了城镇化的价值取向，是城镇化的内在要求，是城镇化的重要内容，有助于实现城镇化，能够推动城镇化进程。

（一）城乡结合部“准市民”包容性发展体现了城镇化的价值取向

从经济学的角度来看，城镇化表现为随着社会经济以及科学技术的长足发展，第二、第三产业向城镇聚集，地区产业结构出现了较大幅度的调整。商品需求叠加，要素流动，扩大了城镇规模，增加了城镇数量。从社会学的角度来看，城镇化则表现为农村劳动力持续向城镇的第二、第三产业转移，农村人口的居住地不断向城镇迁移，农民从事的职业向非农产业转变，农民的身份以及生活方式也出现改变。人和人群的流动、集聚，促进了整个地区甚至社会的进步和发展。总之，城镇化的发展与产业结构调整、经济增长、社会发展相伴随，充分体现了国家实现工业化、现代化过程中反映出的社会变迁②。

因此，城镇化可以从经济学、社会学等多个角度去深入理解。但是，无论从哪个视角对城镇化进行解读，都绕不开“人的发展”。人的发展，全民共享以及可持续发展是城镇化发展的价值取向。城乡结合部“准市民”包容性发

① 王潇．新型城镇化背景下基于包容性发展视域的农村社会管理创新全景模型的构建［J］．西北人口，2016，37（4）．

② 石泉．城镇化发展中的包容性就业探讨［J］．人民论坛，2016（7）．

展就是以包容性发展理念为指导，在创造更多的就业和发展机会的基础上，促使全体“准市民”平等享有参与和共同享有发展果实的权利，通过制度创新等为城乡结合部的弱势群体提供相对公平的发展机会，从经济增长中享有更多收益，通过统筹协调城乡结合部，使城镇化可持续发展。城乡结合部“准市民”包容性发展正是从多个角度体现了城镇化的价值取向。

首先，着眼于城乡结合部“准市民”这个群体，体现了城镇化“以人为本”的发展理念。城乡结合部“准市民”是生活中现实的、活生生的人，需要支付其需求的成本，而不是自然人的抽象化。其次，“包容性”体现了城镇化的社会取向，体现了人与人的集聚、融合，人口素质由低向高转变。最后，“发展”体现了城镇化的经济取向。人口的集聚、融合只是城镇化的表象，归根结底，经济的长足发展才是城镇化最核心和本质的表现。城镇化更为根本的是体现在农民所从事产业由农业向非农业转变、生产方式由粗放向集约转变。目前，中国经济社会发展中存在的许多矛盾以及困境，追根溯源都是中国城镇化未能实现包容性发展的结果及具体表现。因此，城乡结合部“准市民”包容性发展以城镇化发展中存在的重大现实问题为导向，通过构建城乡融合机制，有助于解决目前现实中城镇化发展失衡引发的诸多问题，有助于推动“城镇化与包容性发展”两者内在的一致性及一体化互动。总之，城乡结合部“准市民”包容性发展的理念是新型城镇化的重要指导思想，对中国的城镇化发展具有重要的现实意义。

（二）城乡结合部“准市民”包容性发展是城镇化的内在要求

经济复杂、动态变化、管理多元是城乡结合部的典型特征。城乡结合部“准市民”就包括城乡结合部地区的“失地农民”、外来农民工、本地农民工和原来居住在城乡结合部的居民（非农户籍），更涉及城市与农村、市民和农民、人与社会、人与自然等方方面面，其中任何一种关系的变化调整都会牵涉到各种利益关系。城镇化是一个系统工程，因此实现城乡结合部“准市民”包容性增长自然就成了城镇化健康发展的内在要求。换句话说，城镇化是中国迈向现代化的必由之路，而城镇化的快速发展导致了许多社会问题的产生。究其原因，很大程度上是由于城乡结合部“包容性发展”环境的缺失，未能赋予所有“准市民”自由、平等、全面的生存与发展的权利，才导致社会矛盾不断累积并激化，最终影响到了城镇化的进程。所以，在当今提倡公平、平等的包容性发展的时代背景下，城乡结合部“准市民”的包容性发展必然成为城镇化进程的内在要求。

首先，从城镇化的内涵看，不难发现城镇化是经济社会结构的一种重大转型。在这个转型过程中，农村的人口向城镇集中，非农产业产值及非农产业从业人员比重持续增加，城市生活方式和城市文明不断扩散传播。它包含人口、产业结构、社会转换等诸多内容，而不仅仅只是追求人口的简单膨胀、空间扩张以及城镇规模扩大。城镇化的实质意义主要在于转变二元的城乡经济社会结构，不仅重视城镇化速度，更加重视城镇化质量①。城镇化如果单纯考虑城镇经济增长，最终只会导致社会阶层分化以及贫富加剧。而无论从哪个方面来看，城乡结合部都在城镇化进程中占据着至关重要的地位。忽视了城乡结合部地区的城镇化发展是行不通的。不涉及城乡结合部的城镇化不是真正的城镇化。而城乡结合部“准市民”的包容性发展强调以人为本，城乡结合部地区的每个人都能获得平等的发展机会，共享改革红利，从而实现城乡结合部地区经济、社会、文化的和谐发展，全面提升城镇化的水平与质量。

其次，从城镇化的目的看，中国城镇化最根本的就是提高农民收入水平，缩小城乡差距，改变城乡二元结构，实现城乡协调发展。因此，城镇化只是一种手段，而并不是目的。通过城镇化改善产业结构、吸纳就业、发展经济，提高人们的福利和生活水平，实现经济、环境与社会和谐发展，使人们都能拥有公平的机会，享有平等的权利，而这正是城乡结合部“准市民”包容性发展的核心内涵。然而，中国城镇化进程中存在着许多非包容性问题，如城乡结合部地区本地人对外地人的排斥、强势群体对弱势群体的排斥现象。城乡结合部“准市民”包容性发展提倡“准市民”平等参与、成果共享、共同发展，能缓解当前城镇化发展过程中的许多排斥及矛盾问题，有助于中国城镇化目标的早日实现②。所以，以城乡结合部“准市民”包容性发展理念去推动城镇化建设，能够保障城镇化各方面健康、协调发展③。

最后，从城镇化的发展规律看，世界各国的国情有异，城镇化发展的路径和模式自然不尽相同，但城镇化作为现代化进程中的必由之路，也具有一些共

---

① 廖富洲，张月赢．以包容性增长理念促进城镇化健康发展［J］．黄河科技大学学报，2011，13（4）．

② 陈甬军．中国城市化发展实践的若干理论和政策问题［J］．经济学动态，2010（51）．

③ 王磊．包容性发展视角下海南城镇化发展路径探究［D］．海口：海南大学，2014：17.

性。这些规律对中国城镇化健康发展同样具有重要的指导作用。例如，城镇化发展消除城乡二元经济结构，并不提倡取消农业，相反要求处理好城乡关系，通过制度创新来解决城镇化进程中经常出现的劳动力转移、土地等问题，以促进城乡协调发展。同时，城镇化发展必然注重环境保护。以资源节约和可持续发展为理念的城镇化发展模式已经成为世界各国的共识。虽然中国特殊的国情，如特定的人口规模、城乡关系、资源禀赋以及区域差异，要求中国必须走特色城镇化道路，但遵循城镇化发展的基本规律、统筹城乡发展、坚持以人为本、走可持续的健康发展道路，始终是必须坚持的正确思路[①]。

总之，由于城镇化的聚集效应，城乡结合部“准市民”包容性发展能很好地推动现阶段城镇化的发展进程以及城镇化质量的提高。自改革开放以来，中国经济高速发展的背后存在着经济和社会粗放型的发展，资源的不合理利用、制度法规的滞后等种种问题，这些问题都使得城镇化的脚步放缓。尤其是，传统的城镇化发展模式导致城乡差距扩大，社会两极分化严重，社会矛盾层出不穷。而城乡结合部“准市民”包容性发展，能够纠正城镇化的失误，协调社会发展不公导致的种种失衡，从而还原城镇化的功能提升和协调发展的本义[②]。

（三）城乡结合部“准市民”包容性发展是城镇化的重要内容

可以肯定，在全球经济发展速度放缓，城镇化遭遇“瓶颈”的当下，包容性发展是世界各国的共同选择。尽管如此，当前中国城镇化的发展进程中，还是普遍存在着各种排斥的现象和问题。而且，这种排斥可以在城乡结合部“准市民”这一群体上得到集中体现。实际上，要推进城镇化的进程就要贯彻包容性发展的理念，城乡结合部“准市民”的包容性发展是城镇化的重要内容，没有城乡结合部“准市民”的包容性发展就没有真正意义上的城镇化。

1. 包容是世界各国的共同选择

从社会学的角度看，城镇化本质上是人的城镇化以及现代化。要实现这个目标，中国的城市和城乡结合部的包容性是十分重要的。时任国家主席胡锦涛在第五届亚太经济合作组织会议中先指出：“实现包容性增长，根本目的是让

① 廖富洲，张月赢．以包容性增长理念促进城镇化健康发展［J］．黄河科技大学学报，2011，13（4）．

② 王磊．包容性发展视角下海南城镇化发展路径探究［D］．海口：海南大学，2014：17.

经济全球化和经济发展成果惠及所有国家和地区、惠及所有人群，在可持续发展中实现经济社会协调发展。我们应该朝着生产发展、生活富裕、生态良好的目标，坚持发展经济，着力转变经济发展方式，提高经济发展质量，增加社会财富，不断为全体人民逐步过上富裕生活创造物质基础。我们应该坚持社会公平正义，着力促进人人平等获得发展机会，逐步建立以权利公平、机会公平、规则公平、分配公平为主要内容的社会公平保障体系，不断消除人民参与经济发展、分享经济发展成果方面的障碍。我们应该坚持以人为本，着力保障和改善民生，建立覆盖全民的社会保障体系，注重解决教育、劳动就业、医疗卫生、养老、住房等民生问题，努力做到发展为了人民、发展依靠人民、发展成果由人民共享。"① 后来，胡锦涛在博鳌亚洲论坛2011年年会开幕式上的演讲中又提出了"包容性发展"的理念，"发展"是在增长基础上的进一步深化和扩大，内含共享式增长，共享共建，对当前中国城镇化进程中出现的问题具有很强的针对性。两次国际会议关于"包容性"的升华，不难发现当前世界各国遭遇发展瓶颈的普遍性，全世界都在寻求新的出路，而"包容"是此时最好的选择。

2. 中国城乡结合部存在排斥现象

然而，即使政府把"包容"作为发展导向和目标，但社会排斥现象依然普遍存在。根据国家统计局公布的数据，截至2016年，中国大陆城镇常住人口79298万人，乡村常住人口58973万人，中国城镇化率达到了57.35%。数据同时还显示，"户籍城镇化率"仅为41.2%左右，约有22330万个持有农业户籍的居民居住在城镇。从数字上看，有超过一半的中国人在城市工作生活。但从现实中看，很大一部分并没有真正成为他们所生活和工作的城市的市民。显然，尽管与"包容性发展"的理念相悖，城乡二元户籍管理制度，以及附着在户籍之上的养老、医疗、住房、教育等各种公共服务和社会福利待遇差异，还是无法让外来的农村人口真正地融入到城市生活中去，从而平等地分享城镇化带来的红利②。大量流动的农民工和城市原有的弱势贫困群体在高房价和高生活成本的压力下逐渐被边缘化，被迫撤出城市核心地带，聚集在城乡结

① 经济体制综合改革司．胡锦涛在第五届亚太经合组织人力资源开发部长级会议上发表题为《深化交流合作实现包容性增长》的致辞［EB/OL］．［2010－10－10］．http：//tgs. ndrc. gov. cn/gg1QC/t201 01011_ 374582. htm.

② 王磊．包容性发展视角下海南城镇化发展路径探究［D］．海口：海南大学，2014：16.

合部，丧失了“人人平等获得发展机会”的权益。总之，数字概念上的中国城镇化，并不能真实反映中国城镇化发展的现状。当前中国城乡结合部存在的一系列问题才是中国社会民生的现实写照，也成了中国社会治理的困境。因此，寻求问题产生的根源所在并进行深刻反思，尤为重要。

3. 没有城乡结合部“准市民”的包容性发展就没有真正的城镇化

事实上，城镇化涉及诸如政府、开发商、市民及农民等多元主体及多方利益。从某种程度上看，城镇化过程既是政府对城乡资源、公共产品与服务的配置过程，同时也是政府、开发商、市民及农民等各方主体的利益博弈过程①。在各利益主体的相互博弈过程中，城乡结合部“准市民”无疑处于弱势地位。如果不能从制度上保障城乡结合部“准市民”的财产权、就业权以及政治参与权等基本权利，而只是单纯依靠地方政府领导者由上而下对城乡结合部“准市民”需求的感性认知，地方政府就有可能出现由于重视、维护自身利益以及其他团体的利益，从而忽视、侵占城乡结合部“准市民”利益的现象。追根溯源，城镇化快速发展引发的许多社会问题，很大程度上是由于城乡结合部“包容性发展”环境的缺失，未能赋予所有“准市民”自由、平等、全面的生存与发展的权利导致。或者说，在城镇化推进过程中，包容性制度的缺失正是中国城镇化推进过程中急需解决的问题。缺乏“包容性发展”的城乡结合部是无法发展并壮大的。所以，城乡结合部“准市民”的权利保护可以作为是城镇化实现过程中进行社会治理的切入点。城乡结合部“准市民”的包容性发展必然成为城镇化的内在要求。

城乡结合部“准市民”的包容性发展将使得城镇化对改善人民生活、促进城镇发展以及全面实现小康社会的正效应得到更加全面的发挥②。要实现城镇化，就得坚持社会公平正义，促使人人平等获得发展机会。只有全面推行城乡结合部“准市民”的包容性发展，实现兼容均衡，赋予“准市民”平等的机会与权利，才能消除各社会阶层和社会群体之间的隔阂，把全体社会成员都纳入到社会经济发展的进程中，最终使全体社会成员广泛共享经济社会发展成果，实现真正意义上的城镇化。加快城乡结合部包容性发展中的制度创新，有利于推进中国城镇化的进一步发展。总之，城乡结合部“准市民”的包容性

---

① 余敏江．从技术型治理到包容性治理——城镇化进程中社会治理创新的逻辑［J］．理论探讨，2015（1）．

② 符永鑫，邢苏颖．城市包容性发展与中国新型城镇化关系的文献综述［J］．商，2012（8）．

发展，有助于实现城镇化发展机会的公平性和发展成果的共享性，有助于推动城镇化发展。因此，地方政府必须把包容性发展理念作为中国城镇化的精神内核，作为中国城镇化的具体实现形式，以机会平等与成果共享原则为中心，探索出一条“包容共享、以人为本”的社会治理道路，构建包括城乡结合部“准市民”在内的城镇化体系。从这个意义上说，城乡结合部“准市民”的包容性发展是中国城镇化发展的重要内容，具有丰富的中国特色社会主义发展经济学以及政治经济学的新内涵。

（四）城乡结合部“准市民”包容性发展有助于实现城镇化

众所周知，城镇化是具有坚实经济、社会、文化基础的系统工程，并非随着工业化发展到一定程度自然出现的人口聚集现象①。如果只是简单地认为城镇化表现为人口的聚集，而不进行制度创新、政策协调、统筹规划、采取相应措施，就难免出现流动性人口各方面权益低下，公共服务严重缺失的情况，偏离了城镇化的初衷。而城乡结合部“准市民”的包容性发展为城镇化指明了发展的方向。

1. 城乡结合部“准市民”包容性发展有助于实现城镇化发展机会的均等性和发展成效的共享性

城乡结合部“准市民”中的流动的农民工和被征地农民是在过去的城镇化过程中问题解决得不太好的群体。要实现城镇化，首先要考虑能否改变之前城镇化中这两类群体不能公平获得发展机会以及共享城镇化成果的问题，同时还要考虑如何使这两类群体自身的努力能与整个城镇化发展布局以及整个城乡发展布局相互协调并形成合力②。包容性发展的核心理念就是实现发展机会的均等性和发展成效的共享性。城乡结合部“准市民”包容性发展能够在实现农民工身份转变的同时，也能够实现职业转型，成为真正的市民，获得平等的生存权利以及发展机会，享有完善的基础设施以及充足的社会公共服务，在资源分享和服务分享上具有公平性。城乡结合部“准市民”包容性发展通过不断消除个人的背景差异导致的收入不均等现象，不断消除参与并分享经济发展成果的障碍，使城乡结合部“准市民”都能够获得经济发展带来的红利，这

---

① 王新建，唐灵魁．包容性上多给力——我国城镇化建设现状和理念蒙太奇［J］．理论探讨，2011（3）．

② 仝志辉．征地留地制度改革与包容性城镇化［J］．农村·农业·农民，2013（8）．

样也便实现了发展成效的共享。坚持社会公平正义，致力于人人平等获得发展机会，这正是城乡结合部"准市民"包容性发展理念的实质所在。表面上看，城镇化就是农村人口转移到城镇工作和生活，但更为关键的是让农民能融入城镇，工作稳定，生活幸福，让城乡结合部也能成为他们的美好家园。城乡结合部"准市民"的包容性发展正是向这一方向前行，因此城乡结合部"准市民"包容性发展有助于实现城镇化发展的本质要求，进而带动城镇化的健康发展，也指明了城镇化的发展方向。

2. 城乡结合部"准市民"包容性发展有助于实现城镇化发展主体的全民性和发展内容的全面性

城镇化发展是居民、企业、政府、城镇和农村多主体共同作用的结果，并不是居民或者企业某个单一主体的运行过程①。城乡结合部"准市民"包容性发展也是必须由企业提供就业岗位，政府参与调控，不可能由居民自身完成。城乡结合部地区的"准市民"经过包容性发展成为市民后就有均等的机会参与城镇化过程，成为重要的市场主体，从而实现城镇化发展主体的全民性。同时，城乡结合部"准市民"包容性发展还有助于实现城镇化发展内容的全面性。城乡结合部"准市民"包容性发展不但涉及城乡结合部地区内部的要素资源，例如城乡结合部的基础设施和土地，还涉及城乡结合部外部的要素资源，例如政策制度和社会环境。由此可见，城乡结合部"准市民"包容性发展能够从城镇化发展主体的全民性和发展内容的全面性两大层面来推动城镇化发展，也为城镇化发展指明了方向。

总之，城乡结合部"准市民"包容性发展有利于加速产业升级与经济转型，有利于实现全面协调与可持续性发展，有利于打造区域经济一体化，有利于加速转变城乡二元结构，推进城镇化发展。城市是经济社会发展的载体，当前中国仍存在许多与城市相隔离的城乡结合部。作为联系城市与农村的纽带，城乡结合部在城镇化进程中起着至关重要的过渡作用，城乡结合部发展的好坏将直接影响到城镇化的质量。只有以包容性发展为主线，着力改变城乡结合部发展模式，才能加快城镇化进程，解决城乡二元结构的难题②。未来中国经济社会的发展将必然重点依靠城镇化的深化发展，特别是依靠城乡结合部的创新发展。

---

① 张明斗．农民工市民化：新型城镇化包容性发展的一个政策思路［J］．农业经济，2015（11）．

② 黄彧，罗鹏庭，卢祥宇．基于包容性视角的小镇发展道路探索——以浙江龙港镇为例［J］．重庆科技学院学报（社会科学版），2017（3）．

第三节　新型城镇化的内涵体现了城乡结合部“准市民”包容性发展的本质

中国经济社会长期以来一直处在城乡二元结构的大框架下，逐渐衍生出一系列的社会矛盾，造成城镇化发展过程中总是存在着各种各样的排斥性问题。2014 年，中央城镇化工作会议明确提出了：中国新型城镇化的道路一方面要积极稳妥、科学有序地进行农民工职业化、落户政策差别化、人口市民化、棚户带社区化、城市环境生态化，与工业化、农业现代化、信息化共同推进；另一方面又必须因地制宜地探寻特色各异的新型城镇化模式。为此，许多学者进行了新型城镇化的内涵以及包容性发展的研究。总之，不同于传统的新型城镇化是提倡“以人为本”的城镇化，其内涵体现了城乡结合部“准市民”包容性发展的本质。

一、新型城镇化是“以人为本”的城镇化

传统的城镇化与新型城镇化最大的区别在于，前者更注重“物”的城镇化，而后者更注重“人”的城镇化。

（一）传统的城镇化更多关注的是“物”的城镇化

中国传统的城镇化更多关注的是“物”的城镇化，这种理念和模式导致了城镇化过程中城乡关系严重失衡，加剧了中国城乡结合部的发展困境。

1. 传统城镇化的本质特征

中国传统的城镇化更多关注的是“物”的城镇化，其本质特征是：

一方面，传统的城镇化是由政府主导调控，而不是由市场主导配置而自然形成的城镇化。这样会造成大量的稀缺资源不能得以集约利用，土地、人口等资源无法得到合理有效的配置，从而存在普遍的浪费现象。例如，在 1994 年分税制改革后，地方政府财权与事权的不匹配，使得土地出让金成为地方政府的“第二财政”，自然也就成为城镇化建设资金的重要来源。造成地方政府的“土地财政”的根本原因就在于政府卖地的价格高，而土地征收成本低，巨大

的利益致使大量的土地被征用，形成了“征地——卖地——收益——再征地”的粗放型土地经营螺旋[①]。所以，目前在推进城镇化的过程中出现了土地城镇化速度大大超过人口城镇化速度的倾向也就不足为奇了。另一方面，传统的城镇化是粗放式的、数量增长型的土地城镇化。这种传统的城镇化更加注重规模的扩张，主要依靠投资拉动以及工业化，迅速提升土地城镇化率。这种城镇化模式过分强调优化城市硬件环境，虽然使城市的经济和社会得到快速发展，但是忽视了改善民生，配套的公共服务明显滞后，忽略了民众幸福感的提升，生态环境恶化，导致城市面貌趋同，特色文化缺失。这是一种低质的城镇化模式，最终使人口城镇化跟不上土地城镇化的速度，扭曲了城镇化的根本目的。

总之，传统城镇化的主体有政府、企业和居民，其中政府和企业占据着绝对的主导地位，推动着城市建设火热开展，却忽略了“人”的城镇化。

2. 传统城镇化对城乡结合部的影响

整体而言，中国传统城镇化是以城市经济的扩张为核心，城市经济的扩张又过于依赖空间的扩张，造成了城市病日益蔓延加剧、农村地区日渐萧条的反差，城乡二元结构以及城乡发展差距不断扩大。虽然已经完成了生产领域的非农化转变以及生活场所的城市化转移，但是大量农村人口的公共服务、社会保障等权益与长期稳定生存等问题一直未能得以有效解决。此外，管理、服务的城乡一体化无法跟上经济要素、经济活动的城乡一体化的步伐。

首先，城市空间的扩张直接造成城乡结合部空间范围的迅速膨胀扩大，开发程度快速提升。然而城乡结合部的资本与土地等要素配置不合理，农业用地被大量占用，其功能与景观发生突变。

其次，一方面，城乡结合部的征地拆迁衍生出大量失地农民；另一方面，城乡非均衡发展迫使许多缺少就业和发展机会的农村人口涌入城市。然而，城市核心区高昂的生存成本以及激烈的竞争把他们逼向城乡结合部，社会保障与公共服务的城乡差距使他们具有流动与弱势的显著特征。反过来，城乡结合部“准市民”的生产、消费能力与经济、社会需求对城乡结合部地区的经济活动、产业结构、景观特征与社会网络等又造成了重要影响，加剧了城乡结合部区域的低端与混乱[②]。

---

① 熊莉. 高质量的城镇化必须突出其包容性 [J]. 新经济，2014 (6).

② 刘玉，冯健. 城乡结合部农业地域功能实现程度及变化趋势——以北京为例 [J]. 地理研究，2017，36 (4).

最后，城乡结合部地区城乡二元管理体制与快速城镇化进程不相适应。社会的排斥导致流动人口被排除在福利制度与城市管理体系之外，融入城市社会困难。流动人口交叉共生的区域空间以及城乡活动在规划与管理层面被切割成很多部分，形成城镇内部的新二元结构。这些现象均加剧着城乡结合部经济与社会网络的破碎化程度①。

总之，中国目前的城镇化并不是一个包容性发展的过程。传统的城镇化模式亟待向包容性的新型城镇化模式转型，从而破解中国城镇化的困境。

（二）新型的城镇化更多关注的是“人”的城镇化

高质量的城镇化应该更加注重“人”的发展，把“人”的城镇化作为城镇化的核心，关注人的感受，注重人的体验，满足人的需求，把“以人为本”的理念贯穿于城镇化的各个环节和所有细节。

中央经济工作会议曾经提出：“要以人为本，推进以人为核心的城镇化，提高城镇人口素质和居民生活质量，把促进有能力在城镇稳定就业和生活的常住人口有序实现市民化作为首要任务”，将新城镇化定性为“自然历史过程”和“以人为本”。

对于新型城镇化的内涵，众多学者也做出了自己的解释。许经勇认为，新型城镇化的重要内涵就是充分体现“以人为本”，即通过新型城镇化实现对农民的全方位转移，包含工作方式的转移、身份的转移与意识的转移等②。薛澜指出，城镇化最核心的内容就是保证人的现代化和人的城镇化，确保进城农民工适应现代化的城市生活，包括应有的劳动技能、城镇居民福利等③。田静认为，新型城镇化的核心是人的城镇化，要确保“新移民”能够共同创造和平等分享新型城镇化的发展成果，最终在城市获得全面而自由的发展④。张占斌指出，新型城镇化是实现人的全面发展，建设包容性、和谐式城镇，体现农业

① 刘玉，冯健．城乡结合部农业地域功能实现程度及变化趋势——以北京为例［J］．地理研究，2017，36（4）．

② 许经勇．解读新型城镇化的内涵［J］．北方经济，2014（5）．

③ 薛澜．城镇化核心是保证人的城镇化［EB/OL］．［2013－3－23］．http：//news. xinhuanet. com/house/2013－03/23/c_124495148. htm.

④ 田静．新型城镇化评价指标体系构建［J］．四川建筑，2012（4）．

转移人口有序市民化和公共服务协调发展，致力于和谐社会和幸福中国的城镇化[①]。解安、朱慧勇认为，新型城镇化是以人为本的内涵式城镇化，着眼于城镇发展的全面性、协调性和可持续性的城镇化[②]。薛坤坤、李晓姣分析指出，新型城镇化是以人为中心的经济、社会、发展理念的根本转变，本质是高效、包容、可持续[③]。

由上述可知，新型城镇化是对过去低质量的传统城镇化模式的改进，是在中国经济和社会发展的基础上，提出来的符合中国基本国情的城镇化。新型城镇化的关键是“人的城镇化”，核心在提高城镇化质量，并破解城乡二元结构。“人”的城镇化是核心、是主线，一切都要围绕人的基本需求，改善人的生活环境，为人服务，实现所有人共同富裕。把握住了“人”的城镇化，就把握住了新型城镇化的核心内容。

二、新型城镇化的内涵体现了城乡结合部“准市民”包容性发展的本质

作为一种更为公平全面、更具可持续性发展的新理念，新型城镇化的核心是坚持以人为本，强调发展主体的人人有责、发展过程的机会均等、发展成果的利益共享以及发展内容的全面协调。这都与城乡结合部“准市民”包容性发展的本质完全吻合。中国正处在城镇化的飞速发展阶段，从“传统城镇化”到“新型城镇化”的转变是一项艰巨的任务，城乡结合部“准市民”包容性发展是应对这一任务的战略新思路。

首先，新型城镇化应该具有包容性。廖富洲、张月赢提出，要以制度创新给城乡居民、低收入人群以及社会弱势群体提供相对平等的发展计划，以包容性理念推动城镇化的健康发展[④]。田利军、宋殿青认为，土地流转、农村劳动力转移以及产业结构选择都必须遵照包容性的原则，指出新型城镇化是我国经

---

① 张占斌．新型城镇化的战略意义和改革难题［J］．国家行政学院学报，2013，48（1）．

② 解安，朱慧勇．新型城镇化：内涵式城镇化发展之路［J］．中国党政干部论坛，2013（12）．

③ 薛坤坤，李晓姣．新型城镇化的制度资本理论研究［J］．四川理工学院学报（社会科学版），2013（5）．

④ 廖富洲，张月赢．以包容性增长理念促进城镇化健康发展［J］．黄河科技大学学报，2011，13（4）．

济社会实现转型发展的基本路径选择[①]。周金城、王家合指出，我国当前的城镇化建设没有实现包容性增长，因此必须改变城镇化的发展模式[②]。因此，新型城镇化应该坚持以包容性发展为目标，采用包容性的手段，制定包容性的制度框架，实施包容性的配套措施等，以实现城市与城市之间、城市与农村之间、城市与社会之间、城市与环境之间的互相协调与可持续性发展[③]。

其次，新型城镇化以人的城镇化为核心，促进农业转移人口的三维转换：从农业到非农业的就业转换、从农村到城镇的生活转换、从农民到市民的身份转换，共享改革发展成果[④]，完全体现了城乡结合部“准市民”包容性发展的本质，着力提升城镇化的效益和质量，将“城乡二元”转变成“城乡一体”的新型城乡关系，实现城乡结合部地区的高质飞速发展。在传统的城镇化过程中，资本是最大的受益方，“人”受到一定程度的排斥。而新型城镇化的发展主体是“人”，包括城乡结合部地区的“准市民”。政府为了推进新型城镇化，为了促进准市民的市民化，就必须对养老保险制度、医疗保险制度以及教育制度等方面进行改革，这样将产生一系列的正面效应：社会更加公平，城乡结合部“准市民”的归属感及幸福感有所提升，社会内部的矛盾得到一定程度的缓解。这就适应了城乡结合部“准市民”包容性发展的要求，体现了包容性发展下的新型城镇化对城乡结合部“准市民”的尊重。

最后，新型城镇化重视政府与市场关系的协调，由原来的政府绝对主导向市场主导及政府引导机制转变。既遵循市场发展规律，注重完善市场体系，强化市场功能，激发市场活力，发挥市场在资源配置方面的主导性与基础性作用。同时又能更好地发挥政府的宏观调控作用，致力于制定完善的政策法规，加强市场监督与社会管理，完善基础设施建设和公共服务，充分保障各主体权益，有效弥补市场机制的不足。新型城镇化完全体现了城乡结合部“准市民”包容性发展的本质，以统筹发展的方式协调城乡结合部政府与市场关系，推动

---

① 田利军，宋殿青．包容性增长视域下的新型城镇化道路探索［J］．中国集体经济，2013（7）．

② 周金城，王家合．城镇化进程中推进包容性增长的路径选择［J］．商业时代，2012（19）．

③ 周阳敏．包容性城镇化、回归式产业转移与区域空间结构优化——以河南省固始县为例［J］．城市发展研究，2013，20（11）．

④ 陈丽华，张卫国．中国新型城镇化包容性发展的路径选择——基于城镇化的国际经验比较与启示［J］．世界农业，2015（8）．

城乡协调发展，推动经济社会的稳定与和谐发展。

总之，新型城镇化是适应当前经济社会发展需要而对科学发展的贯彻，是质量内涵提升、经济社会协调、城乡一体化发展的城镇化，本质是要求具备包容性发展的内核①。包容是城市社会整合的核心，以包容性发展为导向的新型城镇化应是中国的必然选择②。这体现了城乡结合部“准市民”包容性发展理念所蕴含的注重就业与发展机会的平等性、社会保障与公共服务的公平性的本质，并与包容性发展理念所具有的“绿色增长、均衡增长、正义增长、全面增长”的含义高度契合③。

第四节 新型城镇化与城乡结合部“准市民”包容性发展相适应

虽然中国的城镇化已经取得重大的成果，但城镇化的发展过程仍然伴随着不容忽视的排斥问题，这一问题集中体现在处于城市与农村“夹层”的城乡结合部地区。因此，城乡结合部“准市民”包容性发展的理念对于中国当前的城镇化发展具有重要的现实意义。新型城镇化道路必须引入包容性发展的理念，需要以包容性发展作为重要的指导，以发展的包容性为重要的衡量指标，转变传统城镇化的发展模式。新型城镇化与城乡结合部“准市民”包容性发展在理论上殊途同归，因此，新型城镇化必须与城乡结合部“准市民”包容性发展相适应。

一、新型城镇化与城乡结合部“准市民”包容性发展在理论上殊途同归

新型城镇化以科学发展观为理论指导，而城乡结合部“准市民”包容性发展理念是对科学发展观的拓展与深化。

---

① 王雅莉，刘洋，齐听等．城市包容性发展与我国新型城市化道路［J］．城市，2012（7）．

② 何景熙．包容性发展：中国城市化的导向选择——基于社会系统化原理的解析［J］．社会科学，2011（11）．

③ 关国才，佟光霁．新型城镇化的包容性体系构建及实现路径［J］．学术交流，2015（12）．

在发展机制上，城乡结合部“准市民”包容性发展具有多维特性，是对科学发展观的丰富与升华。包容性发展不单纯包括经济上的可持续发展，还包括以此为基础的社会、政治、生态、文化的协调发展，构成包容性发展框架，彼此相互包容、共同促进、全面进步①。包容性发展丰富了科学发展观的发展路径。

在发展模式上，城乡结合部“准市民”包容性发展强调内涵式发展，通过节约资源、降低能耗、保护环境、调整产业结构，提高经济发展效益与质量；以统筹发展的方式促进城乡、区域协调发展，缩小收入分配差距，力求经济社会的稳定与和谐发展；促进“准市民”财富增长，提高“准市民”有效的消费需求，经济发展从以投资为主导向以消费为主导的内涵发展模式转变。

在发展本质上，城乡结合部“准市民”包容性发展理念深化了科学发展观的“人本精神”。包容性发展强调经济增长要关切人的发展及福利改善，完全遵照“以人为本”这一核心要求设计和部署发展目标和任务，让所有人共同参与并享受发展成果，最终目标是实现经济社会可持续协调发展，使发展成果惠及所有群体，让广大人民生活得更有尊严、更加幸福。

可见，城乡结合部“准市民”包容性发展理论赋予了新型城镇化战略实施的理论内核，新型城镇化的价值导向又与城乡结合部“准市民”包容性发展理论的主旨高度契合。因此，新型城镇化战略走包容性发展之路是实现这一战略的必然选择。

二、城镇化与城乡结合部“准市民”包容性发展相适应的必要性

李迎成、赵虎提出中国特色的城市规划包容观应该是一种主动的、适度的和动态的理性包容②。田利军、宋殿青认为农村劳动力转移、土地流转和产业结构选择必须遵从包容性增长的原则，指出新型城镇化是中国经济社会实现转型发展的基本路径选择③。也就是说，城镇化是经济发展、社会进步的客观规律，是中国经济未来持久增长的动力和最大的潜在内需。实现城镇的扩张，根

---

① 关国才，佟光霁．新型城镇化的包容性体系构建及实现路径［J］．学术交流，2015（12）．

② 李迎成，赵虎．理性包容：新型城镇化背景下中国城市规划价值取向的再探讨［J］．城市发展研究，2013（8）．

③ 田利军，宋殿青．包容性增长视域下的新型城镇化道路探索［J］．中国集体经济，2013（7）．

本目的是让经济社会发展成果惠及城镇的所有阶层，在可持续发展中实现城镇经济社会协调发展。要实现城镇化发展，就得坚持社会公平正义，促进人人平等获得发展机会①。因此，城镇化应该具有包容性。

机会平等与成果共享是现代社会文明的发展方向，是共产主义社会要实现的关键目标之一，也是中国城镇化建设和发展的重要理念②。没有机会平等与财富共享，是不可能提升农业转移人口，特别是贫困人群与弱势群体的生活水平，从而完成城镇化这一使命的。因此，这也是需要将包容性理论引入城镇化的重要原因。包容性强调人人都能够公平获得发展的机会，人人都能够共享经济社会发展的成果和利益，尤其是弱势群体利益的获取与共享。中国城乡结合部地区人口规模庞大，并且是弱势群体的主要集中地区。同时，在对城乡结合部调研的过程中，可以明显看出，中国各地的城乡结合部还存在较为突出的发展不均衡的情况。因此，改善城乡结合部地区“准市民”的生活质量，促进各地城乡结合部均衡发展，只有贯彻“机会平等、共享财富”的包容性发展的理念。城乡结合部“准市民”的包容性发展给出了新型社会管理以及城镇化的方向。城镇化发展必须与城乡结合部“准市民”的包容性发展相适应。

因此，在今后持续推进新型城镇化的过程中，必须清除影响城乡结合部“准市民”包容性发展的所有障碍，进行制度性创新，形成秩序规范的大市场，让“准市民”与市民真正实现发展机会均等，实现国民收入在政府、企业以及居民之间的公平分配，引导政府、企业及居民形成包容性发展的理念，以便更好地推动城镇化进程与城乡结合部“准市民”包容性发展的和谐统一③。

---

① 陈君武．城镇化推进中包容性发展的制度创新［J］．文史博览（理论），2011（3）．

② 王潇．新型城镇化背景下基于包容性发展视域的农村社会管理创新全景模型的构建［J］．西北人口，2016，37（4）．

③ 宋娟．由城镇化实现包容性增长的路径选择［J］．农业经济，2013（10）．

第六章

促进城镇化进程中城乡结合部“准市民”包容性发展的制度性建构

从前文各章的分析中我们知道，我国城乡结合部“准市民”包容性发展缺失是由于我国促进“准市民”包容性发展的一系列制度供给不足造成的。因此，需要通过政府有效地规划与制度供给，通过制度层面的适当建构，以合适的方式及条件，对城镇化进程中城乡结合部“准市民”包容性发展的实施路径进行必要的指导和规划。本章重点针对城镇化进程中户籍制度、土地制度、住房制度、社会保障制度、治理制度、就业制度的缺失，提出促进城镇化进程中城乡结合部“准市民”包容性发展的制度性建构的建议。

第一节　促进城镇化进程中城乡结合部“准市民”包容性发展的制度性缺失

中国城乡结合部的“城乡二元结构”主要体现在以下几个方面：第一，城乡之间的户籍壁垒，农业户口和非农业户口并存（现在已取消，但其影响长期存在）；第二，土地要素市场的双轨制，城市土地全民所有制和农村土地集体所有制并存；第三，社会保障制度方面，城市社会保障和农村社会保障制度并存（现多数省份已经并轨）；第四，治理制度方面，市（区）级政府管辖和乡（镇）级政府管辖并存。总之，两种迥异的资源配置模式对城镇化产生了严重的阻碍作用。作为城乡交融的特殊区域，城乡结合部内的社会分化、结构矛盾、利益冲突频发，引发并加剧了经济增长、社会治理、文化发展等各方面的问题和矛盾①。

一、户籍制度改革不彻底

户籍制度是建立在户口登记与管理基础上的一种社会管理制度，具体包括了人口登记与上报、居民户口或身份登记管理制度以及与户口紧密联系的社会保障、教育、就业和住房等方面的社会经济管理制度。

随着改革开放的不断发展与深入，中国对流动人口身份的限制逐步放宽，城乡二元户籍制度逐步向城乡一体化户籍制度转变。但是由于经济发展水平与地理位置的不同，使得各地的户籍制度改革又有所区别。目前中国中小城市的户籍制度改革进展顺利，对农业转移人口的限制逐渐取消。但是大城市的户籍制度改革进展迟缓，对农业转移人口的限制依然比较严格，特别是一些特大型城市，如北上广深等的户籍政策基本上没有放开。这些地区经济相对发达、社会保障制度完善，自然更容易成为人口流入地，但城市的总体承载能力毕竟有限，因此可能收紧户籍政策，制定较为严格的落户制度，限制人口流入。张国胜（2016）对现有户籍制度改革调整政策进行评估，发现现有的政策改革尚未完全撬动特大城市的户籍利益调整，尤其是还未取消排他性的不当利益，依旧影响着不同户籍身份的居民的收入等多方面②。中国的户籍制度实际上还捆绑着诸如社会保障制度、就业制度、教育培训制度、住房制度等一系列福利制度。这些原先在城乡二元户籍制度背景之下存在的不合理的制度体系，并不会随着户籍制度的改革而在短时间内消失。通过户籍制度对身份的管理仍然没有本质的改变，依附在此制度之上的相关权利系统仍然在运行。

以成都为例，2003 年，成都市开始了城乡一体化的户籍制度改革，于 2003 年、2004 年、2008 年及 2010 年进行了四次较大规模的户籍政策调整。2003 年成都以条件准入制替代原来的入城指标制，打破入户指标限制；2004 年成都取消“农业户口”与“非农业户口”的区别，统一登记为“居民户口”；2008 年成都允许租住统一规划修建房屋的本市农民入户；2010 年成都出台《关于全域成都城乡统一户籍实现居民自由迁徙的意见》。然而，只有成都

① 陆传英，高兴武．国内城乡结合部问题与对策的研究综述［J］．辽宁行政学院学报，2016（10）.

② 朱健．户籍制度改革背景下农业转移人口市民化问题研究［D］．湘潭：湘潭大学，2016：57.

市范围内的农业户口才能享受户籍制度改革所带来的福利。对于占就业人口更大比例的非成都户籍的农民工来说，并不适用“自由迁徙户籍居住一元化”以及“公共服务社会福利城乡均等”等改革亮点[①]。

总之，随着中国户籍制度改革的深化，市民和农民在就业地域及身份权利方面逐渐融合，但是与经济发展以及城乡结合部“准市民”的现实需求相比，中国目前的户籍制度改革并不彻底，仍然使得农民和市民享受到的权利与福利待遇存在很大的差别，只是让小部分社会精英分子受益。目前的户籍制度以及户籍制度改革的不彻底，影响了城乡结合部的流动农民工和本地农民的自我认同感。他们缺乏安全感，对未来的预期悲观，生活方式无法城市化，在一定程度上固化了实际已然存在的城乡三元结构。换句话说，在户籍制度改革的背景下，只要依附在户籍制度之上的相关歧视还持续存在，只要尚未消除户口附带的福利待遇差异，户籍制度就将继续制约中国城乡结合部“准市民”的包容性发展以及城镇化进程。因此，户籍制度及黏附于户籍制度之上的相关福利待遇仍然需要进一步的深化改革。

二、土地管理制度存在缺陷

作为社会主义国家，中国的一切土地归全民和集体所有，国家对土地进行绝对管理，政策层面上不允许土地所有权的市场交易。然而，土地作为生产要素之一，对于城市经济的发展极为重要。因此，改革开放以来，地方政府在城市经济快速发展以及城市用地的高压之下，不得不扩张城市边界，选择城乡结合部的土地。而在土地征用过程中，地方政府往往采用强制性的行政措施，通常忽略被征地农民的利益以及城市发展规划，以“土地财政”作为其行为的根本立足点。

（一）现行土地制度的束缚

中国特有的土地制度使得政府垄断着城乡结合部地区国有土地、集体土地一级市场，使得城乡结合部地区的土地所有权与使用权无法进行良好的互补与

---

① 李云雀．城市化背景下制约新生代农民工融入城市的影响因素分析——以成都市为例［J］．临沂大学学报，2016，13（6）．

契合。地方政府为了地方经济的发展，同时也迫于财政压力，大量征用城乡结合部的集体土地，转变其农业用地的性质，尽量减少对被征地农民的补偿，以获得更多的政府收入。

1. 土地产权不明

首先，中国现行的《土地管理法》规定，农村集体所有的土地在合法范围内尊重农民意愿可以交由本集体组织之外的个人或单位承包经营且只能从事农业生产。同时，农村集体所有的土地使用权不得以出让、转让或出租等形式进行非农建设使用①。这也就意味着城乡结合部集体所有土地等同于农业用地，不能用于其他用途。这就把城乡结合部农业用地的利用功能紧紧束缚住了。而政府垄断一级土地市场，国家有权征用城乡结合部地区的集体土地，将集体土地征收为国有土地。在国有土地上可以发展任何产业，可以采取各种形式进行招商引资或者行政性开发，进行城市发展规划。随着中国经济的迅速发展，土地升值速度的不断加快，政府获得了巨额的土地增值税、土地出让金，增加了土地财政收入。据党国英教授估算，1952～2002 年中国农民向社会无偿贡献的土地收益约为 51535 亿元。以 2002 年 7858 亿元土地收益计算，相当于农民无偿贡献了近 26 万亿元的土地财产权，而各级政府向农民支付的土地征用费却不到 1000 亿元。

总之，中国土地所有权的性质决定了土地使用权的范围，只有地方政府才拥有强制性的土地征收权。政府所垄断的集体土地非农用途的开发权及转让权在农民对集体土地的承包经营权之上，土地产权不明晰。

2. 土地征用失范

如上所述，在中国现行的土地征收制度中政府占据着绝对性的垄断地位。虽然，表面上市场在土地这一重要的资源配置中发挥作用。城乡结合部中的集体土地主要通过划拨，或者通过挂牌、招标、协议、拍卖等出让方式转让其使用权。但是从众多土地出让案例中很容易就发现政府在其中依然扮演着至关重要的角色，政府依然是垄断着土地一级市场。虽然中央以及各地方文件中都涉及了关于土地征收程序的规定，但土地征收程序性的相关规定往往残缺、零碎、杂乱。土地征收的程序、土地征收的标准以及土地使用者的权利义务多取

① 云磊．中国城市化进程中城乡结合部土地利用问题研究——以大连市甘井子区为例［D］．大连：东北财经大学，2015：21.

决于各地方政府和掌握着土地征收审批权的行政层级。总体而言，在中国的土地征收过程中，重视土地征收权的行使，轻视土地征收权的制约与被征地农民个人权利的保障。在政府、开发商的封闭操作与强势挤压之下，许多城乡结合部的被征地农民没有知情权与发声权，无法获得应有的通知公告和书面协议，难以拥有利益表达的渠道和平台，缺乏选择权与拒绝权，没有平等的地位以及自主的空间，有悖于以人为本的包容性发展理念。城乡结合部作为土地出让征收率较高的地区，政府征用集体土地程序、标准不规范，一方面损害了被征地农民的权益，另一方面不利于耕地的保护，浪费了土地资源，影响了稀缺的土地资源的合理优化配置，同时还诱发了诸如寻租腐败、房价高企等一些社会负面现象。

3. 补偿标准混乱

对于城乡结合部集体土地征收的补偿原则和标准设定混乱、不公，补偿方式多样。补偿方式主要有实物补偿、返还财产、分配住房、安排就业等。而政府对农村集体土地的征地费用补偿又可以分为安置补助费、土地补偿费、地面附着物补偿费、青苗补偿费等部分。在具体的分配实践过程中，各种类型的征地补偿费用可能涉及极其复杂的状况。例如，在征地过程中，具有集体土地所有权的村集体较为容易得到土地补偿费用，但是却难以落实到单个村民头上，因为村民个人的分配过程并没有标准的补偿配套制度。各地甚至同一地区各村的村集体和村民之间的土地补偿费分配比例都大相径庭①。此外，在城乡结合部集体土地征用的过程中，村主任往往拥有特殊的处置权，具有一定的灰色运作空间。觉得补偿不公的村民通常通过上访等办法寻求更多补偿。由此可见，现行的征地补偿制度并不完善。

（二）现行土地管理制度存在突出问题

由于中国缺乏针对政府的相对严格的监督管理机制，现行土地管理存在突出问题。随着城镇化和工业化的快速发展，在经济利益的驱动下，城乡结合部地区征地审批补偿缺乏执法依据、土地利用低效、土地权属纠纷频发、多头管理现象突出，损害了被征地农民的权益。

1. 相关法律法规不健全

截至目前，针对城乡结合部这一特殊地区，政府事实上仅仅出台了一部

① 田毅鹏，张帆．城乡结合部“村落终结”体制性影响因素新探［J］．社会科学战线，2016(10)．

《中华人民共和国城乡规划法》，而《土地管理法》的相关规定形同虚设，土地规划、征用、补偿等诸多环节普遍缺乏明确的政策指导和必需的法律依据。因此，在巨大的利益诱惑下，一些地方政府会违规利用政策漏洞进行行政强制性征地。城乡结合部的大量农业用地被征用为商业用地、工业用地。土地征用过程中乱象丛生，存在着强征强拆、以权谋私、违法乱占等现象①。

此外，中国虽然有较为完整的土地税法体系，设立了如土地使用税、土地增值税、房产税、印花税等税种，但是在中央垄断土地税收立法权的情况下，土地税收权层次不高，在执法过程中有法不依的情况颇为常见。同时，现行的土地税种缺乏立法，土地规费项目繁多，税率不尽合理，地方政府过度依赖“土地财政”②。

2. 土地利用低效

随着科技的飞速发展，各种新鲜技术应运而生，但是中国目前的土地管理技术还不够先进，尚且不能准确及时地监测城乡结合部具体的土地利用状况。在工业化和城镇化的双重影响下，城乡结合部成为土地利用问题最多的地区。一方面，土地供需失衡，对非农业用地的需求远远高于供给。由于城乡结合部地区非农业用地的收益大大超过了农业用地，因此农用地非农占用的程度严重，不利于耕地的保护。另一方面，城乡结合部土地利用规划缺失，用地类型混乱，发展粗放。城乡结合部土地利用上也复制了城市发展过程中粗放发展的模式，出现“土地征而不用、多征多用”的现象，土地浪费程度严重。

3. 土地权属纠纷突出

既不同于城市土地，也迥异于农村土地，城乡结合部的土地情况极为复杂。在城乡结合部建设过程当中，因土地置换、征地拆迁、重点工程建设等产生了一大批历史遗留问题。农民与农民之间、农民与城镇居民之间、村（社）与企业事业单位之间、单位与单位之间，土地界线难以厘清，土地权属纠纷突出③。征地拆迁安置补偿过程十分容易诱发利益冲突和群体矛盾。需要特别指

---

① 毛哲成．国家治理视野中城乡结合部问题分析与对策探讨［J］．湖北经济学院学报（人文社会科学版），2016，13（11）．

② 云磊．中国城市化进程中城乡结合部土地利用问题研究——以大连市甘井子区为例［D］．大连：东北财经大学，2015：29．

③ 陆传英，高兴武．国内城乡结合部问题与对策的研究综述［J］．辽宁行政学院学报，2016（10）．

出的是，被征地农民利益补偿不合理，拆迁切断集体经济来源，通常是造成城市规划与集体经济发展尖锐对立的重要因素。

4. 多方管理现象频发

按照常理，城乡结合部的土地本来应该由地方国土资源管理部门进行管理，但是由于目前城市土地的稀缺导致了城乡结合部地区土地升值，使得地方政府擅自干预地方国土资源部门对城乡结合部地区的土地管理以保证自身利益[①]。同时，由于不同的土地权属性质，建设用地许可、土地登记的主管部门和承办机构并不一致。村（居）民建设用地许可先由村组、乡政府批准再到国土所办理。而属于城市规划范围内的国有建设用地许可及登记在国土资源局办理，在建设前需在规划局办理建设用地规划许可证，不属于城市规划的则不需要。如果一宗土地性质权属不明或者恰好处于城市规划交界地带，较难确定其管理主体，在办理相关手续时有关单位可能存在扯皮推诿行为[②]。

三、城乡社会保障制度差异悬殊

从某个层面上说，城镇化表现为农村人口转变为城镇人口的过程，而城乡结合部地区的流动农民工和当地被征地农民是城镇化主体的一大组成部分。在城镇化过程中，城乡结合部地区的流动农民工和当地被征地农民是典型的弱势群体，他们既是经济上的贫困者，又是权利上的贫困者。中国城乡结合部的不同户籍的人群分别适用不同的社会保障政策，城乡结合部本地居民享受当地的社会保障政策，农业转移人口则基本上被排除在本地社会保障体系之外。在中国新型城镇化和快速工业化的过程中，作为基本公共服务之一的社会保障城乡差异悬殊，成为中国实现基本公共服务均等化的阻碍之一。

正如本书第二章所述，在计划经济体制框架下建立起来的中国社会保障制度，以社会保障基金为基础，对国民收入进行再分配，保障居民最基本的生活需要，它是调节经济利益差距、保护弱势群体的重要机制，也是确保经济社会公平、和谐与稳定发展的重要制度。当前中国的社会保障制度在设计上面明显

---

① 田贞浩，史艳梅．我国城乡结合部土地利用问题及对策探讨［J］．北方经贸，2016（6）．

② 陆传英，高兴武．国内城乡结合部问题与对策的研究综述［J］．辽宁行政学院学报，2016（10）．

对城市居民倾斜。从客观上说，这种倾向城市的社会保障制度的建立和运行，是由中国经济发展所处的阶段所决定的。这种制度设计的偏好使得城乡居民无法享受同等的社会保障。尤其是长久以来，作为介于城市市民和农村农民之间的特殊群体，城乡结合部的被征地农民在社会保障领域里缺乏一个正式、明确、统一的全国政策框架及统筹目标。社会保障覆盖面窄，保障项目较少，保障水平偏低，社会保障政策效果有限，部分被征地农民生活艰难。据对北京市海淀区的调查结果显示，被征地农民转为城市居民后最担心的依然还是社会保障问题。被调查者中有68%感觉最大的生活压力源自养老和医疗负担。在城镇化过程中，最迫切需要解决的问题中，养老保障占33%，医疗保障占21%，所以54%的被调查者认为社会保障是最突出的问题[①]。以下就以石家庄市城乡结合部被征地农民的养老保障为例进行说明。

（一）补偿标准偏低

对于未成年人来说，根据石家庄市关于被征地农民养老保障的相关文件规定，对于年龄在16周岁以下的未成年人，通常实施一次性的金额由村委集体商讨决定的补助。根据当前石家庄市城乡结合部的经济发展水平，这笔补助费通常在一万元到两万元不等，远远无法满足一个未成年人未来教育和发展的资金需求。对于适龄人员来说，在2014年待遇标准调整之前，其养老金甚至低于石家庄市最低生活保障标准。即便被征地人员按照市区最低生活保障标准领取养老金，以现阶段的物价水平，很显然也是根本无法保障老年人的生活水平的。再加上，由于实际操作不同，各城乡结合部的被征地农民领取的养老金水平高低不一，不少被征地农民的实际领取金额更低。

虽然2014年石家庄市调整了被征地人员的养老金待遇标准，但根据石家庄2014年统计数据显示，2014年全市居民人均消费支出12501元；城镇居民人均消费支出16796元；农村居民人均消费支出7258元。按照全市人均12501元的消费支出对比，从与老年人生活息息相关的食品、药品和医疗保健品等商品价格上涨迅猛的现实情况来看，老年人如果仅靠养老金生活，那么他们的人均消费支出实在是捉襟见肘[②]。这从一定程度上就能反映出，当前石家庄市城乡结合部

---

① 王娟．城乡结合部失地农民社会融合的意愿分析［J］．中共天津市委党校学报，2017（1）．

② 王玉林．我国城乡结合部中青代被征地农民养老保障问题研究［D］．济南：山东大学，2016：25.

被征地农民的养老金水平偏低，而且调整机制僵硬，无法保障被征地农民的老年生活。

（二）补偿方式不合理

石家庄市关于被征地农民养老保障的相关文件还规定，石家庄市城乡结合部被征地农民的养老保险资金由个人、集体和政府共同承担，其中个人缴纳部分从补助费中抽取，不超过总筹资额的30%，集体承担部分从土地补偿费中抽取，不低于总筹资额的40%，剩下的部分由政府承担，而且政府承担部分不低于总筹资额的40%①。然而，上述的土地补助费以及补偿费，从根本上讲都是被征地农民的合法补偿。此种以政府公益用地的名义辅以行政手段，将被征地农民的合法补偿按照某种比例进行分配，然后再从土地价值中抽取一小部分对被征地农民进行经济补偿，合法剥夺原本属于被征地农民的合法利益，是一种不公平、不合理的利益分享机制。

（三）城乡养老保险缴费差距大

中国的城镇企业职工缴纳养老保险的基数是企业职工本人的基本工资，其中，个人缴纳8%，企业缴纳20%。根据2009年河北省的相关规定，被征地农民参加养老保险，以本省上一年度职工的平均工资作为补缴养老费的基数，其中，个人缴纳8%，政府缴纳12%。可以很明显地看出，虽然缴费比例一致，但后者缴费基数偏高，被征地农民若是参加养老保险，实际上缴纳的养老保险费要高于企业职工的平均缴费水平。因此，部分被征地农民缴纳养老保险压力较大。以2015年为例，河北省在岗职工平均工资46239元，月平均工资为3853.25元，职工养老保险最低缴费基数调整至2311.95元，因此被征地农民若要向前补缴养老费，则以月平均工资3853.25元为基数缴费，个人缴费高达每月308元，而企业职工的缴费基数则最低可以低至2311.95元，所以其每月缴费仅有185元②。不难看出，城镇企业职工养老保险缴费比被征地农民低得多，两种保险对接困难。

---

① 左世元．城镇化进程中失地农民养老保障研究——以河北省石家庄市为例［J］．河北社会主义学院学报，2013（1）．

② 王玉林．我国城乡结合部中青代被征地农民养老保障问题研究［D］．济南：山东大学，2016：26．

四、保障性住房制度欠缺公平

中国原来的住房制度改革基本上没有考虑农业转移人口的住房问题。近些年来，政府才开始关注这个问题。经过各地方政府的努力，其所采取的一些措施在一定程度上改善了农业转移人口住房条件，但还是没能彻底解决农业转移人口的住房问题。农业转移人口在城乡结合部的居住状况恶劣。

（一）城乡结合部农业转移人口居住状况恶劣

1980～1999 年，中国推出福利房改革计划。这一改革计划加重了城镇低收入居民住房供求的矛盾，更加不可能考虑到农业转移人口的居住问题，为后来日益增多的农业转移人口市民化设置了障碍。1998 年中国开始取消福利分房。在实行新的住房制度改革以后，城市房地产价格不断攀升。农业转移人口一方面无法享受到城市居民享受的住房补贴以及住房公积金；另一方面又没有足够能力去购买城市商品房。长期以来，他们大多数只能居住在城乡结合部的棚户区或者租赁房的集体宿舍，生活条件比较恶劣，具体见表 6－1、表 6－2 及表 6－3。

表 6－1　　2011～2015 年外出农民工的住宿情况统计表　　单位：%

<table>
<tr><th>住宿情况</th><th>2011 年</th><th>2012 年</th><th>2013 年</th><th>2014 年</th><th>2015 年</th></tr>
<tr><td>单位宿舍</td><td>32.4</td><td>32.3</td><td>28.6</td><td>28.3</td><td>28.7</td></tr>
<tr><td>工地工棚</td><td>10.2</td><td>10.4</td><td>11.9</td><td rowspan="2">17.2</td><td>11.1</td></tr>
<tr><td>生产经营场所</td><td>5.9</td><td>6.1</td><td>5.8</td><td>4.8</td></tr>
<tr><td>与他人合租住房</td><td>19.3</td><td>19.7</td><td>18.5</td><td rowspan="2">36.9</td><td>18.1</td></tr>
<tr><td>独立租赁住房</td><td>14.3</td><td>13.5</td><td>18.2</td><td>18.9</td></tr>
<tr><td>务工地自购住房</td><td>0.7</td><td>0.6</td><td>0.9</td><td>1.0</td><td>1.3</td></tr>
<tr><td>乡外从业回家居住</td><td>13.2</td><td>13.8</td><td>13.0</td><td>13.3</td><td>14.0</td></tr>
<tr><td>其他</td><td>4.0</td><td>3.6</td><td>3.1</td><td>3.3</td><td>3.1</td></tr>
</table>

资料来源：根据国家统计局 2011～2015 年《全国农民工监测调查报告》相关数据整理。

《2016 年全国农民工监测调查报告》显示，在进城农民工中，租房居住的农民工占62.4%，其中租赁私房的农民工占61%。购房的农民工占17.8%，其中购买商品房的农民工占16.5%。单位或雇主提供住房的农民工占13.4%。以其他方式解决居住问题的农民工占6.4%。购买保障性住房和租赁公租房的农民工不足3%。进城农民工人均住房面积为19.4平方米。

表6-2　　2016年进城农民工人均住房面积统计表　　单位:%

面积	占比	比2015年提高
5平方米以下	6.0	-2.3
6~15平方米	37.4	+2.1
16~25平方米	25.5	+2.1
26~35平方米	12.6	-1.1
36平方米以上	18.5	-0.9

资料来源：2016年全国农民工监测调查报告［R/OL］.［2017-04-28］. http：//www. stats. gov. cn/tjsj/zxfb/201704/t20170428_1489334. html.

表6-3　　2016年进城农民工住房条件统计表　　单位:%

	占比	比2015年提高
配备电冰箱	57.2	2.9
配备洗衣机	55.4	3.8
有自来水	86.5	0.3
配备洗澡设施	77.9	2.8
有独立厕所	69.6	0.2
配备网络（能上网）	85.5	7.1
有车（生活和经营用车）	18.6	2.7

资料来源：2016年全国农民工监测调查报告［R/OL］.［2017-04-28］. http：//www. stats. gov. cn/tjsj/zxfb/201704/t20170428_1489334. html.

随着农业转移人口对居住条件要求的日益提高，租房住宿的比重逐渐上升。然而，由于近些年城镇房价的上涨，城镇的房租也随之一路飙升，因此农业转移人口为节省住房开支，大多选择几个人合租一处住房，并且尽可能地选择生活在交通和生活设施等条件相对较差、租金相对低廉的城乡结合部。据国家人口和计生委2010年流动人口动态监测数据显示，流动人口中的47.5%租住在城乡结合部，31.5%在城郊农村。由此可见，在城中村、城乡结合等地区租私房，生活空间拥挤，基础设施简陋，卫生环境差，治安状况糟，犯罪率高，整体居住环境恶劣，是当前农业转移人口居住情况的真实写照。

（二）现有的保障性住房制度

近几年来，政府部门开始持续关注农业转移人口的住房问题。2005 年，建设部将改善农业转移人口的住房问题作为该年工作重点。2006 年开始，国务院不断下发通知要求多渠道改善农业转移人口的居住条件。例如，国务院于 2007 年 8 月发布了《关于解决城市低收入家庭住房困难的若干意见》，同年还出台了《廉租住房保障办法》和《经济适用住房管理办法》。2010 年提出了公共租赁住房概念，2014 年开始廉租住房并入公共租赁住房[①]。各地也纷纷采取各种方法对农业转移人口的居住状况进行改善，主要方式有以下两种：

一种是政府建设保障性用房，供农业转移人口租用。在中国四川、广东、安徽等省份，地方政府加大了对农业转移人口的住房保障支持力度，将符合条件的进城务工人员纳入了公租房、廉租房或经适房、限价房的城市保障性住房体系。例如，重庆市出台《重庆市公共租赁住房管理暂行办法》，开工建设公共租赁房，允许农业转移人口进行公租房申请；成都市向农业转移人口开放限价商品房、经济适用房、公租房等保障性住房。据统计，2013～2015 年，四川省已解决了 5 万户农民工的住房问题[②]。深圳市农业转移人口所在单位为其缴存住房公积金，用以满足农业转移人口的购房需求；东莞市进行农业转移人口廉租房建设；合肥市进行农业转移人口公租房建设。另一种是在工业园区建设农业转移人口宿舍。如湖北省推行的就是在农业转移人口集中的开发园区和工业园区建设统一管理、供企业租用的农业转移人口宿舍。

这些措施在一定程度上改善了农业转移人口住房条件。但这些局部性的措施还是未能彻底解决农业转移人口的住房问题。截至 2016 年底中国农民工总

---

① 尚教蔚．城乡统筹背景下的农民工住房保障问题研究——基于公共租赁住房制度［J］．城市，2016（11）．

② 新华网．住建部谈农民工居住条件：通过公租房等形式改善［EB/OL］．［2015－02－28］．http：//news.xinhuanet.com/politics/2015－02/28/c_127528311.htm.

量为28171万人①，农业转移人口规模极大，从保障性住房政策中实际受益的农业转移人口极其有限。《2016年全国农民工监测调查报告》显示，2016年购买保障性住房和租赁公租房的农民工不足3%②。城乡结合部租房居住模式盛行，正是政府保障性住房供给不足的具体表现。城乡结合部农业转移人口无法同城市居民一样平等享受住房这一公共服务，实质上是“准市民”顺利市民化的一处壁垒。

五、治理制度存在缺陷

中国现行的人口管理制度仍然沿袭着传统的城乡二元管理模式，以户籍制度为基础将城乡居民分成了城市市民和农村农民两大阵营，在公共服务、社会保障等方面享有完全不同的待遇。当下中国传统的城乡二元社会结构又新增加了一极，即流动的农业转移人口。城乡结合部是流动农业转移人口的聚居地。城乡结合部这一区域的居民由当地居民、当地农民和流动的农民工等群体混合构成。城乡结合部地区租赁房屋居住的人口占比很大，人口流动性强。大多数以暂住人口身份出现的流动人口较难融入当地社会。城乡结合部的这些特点都给当地的社会治理工作带来了挑战。城乡三元结构下，目前政府对城乡结合部流动性农业转移人口的治理特点主要表现在：经济性接纳，社会性排斥。

（一）治理理念落后

城乡结合部的流动性农业转移人口往往从事着报酬十分低廉却脏、累、险、苦的工作，渐渐成为当地经济社会繁荣发展不可或缺的一股力量。但是，有些政府部门对这部分群体缺乏服务意识，往往未能按照政策落实关乎他们切身利益的问题。城市的发展规划并不把农业转移人口的住房、子女教育、医疗卫生等需求纳入公共设施建设的考虑范畴，公共产品不足，公共服务缺失。

具体来说，一方面，公共基础设施不足。城乡结合部地区是由农村发展演

---

①② 2016年全国农民工监测调查报告［R/OL］.［2017-04-28］. http：//www.stats.gov.cn/tjsj/zxfb/201704/t20170428_1489334.html.

变而来，公共基础设施供给主体大多是集体经济组织，有限的资金使其交通、供水、供暖等基础设施短缺，便民设施供给匮乏，无力负担城乡结合部区域内的大量人口，居民生活便利度低。另一方面，公共服务缺失。城乡结合部地区的资源配置严重短缺，特别是服务于流动农业转移人口的公共服务资源尤为匮乏，农民工子女上学难问题极为突出①。此外，流动人口违法犯罪现象频现，进一步加深了城乡结合部当地居民对流动人口的排斥与歧视。大部分基层社区的社会活动、社会组织、社会服务不吸纳农业转移人口。同时，由于户口在农村，城乡结合部的农业转移人口无法合法行使选举权、被选举权等正常权利，在利益关系协调以及社会政策制定等活动中没有话语权，成为真正的弱势群体。

（二）治理体制僵硬

城乡结合部当下仍然采用政府主导、自上而下、条块分割的治理体制，对农业转移人口采取管制式的管理，管理成本高企的同时，治安形势与社会秩序却没有得到明显的好转。城乡交叉管理体制改革滞后，管理体制跟不上发展的步伐。首先，城乡结合部中农民与居民混杂，城乡地域交叉，一地两管现象普遍。其次，除了管理区域交叉，同时还存在管理职能交叉，互相推诿，权责不明，执法力量配置失当等问题。再次，基层干部综合素质一般、年龄偏大、缺乏创新。国家政策性补助、巨额拆迁补偿费用、村集体经济的发展等为基层干部提供了寻租的机会，使得基层干部贪污腐败案件数量急增②。最后，城乡二元户籍管理问题难以解决，形成了职业身份与户籍身份不相符的特殊群体，社会保障问题突出。土地产权问题难以解决，导致城乡结合部的基础设施建设等不能及时纳入城市整体发展规划。可见，适用于普通城市、农村地区的街居、乡村体制并不适用于特殊的城乡结合部地区。

近几年来，随着大规模新生代农业转移人口流入城市，中国正经历产业结构调整和经济社会转型，城乡结合部地区的社会治理制度被不断探索、创新以及改革。但是其管理框架依然没有根本性的改变，只是在原有架构内进行局部的调整及改善，其主导思想依然是城市排斥与城市隔离。例如，虽然国家持续进行户籍制度的改革，但户籍还是有选择地对某部分农业转移人口开放；虽然城乡二元就业政策壁垒在逐步消除，但农业转移人口在劳资关系上依然处于弱

---

①② 陆传英，高兴武．国内城乡结合部问题与对策的研究综述［J］．辽宁行政学院学报，2016（10）．

势地位，侵犯农业转移人口劳动权益的现象屡见不鲜；虽然农业转移人口有的暂时被所在工作的区县社会保障政策设计覆盖到，但农业转移人口的高度流动性难以确保他们参保的连续性，从而也就影响了他们对社会保险成果的分享。

（三）治理机制失灵

城乡结合部社会治理机制失灵具体表现为：各个管理部门协调困难；“准市民”的利益表达渠道不畅；被征地农民的安置补偿标准过低，利益得不到有效保障等。以被征地农民的安置补偿为例，按理说，随着中国房价的普遍持续上涨，作为城乡结合部被征地农民的征地安置补偿费用也应该水涨船高。但实际情况并非如此，有的地区被征地农民得到的拆迁补偿款连买安置房都不够，激化了社会矛盾，往往存在着酿成社会群体性事件的风险。当前的保障性住房政策，如住房公积金、住房补贴、经济适用房、城市廉租房等政策优惠并没有覆盖到所有的农业转移人口。针对农业转移人口的技能培训政策效果一般，农业转移人口的综合素质和职业技能并没能从根本上得到真正提升。在这样的社会治理背景下，城乡结合部的农业转移人口摆脱了原来的农村治理结构，却没能处于城市社会治理结构之内，他们被排斥到城市的边缘，甚至仅仅作为被监管的对象，成为城乡结构中的第三极，阻碍了其市民化的进程。

六、就业制度存在壁垒

高收入是农业转移人口从家乡涌入城市的重要诱因，而能在城市稳定就业，则是农业转移人口在涌入城市后能最终定居的关键因素。在城市中就业机会的大小、收入水平的高低以及稳定程度，直接决定了农业转移人口在城市的经济地位，从而间接影响到了其融入城市的难易。在这个过程中，就业制度显得尤为关键。一般来说，就业制度包括劳动合同制度、工资支付保障制度、劳动保护制度、就业服务和培训制度，等等。目前，随着中国就业制度改革的深入，在市场准入上农业转移人口基本上可以享受与城镇居民平等的就业机会，但在劳动力市场上农业转移人口的就业待遇及平等获得公共资源和公共服务的权利方面还相对弱势。就业制度的壁垒加重了就业待遇的不均等，直接削弱了农业转移人口的职业转化能力，使其在城市长久稳定生活的预期降低，从而弱化了农业转移人口进一步市民化的意愿，影响了其市民化的进程。

(一) 无法平等获得劳动报酬

平等获得劳动报酬的权利，涉及工资、福利和劳动管理制度，包括工资报酬、劳动保护条件、社会保险、休息、休假、节假日补贴等权利。城乡结合部“准市民”目前在这些方面均处于相对弱势。

1. 工资增长缓慢

目前，中国农业转移人口享受到的像信息咨询、就业指导以及职业培训等公共服务的机会还不是很多，主要还是依靠亲人、老乡、朋友介绍等血缘与地缘关系找工作。因此，劳动技能与教育水平整体偏低的农业转移人口主要集中在次级劳动市场，往往只能选择劳动强度大、技术含量低、工作环境艰苦、晋升机会与培训机会较少的工作，如在中小型劳动密集型企业就业，工资偏低并增长缓慢。在这些企业中，农业转移人口的就业保护政策很难发挥显著的效果。据国家统计局的《2016 年全国农民工调查监测报告》显示，2016 年农民工月均收入 3275 元，比上年增加 203 元，增长 6.6%，增速比上年回落 0.6 个百分点。而在东北地区务工的农民工月均收入 3063 元，比上年减少 42 元，下降 1.4%①。总之，在城乡结合部外来流动人口就业率高于本地居民，但是多从事保洁、餐饮等中低端服务业或建筑业、运输业等体力劳动，以临时工居多，收入普遍偏低而不稳定。农业转移人口向上提升的机会不多，其择业和流动具有很大程度的盲目性。

2. 权益保护乏力

第一，劳动合同签订率低。部分用人单位不直接与农民工签订劳动合同，通过签订集体合同，或者与劳动者口头达成协议，或者与包工头签订合同，或者与劳务公司签订劳务派遣合同等形式代替与农民工签订合同，劳动合同签订率低下。据国家统计局的《2016 年全国农民工调查监测报告》显示（见表 4-4），2016 年与雇主或单位签订了劳动合同的农民工比重为 35.1%，比上年下降 1.1 个百分点。其中，外出农民工与雇主或单位签订劳动合同的比重为 38.2%，比上年下降 1.5 个百分点；本地农民工与雇主或单位签订劳动合同的比重为 31.4%，比上年下降 0.3 个百分点。由此可见，农民工劳动合同签订率仍有很

---

① 2016 年全国农民工监测调查报告［R/OL］.［2017-04-28］. http://www.stats.gov.cn/tjsj/zxfb/201704/t20170428_1489334.html.

大的提升空间。此外，有些用人单位迫于《劳动合同法》的压力，只要求员工在劳动合同上写上姓名及身份证号码，却不告之聘用期限及权利，既然聘用期限可以随时填写也就意味着可以随时解聘。对此，为了暂时获得或保住工作，处于弱势的农民工不得不签订那些极不规范的劳动合同，而当农民工的权益受到侵害时，由于很难证明其与雇主存在劳动雇佣关系，因此很难维护自身权益，至少20%的人自认倒霉①。

第二，非正规就业社会保险参保率低。非正规就业主要包括两种：在正规部门中的非正规就业以及在非正规部门中的就业。由于非正规就业形式灵活多样而且几乎没有进入退出的壁垒，符合了农民工自身的特点及个性化的就业需求，成了农民工主要的就业形式。但是中国对非正规就业的法律规定缺失，至今没有对非正规就业进行立法。用人单位与劳动者形成的劳动关系可以按照《劳动法》及《劳动合同法》进行调整，而保姆、小餐馆服务员、家政服务等非正规就业的劳务关系则无法据此调整，因此非正规就业的农民工无法获得法律的保护。此外，由于非正规就业的随意性，通常既没有签订劳动合同，又没有办理社会保险，农民工遭遇劳动风险后往往无法获得相应补偿。2014 年我国农民工社会保险五个险种的参保率分别为：工伤保险26. 2%、医疗保险17. 6%、养老保险16. 7%、失业保险10. 5 %、生育保险7. 8%②，参保率最高的是工伤保险，也仅仅26. 2%。可见，大部分农民工并未被社会保险所覆盖，而这些农民工又以非正规就业者居多。

第三，对农民工存在制度性歧视。由于目前许多制度对于“就业主体”这一概念缺乏明确界定，因此现实中一些地方政府与用人单位都不把农民工看作是企业职工，而认为只是临时工。如《国务院关于建立城镇职工基本医疗保险制度的决定》《失业保险条例》《集体合同规定》等都把农民工排斥在企业职工之外③。受伤或死亡赔偿数额相差悬殊等“同命不同价”的现象屡见不鲜。从对工会组织的知晓情况看，已就业进城农民工中 20. 8% 知道所在企业或单位有工会组织；59. 6% 知道所在单位和企业没有工会组织，19. 6% 不知道自己所在企业或单位是否有工会组织。在知道自己所在企业或单位有工会组织的农民工中，53. 8% 的农民工加入了工会；加入工会的进城农民工占已就业的进城农民工的比重为 11. 2%。在加入工会的农民工中，经常参加工会活动的

①③　唐凯娥，魏炼红，李忠云．农民工进城就业保障制度创新研究［J］．重庆工商大学学报（西部论坛），2008（1）．

②　2014 年全国农民工监测调查报告［R/OL］．［2015 -04 -29］．http：//www. stats. gov. c；n/tjsj/zxfb.

占21.3%，比上年下降1个百分点；偶尔参加的占62.1%，比上年提高0.4个百分点；没参加过的占16.6%，比上年提高0.6个百分点[①]。可见，农民工参加工会的比例低，而其他多数公共组织又以农民工维权“不属于自己的管辖范围”而将农民工拒之门外。此外，目前我国在解决农民工工资拖欠的法律制度、仲裁与诉讼制度以及法律援助等方面均存在种种弊端，缺乏有力保障农民工权益的法律制度。

3. 被征地农民再就业困难

在计划经济时期，政府征用农村集体土地的同时，把被征地农民纳入国家职工的行列，因此深受被征地农民的欢迎。但目前被征地农民的安置主要是依据1998年修订的《中华人民共和国土地管理法》和2004年国土资源部发布的《关于完善征地补偿安置制度的指导意见》及各地方政府的地方法规，被征地农民失去土地后大都是自谋出路，较少得到政府的就业安置。比如，对上海郊区被征地农民的调查表明，在742个被征地样本中，由政府安置工作的为73人，仅占9.73%[②]。由于中国被征地农民缺乏接受教育及培训的机会，文化素质与知识技能较低，失去土地后在社会上的竞争力极为有限，尤其是中青年劳动力找到满意工作的难度很大。发达地区的地方政府对被征地农民的补偿政策较好，但还有许多地区特别是城乡结合部的被征地农民生计可能大成问题，处于耕田无地、上班无岗、收入无来源、生活无保障的“四无”困境，被征地农民中的许多人只能在周边打零工或者依靠当地十分有限的一点补贴度日[③]。此外，城乡结合部的本地居民则由于有租房、集体经济分红或者小规模自主经营等收入来源，就业意愿并不强烈。

（二）教育培训制度功能弱化

教育和技能培训是提升城乡结合部“准市民”的综合素质、增强其持续的就业能力及稳定提高其收入水平的重要手段及途径[④]。但现实中，城乡结合部“准市民”参加职业培训的比例并不高。虽然近年来中国劳动力市场管理体制日益规范和完善，但是针对主要处于次要劳动力市场的农业转移人口的教

① 2016年全国农民工监测调查报告［R/OL］.［2017－04－28］. http：//www. stats. gov. cn/tjsj/zxfb/201704/t20170428_1489334. html.

② 陈映芳. 征地与郊区农村的城市化——上海市的调查［M］. 上海：文汇出版社，2003：122.

③ 王娟. 城乡结合部失地农民社会融合的意愿分析［J］. 中共天津市委党校学报，2017（1）.

④ 李云雀. 城市化背景下制约新生代农民工融入城市的影响因素分析——以成都市为例［J］. 临沂学报，2016，13（6）.

育及培训制度功能弱化，并不能满足农业转移人口就业的需求。

1. 教育制度方面

毋庸置疑，教育是当今中国社会进行分层的重要工具之一，也是推进城乡结合部“准市民”市民化的关键资源。然而，当前中国的义务教育还是以应试教育为主，特别是在农村地区。农村学生通常在乡办小学、初中就读，而乡办小学、初中各方面的教学资源与城市相比差距明显，教学质量低下。农村每年能够顺利升入县城高中的学生规模不大，能考上大学的人数更是十分有限。许多农村学生在接受义务教育过程中并没有获得诸如职业技能、维护合法权益、城市生活技能等方面的知识和培训。因此，农村学生普遍存在着厌学情绪，甚至家长都滋生出“上学无用论”的想法，从而衍生出部分未接受完义务教育的农村学生辍学出来打工的现象。据国家统计局的《2016 年中国农民工调查监测报告》显示（具体见表 6 -4），中国农民工中，未上过学的占 1%，小学文化程度占 13. 2%，初中文化程度占 59. 4%，高中文化程度占 17%，大专及以上占 9. 4%。由此表 6 -4 中的数据可知，农民工文化程度普遍较低。

表 6 -4　　农民工文化程度构成　　单位:%

文化程度	农民工合计		外出农民工		本地农民工	
	2015 年	2016 年	2015 年	2016 年	2015 年	2016 年
未上过学	1. 1	1. 0	0. 8	0. 7	1. 4	1. 3
小学	14. 0	13. 2	10. 9	10. 0	17. 1	16. 2
初中	59. 7	59. 4	60. 5	60. 2	58. 9	58. 6
高中	16. 9	17. 0	17. 2	17. 2	16. 6	16. 8
大专及以上	8. 3	9. 4	10. 7	11. 9	6. 0	7. 1

资料来源：2016 年全国农民工监测调查报告［R/OL］.［2017 - 04 - 28］. http：//www. stats. gov. cn/tjsj/zxfb/201704/t20170428_1489334. html.

与此同时，在教育资源的分配上，由于受到城乡二元户籍管理制度的限制，农民工随迁子女经常遭受不公平的对待。早在 2002 年中国就出台了关于随迁农民工子女接受义务教育和高中阶段教育的相关政策，要求各地根据实际情况妥善处理好农民工子女上学问题。但在相关政策的实际执行过程中，农民工流入地政府经常以财政困难为由设置各种条件，排斥随迁农民工子女入学。农民工随迁子女入读公办院校的门槛较高，除了必须出具相关证明之外，如务工证、居住证、计划生育证、学籍证等，有些甚至还需要缴纳一定的择校费。这些实际上都成了农业转移人口随迁子女享受流入地教育资源的潜在阻力。随着农业转移人口随迁子女数量的日益增大，公办院校无法承受，便产生了大量的民办院校。民办院校普遍存在着师资力量有限、教育质量较差等问题，严重降低了随迁子女的受教育水平。

2. 技能培训方面

据《2016 年全国农民工监测调查报告》显示，2016 年接受过技能培训的农民工比重小幅下降，具体见表 6－5。接受过农业和非农职业技能培训的农民工占 32.9%，比上年下降 0.2 个百分点。其中，接受非农职业技能培训的占 30.7%，接受过农业技能培训的占 8.7%，均与上年持平；农业和非农职业技能培训都参加过的占 6.5%，比上年提高 0.2 个百分点。其中，本地农民工接受过农业和非农职业技能培训的占 30.4%，比上年下降 0.4 个百分点；外出农民工接受过农业和非农职业技能培训的占 35.6%，比上年提高 0.2 个百分点。由表 6－5 中的数据可知，中国在农民工技能培训方面还存在不少问题。

表 6－5　接受过技能培训的农民工比重　单位：%

项目	接受农业技能培训		接受非农职业技能培训		接受技能培训	
	2015 年	2016 年	2015 年	2016 年	2015 年	2016 年
合计	8.7	8.7	30.7	30.7	33.1	32.9
本地农民工	10.2	10.0	27.7	27.8	30.8	30.4
外出农民工	7.2	7.4	33.8	33.8	35.4	35.6

资料来源：2016 年全国农民工监测调查报告［R/OL］.［2017－04－28］. http：//www.stats.gov.cn/tjsj/zxfb/201704/t20170428_1489334.html.

（1）培训机制存在缺陷。2003 年，国务院办公厅下发农业部、劳动保障部、教育部、科技部、建设部和财政部制定的《2003—2010 年全国农民工培训规划》，对农业转移人口培训工作做出了具体的部署。此后，中国各个部委、各地方政府都加强了对农业转移人口的培训工作。由此可见，这一规划对推动农业转移人口的培训工作发挥了重要的作用，具有重要的意义。然而，从目前的情况看，即使在《规划》的部署下，农业转移人口的培训工作依然没有取得良好的效果。除了出台政策的部门并没有足量提供配套的资源这个原因之外，更为主要的是，培训机制存在严重的缺陷。培训机制的缺陷主要表现为：首先，缺乏社会性的培训机构参与的同时，垄断着培训资源的管理部门却又继续占用相关资源，并且缺乏对培训的质量进行有效的监督与鉴定。由政府专项拨款负责农业转移人口就业培训过程中，还需要设备、场地及大量人力，这些前期准备通常耗资比较高，在实施上也存在较大的难度①。其次，培训脱离了市场的需求，并没有根据劳动力市场对岗位及技能的实际需求来进行有针对性的培训。最后，劳动力流出地政府热衷于农业转移人口的就业技能培训，而流入地政府则相反，这种“一头热”的结果是，流出地政府有想搞好民工培训的意愿但是缺钱，而流入地政府有钱却没有搞农业转移人口培训的意愿②。也就是说，一方有意愿却没能力，另一方有能力却没意愿。由上述可以看出，虽然政府采取了一系列措施来强化对农业转移人口的教育培训，但在实践中却未能取得令人满意的效果。

以城乡结合部被征地农民为例，城乡结合部被征地农民再就业时主要依靠的是亲友的介绍，而政府、服务中介或者社会组织的作用尚未得到最大程度的发挥。征地过程中政府的相关保障政策主要围绕的焦点是经济能力方面的扶持与保障，而对被征地农民来说，他们再就业过程中急需的对其就业技能以及相关知识的教育培训却显得相当欠缺。显然，被征地农民再就业过程中最主要的困难和障碍是他们缺乏就业技能。被征地农民要想被纳入到保障标准较高的新的被征地农民养老保障体系，必须获得较高而稳定的工作收入。这就要求他们具备一定的科学知识以及技术能力。

可以肯定的是，农业转移人口是未来一段时间中国提升城镇化水平，实施新型城镇化战略的主要纳入对象。如果农业转移人口不能具备一定的职业技术能力以及科学文化素质，那么他们这类弱势群体将会在未来的城镇化进程中面对极大的阻力。

（2）就业培训质量不高。目前很多培训机构没有针对市场的需求、职业的特点设置培训的内容，而是采取“一刀切”的做法，对农业转移人口进行统一的培训。再加上一些培训机构办学规模有限、专业设置重复、师资力量不足、组织管理效率低下，农业转移人口接受培训后业务知识与实际操作能力提

---

① 王玉林．我国城乡结合部中青代被征地农民养老保障问题研究［D］．济南：山东大学，2016：30.

② 王春光．新生代农民工城市融入进程及问题的社会学分析［J］．青年探索，2010（3）.

高有限，无法满足市场的需求。例如，2007 年河北省政府出台了《关于进一步推进就业再就业工作的意见》，石家庄市人民政府也印发了《关于进一步推进就业再就业工作实施意见》，这些政策的重点扶持对象就是被征地农民，重点要求就是扶持帮助被征地农民实现就业与再就业。然而，在之后的走访调查中发现，在就业与再就业的过程中被征地农民并没有从上述政策中获得较为明显的帮助。换句话说，上述政策并没有在实践中取得较好的成效。仅就政府主导的就业培训的项目来说，培训的师资不强，培训的对象大多是被征地农民中的女性，培训的内容也多以简单的手工艺为主。被征地的男性农民所接受的培训内容技术含量不高，难以满足其在高度竞争的城市里实现就业或者再就业的需求。

（3）缺乏部门协作及配套政策。一方面，就业政策涉及的多个政府部门的协作存在问题。农业转移人口的就业问题涉及人力资源和社会保障部门、民政部门、财政部门、国土资源部门等多个政府部门的联合协作，但目前农业转移人口的就业服务实质上仅仅由社会保险机构以及劳动部门来负责。单一的政府部门提供的服务已经无法满足日益增长的农业转移人口就业培训的需求。另一方面，对于城乡结合部被征地的农民来说，由于失去了土地，被征地农民丧失了农民的身份。但是与此同时，被征地农民又没有被提供相应的城市户籍配套政策，赋予他们制度上的“市民”身份。由于被征地农民的身份认证处于城乡二元结构的夹层，因此，在解决就业以及再就业问题的过程中，被征地农民这类群体可能就享受不到政府在统筹城乡协调发展的基础上所提出的协调就业的优惠政策，这就导致本来是政府天然责任的问题却由于政策上的缺位而使得政府管理无从下手①。

第二节　城镇化推进中城乡结合部“准市民”包容性发展的制度建构

当前中国城乡二元化的结构和制度，造成城乡结合部“准市民”被排斥、被边缘化的局面。由于在基本权利配置方面存在明显的制度歧视，城乡结合部

① 王玉林．我国城乡结合部中青代被征地农民养老保障问题研究［D］．济南：山东大学，2016：30.

“准市民”根本没有与城镇市民阶层、政府公权力博弈的实力。尤其是，在城镇化发展进程中，由于制度设计的缺陷，或者由于改革不够彻底深入，一些原有的制度（如户籍制度、土地制度）障碍还没克服，又增加了新的制度障碍（保障性住房、基本养老、就业培训等社会公共服务方面的制度障碍）。这些新旧障碍共同交织在一起，不仅固化了城乡二元结构，而且还引发了许多新的社会问题。要建构城乡结合部“准市民”包容性发展的制度，当务之急是消除不利于城乡结合部包容性发展的制度安排，进行多方面的制度创新。

一、户籍制度创新

城镇化的过程从某个层面上理解就是农民变为市民的身份转变过程，而这个身份转变最主要的体现就是户籍的转变。因此，促进城镇化进程，更多关注人的权益，首当其冲的就是深化户籍制度以及与户籍制度相关的配套改革，统筹户籍与人口管理制度，引导城乡结合部“准市民”融入社区，推动城乡结合部的人口城镇化发展与融合。而随着中国户籍制度改革的逐渐深入，户籍身份的制约作用正在弱化。截至目前，几乎所有的地方政府都进行了取消“农业户口”与“非农业户口”，统一登记为“居民户口”的改革，推动户籍制度城乡一体化的实现。尽管如此，户籍制度城乡一体化改革还存在着很大的空间。

（一）合理放宽进城落户的条件和限制

实践证明，统一的户籍身份并未对农业转移人口落户城镇起到决定性的作用。进城落户所要求的住房、学历等条件和限制门槛过高才是制约城乡结合部“准市民”市民化进程的重要因素。因此，首先应该合理放宽进城落户的条件和限制。在大力推进小城镇吸纳农村人口的同时，积极稳妥地放宽大中型城市的落户限制和条件，其中，应逐步取消户籍管理的二元制度，放宽城镇的落户条件，赋予在城镇拥有较为稳定职业和住所的农业转移人口以长期居住权，享受与市民同等的待遇。也就是说，有序地将在城镇有稳定职业、收入和住所的农村人口转变为城镇居民，消除其限制人口流动、妨碍城镇化发展的不利影响。

首先，降低农业转移人口进城落户的住房要求，改变以购买住房为唯一落户条件的局面。目前许多城市对于外来人口落户有购房要求，这在很大程度上阻碍了农业转移人口的市民化进程。因此，还需要在住房方面进一步放宽对农业转移人口落户的要求，使得农业转移人口只要有合法的居住地就能尽量落户。同时，应探索并实践根据农民、农业转移人口工作时间长短、纳税多少、有无违法记录等作为落户条件的多元化落户模式。

其次，完善城乡统一而具有地区差异的户口登记制度。由于当前中国的经济、资源条件还不足以支撑各地实行完全统一的户口登记制度，实现劳动力的自由迁徙，因此，应根据当前的户籍政策，改革农业转移人口迁入地户口登记办法，以推进农业转移人口市民化。具体来说，应实施个人与家庭相结合的户口管理制度，建立并完善一个可操作的城乡一体化但又与相应生活所在地的义务和权利对等的二级身份认证机制，使得户口登记与身份证保持动态性与一致性，实现"户跟人走"的户籍证件化管理模式，从而提高户籍管理效率①。

最后，落实居住证管理制度。事实表明，部分农业转移人口并不急于转换户籍身份。因为即使进城从事非农职业，只要不放弃农业户口，老家的土地在，土地的保障就在。因此，对于大量在城市工作生活但是暂时还不想加入城市户籍的农业转移人口来说，应该建立并落实全国统一的居住证管理制度，以保障其基本权益。居住证是地方政府对流动人口进行管理的基础信息库和相关政策实行的依据，应将其逐渐发展为进城农民工在城市生活、就业、享受公共服务的重要信息来源②。具体来说，一方面，应根据城市的不同级别设立统一的居住证申请标准，逐步放宽居住证的申请条件限制，扩大居住证的覆盖面，以保障农业转移人口的基本权利；另一方面，应建立新型的以居住年限为基础的居住证与身份证挂钩的登记、管理制度，建立新的城市社会福利分配供给机制，降低人口登记、管理的成本③。

（二）剥离与户籍身份相关的福利制度

从近几年中国各地的城乡一体化户籍制度改革中不难看出，将城乡二元的

---

① 朱健．户籍制度改革背景下农业转移人口市民化问题研究［D］．湘潭：湘潭大学，2016：114.

② 李云雀．城市化背景下制约新生代农民工融入城市的影响因素分析——以成都市为例［J］．临沂大学学报，2016，13（6）.

③ 曾幼亮．我国户籍制度二元路径改革——破解农民工市民化的制度性障碍［J］．学理论，2015（1）.

户籍制度转化为城乡一体化的户籍制度并不十分困难，关键是依附在户籍制度之上的相关福利制度可能因为户籍制度的改革而发生紊乱。只要尚未完全消除户口所携带的福利待遇差异，制约中国城乡结合部“准市民”的包容性发展以及城镇化进程的阻碍就将长期存在。因此，需要加快剥离附着在户籍上的就业、教育、住房等多方面社会保障权益的福利差异功能，消除依附于户籍管理制度上的制度性歧视，切断户籍身份与社会待遇的联系，从而推动户籍制度改革，进一步降低“准市民”市民化的制度门槛，合理引导农业转移人口进城。

首先，促进公共服务供给的均等化。中国的户籍制度长久以来一直与城乡居民的福利制度挂钩，从而使得户籍制度的城乡一体化改革出现一定程度的路径依赖，因此，户籍制度改革除了要推动身份市民化与人口自由流动之外，还需要重新公平分配黏附于户籍之上的利益及权利。换句话说，户籍制度的城乡一体化改革必须强调利益分配与权利配置，通过立法保障消除农民进城障碍和顾虑，促进在城镇稳定就业和生活的常住人口有序实现市民化，真正做到权益共享、地位平等和机会均等①。

其次，深化大城市的落户制度改革。大城市尤其是特大城市一直是中国城乡一体化户籍制度改革的重点地区。现实中大城市的户籍门槛始终比中小城市高，其户籍制度改革也就具有更强的路径依赖性，因此要解决户籍制度改革所涉及的城乡经济权益及公共服务等方面的分配问题具有更高的难度。一方面，大城市应进一步完善积分入户制度以及差别化落户政策②。大城市应在存量优先的原则基础上，合理设置积分入户的分值和权重，坚持差别化落户以合理调控城市人口规模。另一方面，应落实居民同等权益，逐步为新落户的居民提供与原住民同等的机会与平等的权利，实现公共服务和社会福利均等化，使其在社区自治、社区事务、邻里关系等方面处于平等参与的地位，从而真正实现从地理入住到社会融入③。

最后，协同推进户口登记与相关福利制度改革。城乡一体化户籍制度改革

① 张占斌．包容性城镇：新型城镇化之路［J］．决策，2013（1）．

② 曾幼亮．我国户籍制度二元路径改革——破解农民工市民化的制度性障碍［J］．学理论，2015（1）．

③ 余敏江．从技术型治理到包容性治理——城镇化进程中社会治理创新的逻辑［J］．理论探讨，2015（1）．

不是单纯的“统一登记为居民户口”，其终极目的在于剥离各种与身份相关的福利制度，缩小并最终消除城乡居民由于过去的二元户籍身份导致的各种福利差异，进行利益与权利的重组配置。只有户口登记与相关福利制度改革协同推进，才能彻底地进行城乡一体化的户籍制度改革，才能实现上述的终极目标①。

总之，包容性发展，为全体成员提供平等参与的发展机会，必须破除排斥性制度。长久以来，中国实行的城乡二元户籍管理制度，客观上将农民排除在享受经济和社会发展成果的群体之外，对城乡结合部“准市民”的包容性发展构成了障碍。要推进市民化与城镇化发展就应该排除这种制度上的障碍，深化城乡一体化的户籍制度改革。但是，值得引起重视的是，由于中国人口众多，区域发展水平差距较大，一旦完全放开户籍管理，就可能造成大量人口持续涌入中心城市，形成巨大的城市压力，反而影响了城镇化的包容性发展。因此中国的户籍制度改革应该从小城镇开始，逐步放宽，有序引导人口转移。第一步，率先在小城镇实现户籍制度的全面放开，发挥小城镇的协调作用。在金融、财政、用地等多方面加大对小城镇的扶持力度，并为小城镇配置更多的资源，从而为小城镇的外来人口就业定居和产业发展创造条件；第二步，基本放开大城市的户籍管理，可以率先以东部沿海城市为试点推进；第三步，真正取消户籍制度对人口流动的限制，将城市户口、农村户口、暂住证等统一为居住证，实现全国范围内人口的自由流动与一致化管理②。

二、土地制度创新

众所周知，对于城乡用地，城市土地被强调更多的是其资产特性，可以变现；而农村土地被强调更多的是资源特性，即保护土地本身的价值。实际上，对农村土地也应和城市土地一样，注重其资产性质。应该深化城乡土地制度改革，通过创新农村承包地流转、完善农村征地机制、补偿机制等方式来优化城乡土地资源配置。

---

① 朱健．户籍制度改革背景下农业转移人口市民化问题研究［D］．湘潭：湘潭大学，2016：115.

② 常艳祺．包容性发展理念下的我国新型城镇化道路研究［D］．天津：天津师范大学，2007：41.

（一）加快土地流转

城乡结合部地区的土地利用方式及类型多样，城乡结合部地区又是城市产业结构调整的重要潜力区域，因此应该加快土地流转速度、提高土地流转的合法性以及土地流转方式的科学性，大力推进“同地、同权、同价”的城乡统一土地市场管理制度的建立。

1. 明确土地产权

土地确权是土地流转的前提。对于土地制度而言，改革城乡二元结构的土地产权制度，实现城乡土地权益的平等、自由交换，是土地制度改革的重中之重。但目前在土地确权的过程中还存在不少问题。中国法律上规定国家土地只有两种所有制，即全民所有制和集体所有制，但无论全民还是集体都不是一个主体的概念，而是一个集合的概念，而集合没有任何一个主体可以代表。换句话说，农村的土地其实“没有”主体。因此，在征地过程中，被征地农民由于集体所有权的界定不清晰而导致缺乏话语权，不能直接参与甚至无法以集体的名义参与征地过程，而国家机关则凭借其强制性权力剥夺了本应属于集体和农民的土地经济权利。在这个过程中，农民集体不但无法直接交易土地，而且也无法直接转让其使用权。这种交易或者转让只有在征地完成之后由政府来完成。故而，在土地征用补偿机制中要实现以市场土地价格为基础的补偿费，就应明确农民在承包土地上的使用权、处置权以及收益权；同时，必须明确农村集体土地的产权，界定集体对土地财产权应有的权利并以法律的形式固定下来，如此才能使集体有权在征地过程中代表被征地农民与政府以及其他征地主体进行谈判，这样既保障了农民对土地使用权转让的发言权，同时也有力遏制了征地过程中的不合法及不合理行为①。总之，保护农民土地权益的前提，就是要明确土地所有权的主体。

因此，首先，应在坚持集体土地所有权性质不变的前提下，明确农民作为集体土地产权主体的地位，赋予农民完整的土地财产权，让农民直接拥有土地的所有、占有、转让以及开发整治的权利，鼓励农民对合法住房的财产权进行抵押、转让、担保。其次，应扎实推进农村土地确权颁证，明确农村集体耕地、宅基地等资产产权，有效保障农村集体财产的分配权，维护农民利益。再

① 王玉林．我国城乡结合部中青代被征地农民养老保障问题研究［D］．济南：山东大学，2016：45.

次，应实施不动产统一登记，这就可以减少甚至杜绝分散登记导致的各种权利归属不明、权属界限不清、重登漏记等问题，从而提高登记的权威性及准确性，更好地维护当事人的不动产物权，奠定社会主义市场经济的产权基础，以促进农村集约化和可持续发展。最后，应通过全面确权颁证，深化农村产权制度改革，加快农村土地使用权的市场化流转，实行同等入市、同权同价，完善农民增值收益分配制度，为迁入城镇的农民进行土地承包经营权、宅基地的有偿转让提供制度保障。将农民在农村占有和支配的各种资源转变为资产，并将这种资产变现为可交易、能抵押的资本，让农民带着资产进城。总之，明晰土地产权问题，加快土地流转速度，农民就可以从其所拥有的土地当中获得更大的利润空间，从而提升农业生产的融资能力，提高中国现代农业发展的产业化生产水平。此外，对于产权流转较为活跃的城乡结合部地区，应该建立统一、有序的产权流转交易市场，严格规范市场的准入规则、流程、评价标准等，保证土地交易市场公正、公开、科学运行。

2. 深化“三权分置”改革

由于实现城镇化要求农业转移人口先后完成退出农村、进入城市及融入城市三个阶段，而要使得农业转移人口退出农村，就必须先解决农业转移人口的土地权益保护及流转问题①。如果土地权益缺乏制度保障，将抑制城乡结合部“准市民”市民化的意愿，从而影响城镇化进程。因此，要深化以所有权、承包权、经营权“三权分置”为重点的农村土地制度改革。

改革开放之初，实施的家庭联产承包责任制将集体所拥有的土地所有权与农户所拥有的承包经营权相分离，有效地调动了农民的积极性，农村改革取得了较好的成绩。随着农业技术的发展与经营规模的扩大，现代新型农业更加趋向于高投入、高产出的适度规模经营。而在家庭联产承包责任制之下，土地流转就成为能够实现农业适度规模经营的唯一途径②。在农地流转的实践过程中，农户的土地承包权与土地经营权分离的现象不断涌现，农村就出现了土地所有权、承包权与经营权“三权分置”的情况。为确保农业适度规模经营，正确引导农户进行土地经营权的有序流转，中共十八届三中全会决议提出在我国农业经营体制中建立“三权分置”的模式。2016 年 10 月 30 日，中共中央

---

① 朱健．户籍制度改革背景下农业转移人口市民化问题研究［D］．湘潭：湘潭大学，2016：120.

② 张燕，王欢．土地信托——农地流转制度改革新探索［J］．西北农林科技大学学报：社会科学版，2015（2）.

办公厅、国务院办公厅颁布《关于完善农村土地所有权承包权经营权分置办法的意见》，旨在进一步深化农村土地制度改革，健全农村土地产权责任制度，顺应农民保留土地承包权、流转土地经营权的意愿，将土地承包经营权分为承包权和经营权，完善农村土地所有权、承包权、经营权分置办法。从长远来看，“三权分置”一方面提高了劳动生产率，从而释放了更多的劳动力；另一方面增加了农民的财产性收入，为其提供了稳定的市民化资本，有利于农业转移人口的市民化①。所以，应建立和完善配套措施，深化“三权分置”改革。

第一，应加快相关法律法规的修订完善工作。《农村土地承包法》规定，当进城农民工在城市落户时，必须交还承包的土地。否则，不从事农业生产却承包了土地，意味着土地的浪费，将阻碍农业的适度规模经营及现代化。但反过来要求农业转移人口只有放弃土地权益才能进城落户，又会抑制农业转移人口市民化的意愿。所以，不应把放弃土地的承包权及收益权作为农业转移人口进城落户的条件，应落实“三权分置”，维护农民利益，加快配套政策措施的制订与完善。

第二，应加快农地流转补贴制度及社会保障制度建设。农地流转补贴制度能充分调动农户土地流转的积极性，避免土地资源的浪费，促进土地适度规模经营。因此，政府应按照农户流转土地的实际面积予以相应的经济补贴，保障农户转让经营权时的基本收益权，防止农户因失去土地而陷入生活困境②，推动其市民化进程。同时，还应建立相应的社会保障制度，防止部分农民出现“失地即失业”等社会问题，消除其市民化的障碍。

第三，应建立进城落户农民在农村的相关权益退出机制。应培育农村土地产权的流转交易市场，在土地集体性质不变的前提下，允许农民作为市场主体直接参与交易。原土地承包者应获得绝大部分的土地增值收益，使农业转移人口获得稳定的财产性收入，降低其市民化成本，从而使得农业转移人口既在城市工作及生活，又能拥有农村的土地权益，从而提高农业转移人口进城落户的积极性③。

3. 规范农村土地征用制度

需要强调的是，土地所有制的不同导致中国与外国在征地过程中的法律、

---

①③　朱健．户籍制度改革背景下农业转移人口市民化问题研究［D］．湘潭：湘潭大学，2016：121.

②　张佳伟．“三权分置”背景下农地流转风险防范问题研究［J］．改革与开放，2017（11）.

程序与政策都不相同。国外大多实行的是高度私有化的土地所有制，被征地者对土地拥有完全的所有权，土地作为个人的私有财产受到法律的完全保护。因此不论是政府还是社会团体征地都需要通过一系列复杂的程序来获得许可以及被征地者的同意，而且还要保证被征地者的利益不遭受损失，能够按照市场的土地价格给付被征地者合理的经济补偿以及其他补偿。而且，征地的过程必须严格按照既定的权利义务体系进行，土地征用全程受到议会、司法机关及新闻媒体的监督，尤其是对政府征地用途的监督要严格限定在公益用地上，以防出现政府滥用征地的现象。反观中国，现阶段土地征用制度存在不少漏洞。作为征地主导者的政府往往是自我监督，缺乏外部监督，导致征地过程中的官商勾结以及暗箱操作频发，被征地农民的权益受到极大的损害①。中国已经不再是传统意义上的地大物博，国家虽然对于土地的使用拥有绝对的话语权，但在土地征用方面，中国政府要明确征用的概念，应规范农村土地征用程序，缩小征地范围，将征地用途严格限定在具有代表性的公共利益范围内，如公共基础设施用地、交通用地、水利环境保护用地及国家机关单位用地等。城乡结合部改造过程中，集体租赁土地必须由政府部门批准，统一征用。城市规模扩张引起对城乡结合部地区土地征用的速度加快而出现的土地征用问题，必须在《土地管理法》及国际惯例的基础上制定专门的《土地征用法》加以解决，明确土地征用过程的操作流程、规则以及具体实施标准。

4. 建立科学合理的土地补偿机制

无论在国内还是在国外，被征地者都属于相对弱势群体，因此，在征地过程中要充分保障被征地者的合法利益，最大限度地避免损害被征地者的利益。国外尤其是发达国家，在征地过程中特别重视被征地者的权益保障，其通常以发达成熟的市场经济体系为依托，衡量土地现有的市场价值，最大限度地补偿被征地者的利益损失，确保被征地者不至于因被征地而出现生活水平下降的情况。此外，国外还特别重视被征地者的土地发展权，如果土地随着市场供给的变化而出现大幅的增值以及其他未来价值都必须囊括到支付给被征地者的补偿费中。而中国现阶段的征地程序多以行政手段为主，难免出现一些忽视被征地农民利益的做法和行为，而且征地过程中的补偿也多是一次性补偿，对于土地

---

① 王玉林．我国城乡结合部中青代被征地农民养老保障问题研究［D］．济南：山东大学，2016：45.

未来增值的可能以及其他价值用途却疏于考量，存在侵害被征地农民利益的不当行为[①]。因此，应探索建立科学的政府“征购制度”，通过科学有效的土地价值（包括土地的经济价值、社会价值及生态价值）评估，制定出对被征地农民的合理补偿标准并建立定期调整机制。

首先，应积极探索城乡结合部土地多元化的补偿安置模式。由于被征地农民需要更稳定的长效补偿机制，因此土地征用前应该做好充分的调查工作，了解被征地农民所拥有的生计资产与被征地农民的后顾生计来源。农转居有很大一部分对象来自城乡结合部，而这部分农民是由于失去赖以生存的土地而不得已需要农转居。土地作为农民家中最大的财富，需要给予被征地农民合理等价的补偿。同时，为了适应不同地区被征地农民的具体情况，要采取多元化的补偿方式，这样可以有效避免因为地区情况不同而导致的补偿效果不佳的问题。对于被征地农民，应探索多途径的补偿安置模式，允许被征地农民采取投资入股的方式来行使自己的土地使用权，包括出租转让、转包、招工安置、入股安置、留地安置、社会保险安置、农业安置等，还可以按一定比例调换城镇土地。征地补偿可以采取土地使用权换社保或者实行土地股份合作制。土地使用权换社保的制度也就是政府在征地补偿的过程中可以采取为被征地农民办理社会保险的方式来补偿农民。土地股份合作指的是农民可以用自己的土地使用权来入股企业或者政府筹资兴建的一些项目，农民根据股份分得相应比例的红利。总之，应真正按照土地的市场价值对被征地的农民进行补偿，让农民带着资本进城，把获得的补偿作为他们进城定居的部分资金来源。政府还应当以多种形式让农民参与土地增值收益分配，在追求最大化效益的同时解决农民的问题。此外，政府还可以将征地农户安置地与发展新的居民点进行统筹规划，在新的城乡居住区形成一定规模后通过招商引资、发展企业等吸纳居住区劳动力，让被征地农民能够安居乐业[②]。

其次，建立对被征地农民的合理补偿标准的定期调整机制。征地补偿标准不应该是一种长期固定不变的、只包含单一补偿价值的标准，而是应该按照城镇化进程中城市的整体规划，综合考量被征用土地的产出、区位、交通及人口

---

① 王玉林．我国城乡结合部中青代被征地农民养老保障问题研究［D］．济南：山东大学，2016：45.

② 马睿，周伟，黄保华．城乡结合部农地非农转换价值感知研究——以西宁市郊区农户调查为例［J］．资源科学，2016，38（12）.

等多种条件来确定。换句话说，农村土地产权结构是一个完整的体系，既包括现时的农业生产等静态价值，也包括未来开发的动态价值。征用农村土地，既要对其农业用途的现时价值进行补偿，也要对土地未来的发展价值进行补偿。由于土地发展权价值受区位的影响较大，因此可以参照城市土地的基准地价来制定一个土地发展权的“基准地价”，将征地补偿标准规定为农地农用价值加上基本发展权价值。同时，考虑到城市房价的普遍持续上涨以及城市生活水准的不断提升，为使被征地农民能够得到开启城市生活的第一桶金，应该按照上涨水平相应提高货币补偿标准，参考的提高幅度应与当地土地潜在的增值空间及同期房价、生活水平的涨幅相匹配①。这样的做法就可以为那些被征地农民的市民化提供合理的经济补偿。

最后，提升被征地农民对征地过程和征地补偿分配的参与度。应该兼顾社会公平正义与土地利用效率，有效降低土地征用过程中产生的冲突。一方面，让征地过程和收益分配公开透明，确保被征地农民的知情权。应完善征地信息公告制度，及时披露征地项目、征地目的、征地位置、征地面积、安置方法以及补偿标准等详细信息，同时将有关征地信息以书面形式通知农村集体经济组织和被征地农民，保证被征地主体享有完整的知情权。另一方面，应确保农民在土地使用权流转中的发声权和谈判权，农民有权要求召开征地听证会，并对关系其切身利益的事项表达意见。同时，让被征地农民直接参与补偿标准、安置方法等问题的谈判，确保被征地农民能够公平分享土地发展权益。在农村承包地、宅基地的流转时，特别需要尊重仍有返乡意愿的农民工的想法，以防被流转的状况出现。可在尊重其意愿的前提下，让返乡养老的农民工集中居住，并提供一定的养老以及医疗设施，使其能在家乡安心养老②。在土地征用过程中，应明确政府行政权力与市场谈判力的边界，使政府行政权力仅仅作用于征地审批与监督，让农村集体经济组织和农民等被征地主体与征地单位直接商谈补偿方式及补偿标准，尽可能发挥市场机制的调节作用。应听取群众和开发商意见，规范土地转让价格的形成机制，科学制定城区改造方案。此外，应公正处理各种征地纠纷，保障农民的合法权益。征地过程涉及土地发展利益的重新

① 刘伟，吴志江，徐云涌，等. 新型城镇化背景下“农转居”的影响因素分析及公共政策[J]. 长春工程学院学报（社会科学版），2016，17（4）.

② 陈春，于立，吴娇. “人的城镇化”需解决农民工融入城市的制约因素：重庆农民工调研分析的启示[J]. 城市发展研究，2016（7）.

分配，参与主体之间存在着持续的博弈关系，被征地农民往往处于相对弱势的地位，其正当土地权益常常受到政府、征地单位等强势主体的侵害，因此需要完善法律，公正处理征地纠纷，保障被征地农民合法的土地发展权益①。

（二）强化土地管理

经济的发展与城镇化的推进，城乡结构一体化的发展战略也使得城乡结合部这一特定区域的数量在现阶段呈现持续增长的趋势。在利益的驱使下，城乡结合部违法、违规建设等现象屡见不鲜、屡禁不止，这无疑会给城镇化进程带来不同程度的滞后性。因此，建立、健全相关法律法规以及完善、强化土地管理势在必行。

1. 编制切实可行的土地规划

虽然中国提倡土地利用的市场化，但国家性质决定了土地性质，中国的土地制度仍然是公有制性质，应该由各级土地管理部门或者地方政府代表国家统一行使统筹土地管理的职权，减少土地的多头管理。对于城乡结合部的土地权属混乱的情况，需要由统一的部门对其进行分类分权管理，加强对城乡结合部地区土地的宏观调控，理顺土地管理中各种利益主体之间的关系②。总之，土地利用总体规划要与城镇规划、产业规划充分衔接，统筹城乡发展，推进城乡一体化。各级政府及土地管理部门要强化对城乡结合部地区土地的依法全面管理，科学规划、合理安排各类土地用途。

具体来说，应该按照当地民众代表参与民主协商、邀请专家公开评审、政府集体决策的程序，规划切实可行的城乡结合部建设审批制度及发展蓝图，成立相应的规划工作监督机构，落实行之有效的监督制度。在制定土地利用总体规划时，首先，要有利于城市发展，又不能阻碍城乡结合部正常的土地利用；其次，要坚持着眼于将该区域建设成为一流城市的远大前景，又要立足本区域的土地优势资源与实际情况；再次，要充分考虑到民政、教育、文化、绿化等社会公益性项目的用地③，控制新增建设用地总量和占用耕地，力求使建设用

---

① 徐美银．农业转移人口市民化进程中的农村土地制度创新［J］．华南农业大学学报（社会科学版），2015，14（4）．

② 云磊．中国城市化进程中城乡结合部土地利用问题研究——以大连市甘井子区为例［D］．大连：东北财经大学，2015：48．

③ 毛哲成．国家治理视野中城乡结合部问题分析与对策探讨［J］．湖北经济学院学报（人文社会科学版），2016，13（11）．

地与农业用地、城市用地与农村用地达到平衡。可以根据各土地利用类型、面积与生态系统服务价值的相关性来调节各类用地面积，大力发展高新技术、高附加值工业，进一步优化土地利用结构和产业布局①。

此外，在这个过程中，需要特别强调监管的重要性。只有严格执行总体规划，加大建设过程的执法监督检查，才有可能达到土地利用规划的初衷。土地利用总体规划一经批准，就必须加以严格执行。对于不依据城乡结合部土地使用总体规划行事的行为必须从严处理，并追究相关人员的法律责任。实际上，城乡结合部有许多土地管理问题都源自于地籍资料不详实，如果能完善土地登记，快速掌握地籍变化，就能在处理土地问题时有理有据。因此，应全方位开展城乡结合部土地的权籍调查，摄录地区现貌资料，了解土地的利用情况，跟踪土地的性质变化，建立翔实的农居档案材料，加强地籍监控，以便对违法用地行为进行及时处治或处罚。

2. 加强土地资源的集约利用

中央政府提出建设“资源节约型、环境友好型社会”的思路。资源节约型社会就是整个社会经济的发展要以资源节约的理念为基础，不断提高资源的利用效率，减少资源消耗。环境友好型社会的核心内容就是人与自然和谐共生，均能可持续发展。作为整个社会经济发展环境系统的重要因素，土地兼具资源以及资产的双重属性。衡量土地市场价值的大小，取决于其利用效率的高低。因此，在对城乡结合部地区的土地进行开发利用时，应该贯彻资源节约型社会与环境友好型社会的核心理念。在土地资源利用过程中，应该加强对土地资源的空间开发，提高土地利用效率，以最低的土地利用成本产生最大的效益。应该控制土地总量，整治、盘活闲置土地，建立土地节约集约利用优惠政策，提高土地利用集约度，充分发挥土地资源的功能，合理布局土地利用网络，使单位面积土地发挥更大效率②，促进土地利用方式向集约型转变。

具体来说，在城乡结合部地区土地利用过程中，应规范土地的审批和使用。对于不符合国家用地、节约集约用地控制指标的项目一律不予批地，从而提高城乡结合部的土地利用率。对于已经进入城镇的农民的原有承包地及责任田，应该

---

① 罗春香，杨君，何欢等．城乡结合部生态时空演变及其驱动力因素分析［J］．农村经济与科技，2016，27（1）．

② 云磊．中国城市化进程中城乡结合部土地利用问题研究——以大连市甘井子区为例［D］．大连：东北财经大学，2015：48．

集中收回，鼓励农业用地规模化、集约化生产，提高农业规模效益及生产效率；认真做好农业生产的区域性规划工作，优化农业用地的利用结构，提高农业用地的利用能力；优化村庄内部用地结构，充分利用村内各种废弃地、闲置地，积极推进宅基地招理，引导农民向高层发展，提高土地利用率[①]。

3. 完善耕地保护机制

生态文明是新型城镇化的基本特征之一，减小城镇化发展进程中的环境代价，是城乡结合部“准市民”包容性发展的重要内容。包容性发展的理念要求应该在保护城乡结合部耕地等资源的前提下提高城镇化水平。中国人口数量庞大，而耕地资源相对紧缺，生态环境脆弱，人与土地间的矛盾不断加剧。因此，城镇化必须重视社会效益与生态效益，强调人与环境协调发展。要想方设法使得各种建设用地不用或者少用耕地，实行建设用耕地和补充耕地增减挂钩政策制度，严格控制城市新区建设规划边界，提高土地开发力度及土地利用强度。

一方面，要建立城乡建设用地规模的约束机制，做到城镇体系分明、布局合理、规模适度。开展城乡结合部的农村土地整理工作，对田、林、水、路、村综合治理、严格划分建设用地与农业用地的界线。在县、乡土地利用总体规划的基础上，限定村庄、集镇的非农建设用地规模。集中安排公共服务和公共管理设施用地，合理配置道路、交通设施等公共基础设施用地，对零散的建设用地与农业用地进行集中。同时，加强对土地资源的管理，特别是在对农业用地被过度非农占用这一问题上，一定要做到有法可依、有法必依、执法必严、违法必究[②]。

另一方面，深化耕地保护制度与耕地质量改善等级监督制约制度改革，建立有效的土地收益分配机制，充分挖掘土地利用潜力。采用经济措施、行政方法、法律手段等切实落实对土地利用生态与环境的全方位、多层次、多途径的建设及保护。在经济措施方面，以保护环境为基本原则，通过拓宽投资渠道，做好农村建设用地的增减挂钩以及整治挖潜的工作。要明确各种与土地相关的税收，加强税收监管。同时，加大非农建设用地占用耕地的成本，加大耕地保护的财政补贴力度，而且将补贴直接落实到农地所有者身上，直接调动农民主

① 罗春香，杨君，何欢等．城乡结合部生态时空演变及其驱动力因素分析［J］．农村经济与科技，2016，27（1）．

② 田贞浩，史艳梅．我国城乡结合部土地利用问题及对策探讨［J］．北方经贸，2016（6）．

动保护耕地的积极性。上述完善耕地保护的经济机制，既能避免一定程度上的土地收益的流失，又能刺激农户加大对城乡结合部耕地的保护力度，一举两得；在行政方法方面，通过各种强制措施加强对污染源的整治，做到预防为主，防治结合，综合监测与治理，从根本上防止污染问题的恶化；在法律手段方面，通过完善法律法规，加强环境保护与土地利用生态建设的宣传工作，提升全社会保护耕地的自觉意识。

4. 建立土地管理信息系统

随着信息时代与大数据时代的来临以及快速发展，计算机网络结构日趋完善，现代通信技术水平不断提高，利用先进的以计算机技术、地理信息系统（GIS）以及全球定位系统（GPS）为支撑的土地信息的获取及管理系统逐渐取代传统的土地信息管理系统[①]。城市建成区的土地信息数据库建设技术已经相当成熟和完善，对于城乡结合部地区土地信息数据库可以在城市土地信息数据库建设经验的基础上，运用现代科学技术，实现对城乡结合部土地的分析、监测及管理的科学化和信息化，在减少大量财力投入和人力投入的同时，提高土地信息获取的准确性与快速性，及时掌握土地信息的变化情况。因此，要想使土地管理越来越合理化与科学化，必须着眼于新技术、新手段的开发和利用，保障土地资源科学、合理、有效和可持续利用。

土地管理信息系统建立以后，应及时更新土地变化数据，专业技术人才通过数据分析及时为政府决策部门提供科学的分析报告，便于政府及时对土地利用进行科学管理与宏观调控。在土地信息系统建立过程中，政府应该发挥关键作用，加大对土地管理信息系统软硬件建设的资金投入和政策投入，以社会专业科技部门和高校专业院系为依托，建立政府、高校、社会企业共同研究开发的框架体系，坚持科技战略、人才战略，注重科技创新、人才培养，进一步提高中国航拍遥感技术水平[②]。此外，应构建地区土地信息管理系统共享平台，加强地区间政府的沟通与合作。

5. 加强法制化管理

土地违法现象的存在，根源在于城乡结合部土地利用无法可依、有法不依、执法不严、违法不究。因此，应继续推进完善中国的《土地管理法》以

---

① 田贞浩，史艳梅．我国城乡结合部土地利用问题及对策探讨［J］．北方经贸，2016（6）．

② 云磊．中国城市化进程中城乡结合部土地利用问题研究——以大连市甘井子区为例［D］．大连：东北财经大学，2015：56．

及相关土地法律法规。由于城乡结合部的发展是一个动态的过程，为该地区专门立法缺乏现实的可能，而地方立法是一种比较合适的选择。地方政府在进行立法时，应当充分考虑当地的具体实际情况，从而进行更具有针对性以及时效性的立法工作[①]。实际上，国家、国务院各部门、各省市地方政府都制定了各种各样的土地管理法律法规，但是这些法律法规在现实中的执行情况往往不容乐观，因此必须建立健全法律执行监督体系，督促土地管理机构依法治地。“依法治地”需要党、政、民的相互协作，共同维护。城乡结合部的土地用途改变及利用要严格依法。例如，城乡结合部土地非农开发的过程中，要制定合理明确的法规政策，依法妥善处理被征地农民的安置与补偿问题，城市综合部门要联合民政、社保、公安等部门依法建立社会保障体系，解决被征地农民的后顾之忧。

同时，应明确政府官员在土地管理中的责任，加强官员的土地专业知识教育，促使政府官员用专业的土地知识应对土地问题。应强化政府官员的自律廉政教育，打破政府官员与房地产开发商等盈利组织的利益链。此外，加强中国土地执法队伍建设，利用信息时代新媒体的强大影响，建立健全监督机制，对于征地、用地、土地确权等一系列土地管理环节进行跟踪监督，以有效防止和避免一些地方政府在土地利用过程中滥用权力[②]。

三、社会保障制度创新

社会保障制度是现代经济社会生活中最为基础和重要的维系机制之一，关系着绝大多数居民的生活状态。深化改革社会保障制度，是实现城镇化包容性发展的重要一环。在城镇化进程中，要彻底让城乡结合部“准市民”融入城镇，让其能够在城镇中稳定地生活及工作，就必须加快对现有的社会保障制度的创新与改革。应创新现有的社会保障制度，采用新型的保障方法，更好地发挥社会保障制度对城乡结合部“准市民”包容性发展以及城镇化的促进作用。

---

① 毛哲成．国家治理视野中城乡结合部问题分析与对策探讨［J］．湖北经济学院学报（人文社会科学版），2016，13（11）．

② 云磊．中国城市化进程中城乡结合部土地利用问题研究——以大连市甘井子区为例［D］．大连：东北财经大学，2015：55．

（一）注重城乡社会养老保障的接续

应积极促进城乡结合部被征地农民养老保险与城镇居民养老保险的融洽衔接。中国的被征地农民在未来相当长的一段时期内，都将集中在城乡结合部。城乡结合部被征地农民的社会保障是连接城镇和农村的纽带，是从农村社会保障体系到城乡一体化社会保障体系的过渡。构建被征地农民的养老保障体系并不是解决被征地农民养老问题的最有效手段以及终极目标。根据中国经济、社会发展的趋势，融入全国范围内公平、统一的养老保障体系才是被征地农民养老保障体系的最后归宿。换言之，现阶段构建被征地农民的养老保障制度只是一种过渡性政策，这是基于中国现有的养老体系严重缺乏对被征地农民养老问题的制度考量与设计而提出的一种暂时性与弥补性的措施。因此，中国在制定被征地农民养老保障体系框架时，应充分考虑制度的后续衔接问题，以便能在比较恰当的时机完成不同养老保险体系间的无缝衔接，既能有效地解决被征地农民的养老问题，提升被征地农民的归属感与幸福感，消除被征地农民与城镇居民间的距离感，又能够最大限度地降低制度衔接的成本①。城乡结合部被征地农民的养老保险制度的衔接应该主要以城镇养老保险体系为主，并适当衔接全国统筹的养老保险体系。

（二）加大社保投入力度

应重视并加大城乡结合部社会保障的财政投入。对于各个区域间经济发展不平衡、资金不足的具体情况，政府应加大相应的转移支付力度。在维护公平保障的前提下，各个地方可以根据当地的经济发展状况适当调整保障水平。基层政府的公共服务资金应向城乡结合部倾斜，建立城乡结合部社会保障需求与政府投入资金的使用对接机制，进一步提升其使用效率，有针对性地回应城乡结合部"准市民"的社会保障诉求②。应以现代化小城市的标准进行城乡结合部的社区建设，建立起城乡一体的最低生活保障、五保老人供养、养老保险、基本医疗保障及医疗救助等制度，使教育就业、医疗卫生、法律咨询等

---

① 王玉林．我国城乡结合部中青代被征地农民养老保障问题研究［D］．济南：山东大学，2016：44.

② 李德虎．城乡结合部转型社区治理中政府角色的困境与调适［J］．内蒙古社会科学（汉文版），2016，37（5）.

公共资源与公共服务尽快向城乡结合部延伸，使城乡结合部的“准市民”和城市居民享受到同样的公共资源与公共服务，消除身份界限，实现社会保障一体化。

（三）改善农业转移人口子女受教育状况

就业和子女教育是农业转移人口目前在城市工作时最为关心的两个问题。因此，改善农业转移人口子女受教育状况，拓宽农业转移人口后代的社会上升通道，是人的城镇化的重要保障。而更为重要的是，农业转移人口子女的教育问题关系到中国未来的产业发展以及经济的转型。因此，应给外来的农业转移人口提供同等的公共教育政策，使得其子女能够平等地享受教育服务，从而以教育的方式改变其子女的命运①。

一方面，作为教育的供给主体，政府应加大对公共教育的经费投入，尤其是加大对农村义务教育的投入力度，提高农村义务的教学质量，从而提高农业转移人口的总体文化素质。政府还应增加对扩大农村招生规模的职业院校的教育补贴，使其免收接受职业教育的农村学生的学杂费，以此助其获得稳定工作的技能。同时，还要构建社会监督机制，让相关部门接受群众、社会团体和社会舆论的监督，建立有效的信访监督渠道，实行“阳光行政”②。

另一方面，政府应从制度层面确保农业转移人口随迁子女与城市居民子女在入学、升学、高考、奖励等方面享受同等的受教育权。首先，中国教育部门应该出台相应政策，逐步放宽随迁子女就读公办院校的入学条件，简化入学手续，提高入学效率。明确规定农民工随迁子女所负担的收费项目和标准应与当地学生一视同仁，不应再收取择校费、借读费或者要求农民工捐资助学及摊派其他费用；放开接收农民工子女的学校范围，改变把质量较差的小学用于接收农民工子女就读的状况③。其次，大力改善民办学校的办学条件。政府要加大财政上的支持及政策上的扶持力度，改善民办学校的软硬件设施。为提高当地政府对民办学校的重视程度，可以考虑将民办学校的办学成果列入当地政府的

---

① 刘伟，吴志江，徐云涌，等．新型城镇化背景下“农转居”的影响因素分析及公共政策［J］．长春工程学院学报（社会科学版），2016，17（4）．

② 李云雀．城市化背景下制约新生代农民工融入城市的影响因素分析——以成都市为例［J］．临沂大学学报，2016，13（6）．

③ 陈春，于立，吴娇．“人的城镇化”需解决农民工融入城市的制约因素：重庆农民工调研分析的启示［J］．城市发展研究，2016（7）．

绩效考核。同时，鼓励社会力量合作办学，改变民办学校由于资金不足衍生的一系列问题。最后，需要改革中、高考制度。政府可以考虑建立全国统一的学籍信息管理系统，设置以实际居住地为考试地点的升学制度，从而节约随迁子女的升学成本，实现教育公平①。

四、住房制度创新

通过大量的研究与分析发现，住房状况对城乡结合部的“准市民”融入城市具有较大影响，能否解决城乡结合部“准市民”的住房问题是能否实现其市民化的重要保障②。因此，要不断进行住房制度创新，对保障性住房进行合理布局，特别是要努力探索公共租赁住房制度，促进城乡结合部“准市民”的市民化，推动城镇化进程。

（一）对保障性住房进行合理布局

为了推动城乡结合部的农业转移人口市民化，使其更好地融入城市，应破除和改变现有相对封闭与隔离的居住模式以及现象，鼓励农业转移人口加强与社会不同阶层、不同群体的交流，以顺利融入社区。而让农业转移人口分散混居在不同社区是第一步。促进农业转移人口与城市居民的融合，关键在于政府保障性住房的合理布局。目前，中央对保障性住房的相关政策比较宏观，各地保障性住房实际上主要依赖的是市场需求，因此不少地方将保障性住房布局在城乡结合部。然而，城乡结合部的公共服务与配套环境设施无法满足农业转移人口的需求，居住隔离现象萌发③，依然回到了农业转移人口居住空间和社会地位双重边缘化的老路上来，违背了政府的初衷。

因此，应借鉴国际上消除居住隔离现象的成功经验，对保障性住房的居住空间进行合理的布局，以此防止保障性住房的布局不合理所带来的社会隔离的

---

① 肖芝兰．我国新生代农民工城市融入的困境及对策研究［D］．南昌：江西财经大学，2015：39.

② 陈春，于立，吴娇．“人的城镇化”需解决农民工融入城市的制约因素：重庆农民工调研分析的启示［J］．城市发展研究，2016（7）.

③ 赵聚军．保障房空间布局失衡与中国大城市居住隔离现象的萌发［J］．中国行政管理，2014（7）.

风险，避免农业转移人口居住空间与社会地位的双重边缘化①。在社会住宅规划建设中，法国要求廉租房比例约占住房总面积的15%～20%；英国要求低收入群体住房占新住宅项目总量的15%～50%；德国要求福利住房建造面积占新建住宅区面积的20%。对中国来说，各地政府在进行社会住宅规划时，可借鉴上述各国经验，并根据自身社会经济状况的变化，对保障性住房政策进行合理调整，规划一定比例的面积进行保障性住房建设，以此防止社会阶层的二次分化，促进不同阶层之间的交流与融合，助推农业转移人口的市民化。

（二）扩大保障性住房覆盖面积

各地政府应在中央宏观政策部署下，针对本地区农业转移人口的实际状况建立惠及农业转移人口的保障性住房制度和政策。首先，应逐步合理扩大保障性住房的覆盖面，将农业转移人口纳入保障范畴，打破其购买保障性住房的户口限制，精简其申请保障性住房的条件和程序。其次，出台保障性住房配套管理制度，规范并严格监督保障性住房的申请条件、审核以及后期复核等程序，确保保障性住房管理制度的公开透明。严厉打击保障房资格造假，托关系骗购骗租等各种乱象，维护保障性住房的公平公正，从而使保障性住房制度惠及最需要的包括农业转移人口在内的中低收入困难群体。最后，设立专门的保障性住房管理机构，负责提供并分配针对农业转移人口的经适房、限购房、公租房、廉租房等保障性住房，加快城乡结合部棚户区的改造。对城乡结合部的棚户区进行改造时应区别对待，尽量避免同时间、大面积的拆除。特别是应对农民工常租住的、房龄长的房屋进行非拆除性的改造。通过提供独立的卫生设施，完善住房的周边环境，改善现有住房的条件，提高住房的安全性，提升生活的质量。此种改造方式，降低了相关成本，有利于提供更加廉价的保障性住房，有利于农民工逐步融入城市。

（三）积极进行公租房制度创新

在中国，保障性住房是指政府为中等偏下收入住房困难家庭所提供的限定

---

① 商爱玲，彭雪容．政府在农业转移人口居住中的角色重建［J］．中共福建省委党校学报，2016（5）．

标准、价格或者租金的住房，一般有经适房、限价房、公租房、廉租房等形式，其主要受益对象是城市的中低收入群体[①]。其中，公租房向符合规定条件的中低收入城镇住房困难家庭、在城镇稳定就业的外来务工人员及新就业无房职工出租，并限定建设标准与租金水平，是一种具有社会福利性质的公益性产品[②]。考虑到农业转移人口住房以租赁为主的现状以及农业转移人口的收入状况，应将公租房作为我国保障性住房的主要供给模式，并完善以公租房为主要内容的农业转移人口住房保障体系。

1. 将农民工纳入公租房覆盖范围

对于在城镇稳定就业并愿意留在城镇的农民工，各地方政府应根据自身的实际情况，突破制度的藩篱，出台适合本地的公租房管理政策，有条件地将这部分群体纳入公租房的覆盖范围，以促进其长久定居。2016 年中国购房的农民工比例为 17.8%，尽管这一数字比上年提高 0.5%，但现阶段既有能力又有条件在城镇购房的农民工占比仍然较小，而且购房地点以中小城市为主。考虑到生活成本问题，真正愿意在大城市或特大城市永久定居的农民工比重很低。所以，不同城市应根据农民工在本地就业、生活的具体情况，制定合理高效的公租房管理政策。此外，在空间布局上公租房需要注意与城市产业用地相结合，确保农业转移人口能就近居住。应进行“宿舍劳动体制”改革，让农业转移人口生活在社区，工作在厂区[③]，使他们的生活环境与工作区域相分离，以淡化高度的同质性与共同的组织环境。政府为农业转移人口提供力所能及的公租房，引导他们离开城乡结合部等熟人关系网络密集却又居住条件恶劣的区域，能减轻群体性压力，减少群体性事件发生的概率。

2. 公租房建设可引入“PPP”模式

PPP（Public-Private-Partnership）模式，又称公私合营模式，是指政府与私人组织之间，为了提供某种公共物品和服务，以特许权协议为基础，彼此之间形成一种伙伴式的合作关系，并通过签署合同来明确双方的权利和义务，以

---

① 商爱玲，彭雪容．政府在农业转移人口居住中的角色重建［J］．中共福建省委党校学报，2016（5）．

② 尚教蔚．城乡统筹背景下的农民工住房保障问题研究——基于公共租赁住房制度［J］．城市，2016（11）．

③ 徐道稳．生存境遇、心理压力与生活满意度——来自深圳富士康员工的调查［J］．中国人口科学，2010（4）．

确保合作的顺利完成，最终使合作各方达到比预期单独行动更为有利的结果①。

在公租房制度建设中引入“PPP”模式，将政府公租房供给的部分责任以特许经营权方式转移给社会主体（企业），两者间建立起“利益共享、风险共担、全程合作”的关系，其优点主要有：首先，减轻了政府在公租房建设方面的财政负担。公租房建设过程中，私有资金的进入可以有效地缓解地方政府公租房建设资金不足的困境。其次，调动了社会主体（企业）参与公租房建设的积极性。公租房体系在运行过程中产生的稳定持续收益，符合私人投资者逐利的本性和获利的预期。最后，有利于实现“居者有其屋”。“PPP”模式有利于建立政府保障和市场配置相结合，满足农民工多层次需求的公租房供应体系②，有利于改善住房结构及构建和谐社会。

目前政府已经为公租房“PPP”模式的市场化运作提供了政策支持，创造了良好的发展环境。2015 年，财政部会同住房城乡建设部等六部门印发《关于运用政府和社会资本合作模式推进公共租赁住房投资建设和运营管理的通知》，鼓励地方运用 PPP 模式推进公租房的投资建设及运营管理③。

总之，农民工的住房问题关系着城市的稳定与繁荣，关系着农民工市民化与城镇化进程的顺利推进。公租房“PPP”模式通过公私部门的合作，均最大限度地利用了各自的优势，有利于促进政府职能的转变，有利于实现资源的优化配置，有利于达到“多赢”的目的。

（四）鼓励农业转移人口自行购房

住房是民众安身立命的根本，城乡结合部的农业转移人口在城市拥有自己的住房，是他们成功融入城市的前提，是农业转移人口市民化的重要保障。《2016 年全国农民工监测调查报告》显示，2016 年中国农民工的购房比例有所提高。在进城农民工中，租房居住的农民工占 62.4%，比上年下降 2.4%。单位或雇主提供住房的农民工占 13.4%，比上年下降 0.7%。以其他方式解决

---

① 17 号线 1 月开建　成都地铁征集 PPP 合作伙伴［EB/OL］.［2017 - 08 - 05］. http://www.sc.gov.cn/10462/12771/2016/12/10/10407109.shtml.

② 田祎萌，刘广平，陈立文．保障性住房项目 PPP 模式识别与选择研究［J］．管理现代化，2016（6）.

③ 张莹莹．新生代农民工住房保障“PPP”模式研究［J］．劳动保障世界，2017（17）.

居住问题的农民工占6.4%，比上年提高2.6%。购房的农民工占17.8%，比上年提高0.5%，其中购买商品房的农民工占16.5%，比上年提高0.8%①。由此可见，鼓励农业转移人口自行购房，是解决农业转移人口居住问题的一条行之有效的路径。然而，实现农业转移人口在城里购房，是一个庞大而复杂的系统，除了农业转移人口自身的努力之外，还需要政府提供全面有效的保障制度，以解决其购房的后顾之忧。

2014年全国农民工中，从雇主或单位得到住房补贴的农民工占比为8.6%，参与“五险一金”的比率分别为：养老保险16.7%、医疗保险17.6%、工伤保险26.2%、失业保险10.5%、生育保险7.8%、住房公积金5.5%②。其中，住房公积金比例最低。由以上数据不难看出，农业转移人口在单位获得的保障有限。因此，政府必须持续完善社会保障体系，满足农业转移人口在城市的就业、养老、就医、教育等各方面的需求。这样才能有效地避免农业转移人口自行购房后生活压力陡然增大的问题。

对此，需要特别强调的一点是，要鼓励更多有一定的支付能力，而且有意愿在城市生活的农业转移人口在城市自行购房，政府就需要进一步加大对农业转移人口购房的财政支持和政策扶持力度。政府从2015年开始允许地方市、县收购商品房用于保障性住房。各地区可以此为契机，根据当地政府财力，回购开发商的商品房。然后，政府可以低于市场租金一定比例的价格将回购的商品房租给农业转移人口。农业转移人口租住满一定年限后，政府可以低价购入等方式鼓励他们购房定居。

总之，农业转移人口居住的城镇化是市民化的重要方面。当前，农业转移人口在城市的居住问题是一个复杂而又急迫的问题，同时也是一个循序渐进的过程。应充分认识解决农业转移人口居住问题的长期性与艰巨性。政府应根据当下社会经济发展的状况、政府的财力以及农业转移人口自身的能力等多方面因素，分批次逐步解决农业转移人口的居住问题，如此才是符合社会发展规律的治理路径③，才能有序地推进城镇化与农业转移人口的“市民化”。

---

① 2016年全国农民工监测调查报告［R/OL］.［2017-04-28］. http：//www.stats.gov.cn/tjsj/zxfb/201704/t20170428_1489334.html.

② 2014年全国农民工监测调查报告［R/OL］.［2015-04-29］. http：//www.stats.gov.cn/tjsj/zxfb/201504/t20150429_97821.html.

③ 商爱玲，彭雪容．政府在农业转移人口居住中的角色重建［J］．中共福建省委党校学报，2016(5).

五、政府治理制度创新

城乡结合部是城与乡的过渡地带，不同利益群体之间形成了多种互动关系：地方政府与公众、市场之间的互动；城乡结合部当地居民、当地农民与流动农业转移人口之间的互动。不同利益群体间的多种互动使得城乡结合部形成了二元的管理体制。然而，政府对城乡结合部的治理制度由"二元交叉"变为"一元兼顾"，是城乡结合部顺利发展的重要保障。因此，应通过城乡结合部城乡二元的管理体制改革，促进城乡一体化发展。

（一）坚持政府主导的原则

作为整个城镇化建设的主要参与者，政府对城镇化的健康发展起着不可或缺的导向作用，因此城乡结合部的治理制度创新要坚持政府主导的原则。由大量的建设实践可知，完全依靠市场机制的治理可能会更多地牺牲民众的切身利益。之前的城镇化进程出现了一系列的问题，其中一个重要原因就是政府没有扮演好自己的角色。因此，应该尽快扭转过度依赖市场机制的观念，将强化城乡结合部的综合治理作为地方政府应尽的职责。为此，地方政府应该把"包容性发展"的理念纳入战略层面，从战略的高度强化对城镇化问题的认识，找准角色定位，转变职能，更好地为切实推动城镇化进程而提供良好的服务。应该充分发挥政府在城镇化中的主导作用以及对城乡结合部的管理职能，加大财政对公共服务的投入及支持力度，探索多种形式的非营利性经营，推进城乡结合部地区的社区化管理。对城乡结合部的治理理应从全局的高度出发，从城乡结合部地区的实际出发，由政府主导，统筹规划，各部门通力协调合作。在城乡结合部的综合治理中，贯彻"以人为本"的包容性发展理念，坚持以居民生活生产为中心的城镇化理念，关注人口协调发展，重视城乡均衡发展，注重生态农业建设，促进农业转移人口就业，健全完善城乡结合部"准市民"的各项社会保障。

（二）理清管理体制

理清管理体制也是城乡结合部综合治理中的重要环节。应该把政府的经济管理职能与社会管理职能相分离，明确政府在社会管理中的职能和作用，树立服务型政府的观念，完善社区体制，健全科学民主决策机制。

1. 树立服务型政府的观念

在城乡结合部综合治理过程中，各级政府要树立“以人为本”的管理理念，明确并强化公共服务职能，能够平等、高效、透明地为城乡结合部“准市民”提供优质的公共产品和服务，在政务活动中能够最大限度地满足城乡结合部民众的需要，做到保障民权、尊重民意、关注民生、开发民智[①]。为满足城乡结合部民众日益增长的服务和利益的需求，一方面，政府应持续增加公共服务的类别，提高公共服务的质量。在具备一定的条件下可以推动公共服务的市场化[②]，鼓励政府购买组织化的管理和公共服务，从而实现公共服务效益最大化。另一方面，政府应深化公共服务供给制度改革，加大城乡结合部地区的供给力度。在城乡结合部社区建设过程中，针对城乡结合部的原有居民、原租住者以及新进入者设计不同的配套措施，促进城乡公共服务供给一体化。

2. 创新社区体制

社区体制创新，要以推行城市社区管理模式为突破口，及时解决有着不同身份、特征的居民之间的矛盾，并把落脚点放到发展城乡结合部社区经济建设上来[③]。第一，应该从乡镇政府向城区街道办事处体制转轨入手，深化城区街道办事处代替乡镇政府的过渡性制度变革，就近把城乡结合部划分为数个城市街道办事处，加强社区环境的管理。等到城乡结合部条件发展成熟，立即与城区街道办事处体制接轨，承担起相应的社区服务与城市管理的职能。第二，淡化城乡结合部的村落性，把法制理念引入到城乡结合部之中，进而形成完全城市化的、新型的、法理性的治理模式和社区组织。第三，减少居委会或村委会的日常事务性工作，努力推行城乡结合部的社区自治，还原其自我服务和自我管理的功能，以此打破当地人口与外来人口分割隔离的二元社会结构。第四，还应提升基层干部的综合素质与工作能力，通过对基层干部进行各种形式的培训，大力培养社会管理型人才。第五，在城乡结合部社区居民治理模式上，要把外来人口统一纳入到城市人口管理体系中，从而改变原先政府对外来人口分

① 冉淑青．县域城镇化的包容性增长分析［J］．西部资源，2011（4）．

② 陆传英，高兴武．国内城乡结合部问题与对策的研究综述［J］．辽宁行政学院学报，2016（10）．

③ 迟兴臣．城乡结合部稳定与区域中心城市和谐社会建设问题研究［J］．中共济南市委党校学报，2005（2）．

行并立的运作方式。第六，应运用城乡结合部社区资源，对外来人口的居住、教育、社会治安等方面进行综合管理与服务，并接受行政职能部门的检查监督以及业务指导，以促进城乡结合部社区经济发展与社会稳定。

3. 健全科学民主决策机制

应鼓励城乡结合部民众对决策的参与，建立社情民意的反馈机制，逐步丰富并优化专家咨询、论证制度，完善对决策的跟踪评估及长效分析，健全决策责任的追究制度。一方面，要督促政府信息公开，鼓励民众积极参与。尤其是在与民众切身利益息息相关的城乡结合部拆迁中，应广泛吸收公众参与，从制定城市规划、确定拆迁方案到安置补偿协议每个环节都积极鼓励公众参与，充分给予公众表达意愿与诉求的机会。另一方面，要进一步完善政绩评价体系。要综合经济、民生保障、生态、依法行政等各方面因素，并协调好各部门之间的考核比例关系，对地方政府进行政绩评价，体现人人机会平等、发展成果共享，可持续发展的包容性发展观。

总之，要调和城乡结合部社区不同身份特征的居民之间的矛盾，焦点在于如何从制度上增强治理的包容性。只有通过包容性治理，才能做到治理起点的机会公平、治理过程的和谐共生、治理成果的利益共享①。包容性治理更加全面和公平，能够使城乡结合部社区不同身份特征的居民处在一个良好的社区环境中，让他们公平地参与社会资源的分配、占用与管理，以实现社会各主体的和谐共生，进而从总体上推动城乡结合部的平衡发展，促进社会的和谐稳定②。政府应从经济、社会、环境协调发展的角度，寻求社会管理的制度创新。政府应转变政府职能，创新管理模式，完善基础设施与公共服务，统筹城乡发展，缩小城乡差距，保证城镇化主体享有平等的机会和权利，让所有人共享经济社会发展的成果。

六、就业制度创新

获得报酬合理的、能够维持城市生活的就业岗位，是“准市民”融入城

---

① 余敏江. 从技术型治理到包容性治理——城镇化进程中社会治理创新的逻辑［J］. 理论探讨，2015（1）.

② 王飞飞，彭德远. 城乡结合部社会生态平衡研究文献综述［J］. 云南农业大学学报（社会科学），2017，11（2）.

镇，或人的城镇化的重要条件。但要实现这个条件，就必须进行就业制度创新。创新就业制度是促进城乡结合部"准市民"市民化，保护城镇化进程中弱势群体利益的重要途径，也是保障城乡结合部"准市民"能够参与城镇化发展过程、共享城镇化发展成果，实现个人生存及可持续发展，实现经济社会包容性发展的根本要素。因此，要促进城乡结合部"准市民"市民化，助推城镇化进程，就应创新传统封闭固化的就业制度，建立政府引导的新型劳动就业制度，完善就业服务体系，为农业转移人口提供教育培训的机会，从而优化配置劳动力资源，满足城镇非农产业发展对劳动力的需求，促进城镇化发展。

（一）促进劳动待遇平等化

应深化就业制度的改革，建立市场导向、政府引导的就业机制，加强监督和管理，形成全国统一的劳动力市场，保护农业转移人口的合法权利。政府应当引导城乡结合部"准市民"的角色转换。在思想观念方面，首先要转变被动的观念，提升城乡结合部"准市民"的就业积极性。政府应积极引导"准市民"以乐观向上的态度对待工作及生活，使其摒除旧的观念，增强忧患意识与竞争意识，树立社会主义市场经济就业观①。政策上，加大对"准市民"的扶持力度，从社会层面上营造良好的生活氛围，帮助"准市民"尽快融入到城市生活中。然而，更为重要的是在就业政策方面的创新。

第一，应建立城乡统一的就业标准和行业指导性工资标准，取消针对农业转移人口的各种政策限制与不合理收费，严格执行同工同时、同工同酬，实现同等待遇，反映农业转移人口的劳动力价值，确保劳动力的发展及延续。第二，实行最低工资、工会、工资集体谈判等制度，以确保劳动报酬的增长与劳动生产率的提高同步。对中低收入阶层采取政策倾斜，提高最低工资标准，加大对城乡结合部弱势群体的帮扶与救助，鼓励和引导高收入阶层捐助城市公益。第三，打破阻碍劳动力流动的制度，淡化地域因素及户籍制度因素对就业的影响，使得农业转移人口能够按照自愿、平等、有偿的原则与用人单位建立或解除劳动关系。第四，加强对非正规就业权益的保障。由于农业转移人口自身的素质等原因，大量低素质的农业转移人口无法被正规部门所吸纳。而部分

① 王丽维．新型城镇化失地农民社会保障问题研究——唐山湾生态城为例［D］．成都：西南交通大学，2016：39.

非正规部门对劳动技能要求较低、资金投入较少，因此可以通过提供相应的资金支持，加强对非正规就业权益的保障[①]，完善非正规就业制度。第五，以多种方式拓宽就业渠道，增加就业岗位。一方面，鼓励农业转移人口自主创业，并为其提供小额贷款等创业帮扶方式。通过创业帮扶制度以便更多地吸纳农业转移人口，逐步实现农业转移人口向非农产业转移，从而推动市民化进程。另一方面，通过合理规划，从而加快产业结构调整和地区经济发展，依靠、利用园区建设、郊区城市化等各种生产要素的集聚，发展劳动密集型产业，推动服务业发展，拓宽就业空间[②]。第六，建立健全反就业歧视法律法规，从法律层面帮助不同户籍身份的劳动力享有平等的就业机会、就业过程和就业结果。

（二）完善就业服务体系

建立公益性的农业转移人口职业介绍中介机构，对有创业意愿的农业转移人口给予政策上的激励和支持，完善就业服务体系，是解决农业转移人口就业问题的有效途径。

一方面，应针对城镇化的需要，建立公益性的职业中介机构，畅通用工信息渠道，发展跨区域劳务合作，发挥就业服务机构的主导作用。应加快劳动力市场信息系统建设，加强劳动力市场信息的分析、预测和发布。应围绕企业的需求开展服务，帮助企业了解劳动力市场信息，指导企业合理确定招工条件，并扩大招工范围，缓解劳动力市场的供求矛盾；同时，为全国范围内的农业转移人口流动，提供全面及时的岗位供需信息引导，促进农业转移人口实现充分就业。

另一方面，政府应不断完善财政、金融政策，鼓励并资助有条件并有创业意愿的农业转移人口创业，为其创业发展提供政策上的保证。如因地制宜地制定相应的细则，建立城乡结合部被征地农民就业扶持基金，为自主创业的被征地农民提供低息、无息或贴息贷款，政策性担保支持等，支持被征地农民进行自主创业。

（三）提供有效的就业培训

要改变农业转移人口工作缺乏技术含量、收入低下、不稳定等现状，需要

---

① 朱健．户籍制度改革背景下农业转移人口市民化问题研究［D］．湘潭：湘潭大学，2016：118.

② 马睿，周伟，黄保华．城乡结合部农地非农转换价值感知研究——以西宁市郊区农户调查为例［J］．资源科学，2016，38（12）．

提升农业转移人口的就业能力及收入保障。只有一技傍身，才会增加农业转移人口就业的信心，进而使他们转变就业的观念。

1. 强化政府的作用与职责

一方面，应充分发挥政府在培训中的引导与推动作用。政府应从思想上重视农业转移人口的技能培训问题，在培训资源配置、培训成本补贴、培训权益保障、培训市场监管等方面强化培训的顶层设计，承担更多的职责。政府可以通过税收调节、购买服务等多种方法，鼓励职业院校和培训机构积极开展农业转移人口的职业教育和技能培训，从而降低农业转移人口的培训费用，提高农业转移人口的培训参与度。此外，政府应引导并约束企业重视对员工的技能培训，为农业转移人口提供更为优质的培训，提升农业转移人口的综合技能。

另一方面，应加大对农业转移人口流入地就业培训工作的财政投入和政策支持力度，加大对农业转移人口的教育培训补贴。同时，根据“谁投资、谁受益”的原则，建立并完善政府、用人单位及农业转移人口个人共同分担的经费投入机制，建立“政府投入、社会多方参与、个人合理分担”的多元化经费筹措和保障体系，加强政府对培训经费的监管，提高资金投资及使用效率①。

2. 重视培训的导向

首先，培训要以就业为导向。教育培训机构应按实际需要分级分类设置相关的培训课程，注重实际效果，避免培训内容单一、重复，提高就业培训课程的教学质量。同时，职业培训应该做到对接企业与市场。要政府购买服务，签订用工合同，有计划、有针对性地进行订单式就业培训。当培训完成后，由政府或者其他的合作企业雇佣这部分农业转移人口，这样既能充分调动他们参与培训的积极性，提升其技能水平，也能有效实现农业转移人口的再就业。

其次，培训要以职业技能为导向。应进行分类培训，根据实际情况细致区分，可以先进行调查摸底，按照性别、就业意愿和文化素质的不同，在当地固定合作的职业培训机构或者学校对当地农业转移人口展开有针对性的职业技术教育培训计划。而对于流动性的农业转移人口则应针对其现在所从事的行业不

① 卢小君，张宁．农民工培训现状及对城市定居意愿的影响研究——以大连市调查为例［J］．调研世界，2017（4）．

断提升其技能水平，以提高其就业的竞争力。

再次，培训要注重利用现代网络教学培训手段。培训既要面向现在的市场，同时又要具有对未来产业发展的前瞻意识。可以通过现代远程教育工程的建设和普及，搭建灵活开放的远程教育硬件系统、开发镜像站点等软件系统，实施网络交互式的教学培训工作，扩大影响范围，全面提升城乡结合部区域人口的综合素质，最大限度地开发农村人力资源，促进区域居民增收，提高其生活质量及水平①。

最后，培训要进行严格管理，以保证培训的规范有效。有关部门要强化对培训机构的管理，明确培训规模与重点，完善培训条件。培训有短期价值和长期价值，培训内容、时间与培训质量、鉴定等都要符合、达到政府的有关要求和规定。接受培训属于技术环境下的正式学习，所以培训应该有严格地全过程监管，对培训过程中的违规行为要加大惩处力度，确保其规范性，以防止和避免培训低效或者失效。

---

① 毛哲成. 国家治理视野中城乡结合部问题分析与对策探讨 [J]. 湖北经济学院学报（人文社会科学版），2016，13（11）.

参考文献

［1］中共中央，国务院．关于促进小城镇健康发展若干意见［EB/OL］．［2000－06－13］．http：//www.gov.cn/gongbao/content/2000/content_60314.htm.

［2］中共中央文献研究室．中共中央、国务院关于广开门路，搞活经济，解决城镇就业问题的若干规定［R］．三中全会以来重要文献选编（下）［G］．北京：人民出版社，1982.

［3］中共中央文献研究室．中华人民共和国劳动法［R］．十四大以来重要文献选编（上）［G］．北京：人民出版社，1996.

［4］公安部．城市户口登记管理暂行条例［EB］．中国法律法规大全（CD－ROM）．北京：北京大学出版社，1998.

［5］国务院．国务院关于农民进入集镇落户口问题的通知［EB］．中国法律法规大全（CD－ROM）．北京：北京大学出版社，1998.

［6］中华人民共和国国土资源部．关于加快推进农村集体土地确权登记发证工作的通知［EB/OL］．［2011－05－16］．http：//www.mlr.gov.cn/zwgk/zytz/201105/t20110516_865762.htm.

［7］中共中央办公厅，国务院办公厅．关于完善农村土地所有权承包权经营权分置办法的意见［EB/OL］．［2016－10－30］．http：//www.gov.cn/zhengce/2016－10/30/content_5126200.htm.

［8］国务院．“十三五”推进基本公共服务均等化规划［EB/OL］．［2017－03－01］．http：//news.xinhuanet.com/politics/2017－03/01/c_1120551860.htm.

［9］马克思，恩格斯．马克思恩格斯全集第47卷［M］．北京：人民出版社，1979.

［10］马斯洛．动机与人格［M］．北京：华夏出版社，1987.

［11］吕康娟．大城市与城乡结合部社会经济效益协同耦合研究［M］．北京：经济科学出版社，2012.

［12］简新华，何志扬，黄锟．中国城镇化与特色城镇化道路［M］．济南：山东人民出版社，2010.

［13］郭书田，刘纯彬．失衡的中国——城市化的过去、现在与未来（第一部）［M］．石家庄：河北人民出版社，1991.

［14］［美］赖宾斯坦者，赵凤培译．经济落后与经济成长［M］．台北：台湾银行，1970.

［15］盛洪．分工与交易［M］．上海：上海三联书店、上海人民出版社，1995.

［16］江曼琦．城市空间结构优化的经济分析［M］．北京：人民出版社，2001.

［17］冯云廷．城市聚集经济［M］．大连：东北财经大学出版社，2001.

［18］张国胜．中国农民工市民化：社会成本视角［M］．北京：人民出版社，2008.

［19］《当代中国》丛书编辑部．当代中国的城市建设［M］．北京：中国社会科学院出版社，1990.

［20］［南］斯韦托扎尔·平乔维奇著，蒋琳清译．产权经济学［M］．北京：经济科学出版社，2000.

［21］王小林．结构转型中的农村公共服务与公共财政政策［M］．北京：中国发展出版社，2008.

［22］中国社会科学院研究生院城乡建设经济系．城市经济学［M］．北京：经济科学出版社，1999.

［23］蔡秀玲．论小城镇建设——要素聚集与制度创新［M］．北京：人民出版社，2002.

［24］姜爱华，马静．城乡结合部公共服务供给的财政政策研究［M］．北京：经济科学出版社，2012.

［25］杨晓东．城乡结合部地区一体化发展新思路［M］．北京：中国农业科学技术出版社，2015.

［26］张霁雪．城乡结合部的社会样态与空间实践［M］．北京：中国社会科学出版社，2014.

［27］韩俊，何宇鹏．新型城镇化与农民工市民化［M］．北京：中国工人出版社，2014.

[28] 顾朝林．中国大城市边缘区研究 [M]．北京：科学出版社，1995.

[29] 陈绍军．失地农民和社会保障水平分析与模式重构 [M]．北京：社会科学文献出版社，2010.

[30] 高培勇．构建中国社会保障制度 [M]．北京：中国财政经济出版社，2010.

[31] 姚永玲．北京市城乡结合部管理研究 [M]．北京：中国人民大学出版社，2010.

[32] 范恒山，陶良虎．中国城市化进程 [M]．北京：人民出版社，2009.

[33] 蒋宏杰．广西农民工随迁子女接受义务教育情况调查报告 [R]．北京：中国统计出版社，2014.

[34] 陈映芳．征地与郊区农村的城市化——上海市的调查 [M]．上海：文汇出版社，2003.

[35] 汤敏．包容性增长就是机会平等的增长 [N]．华夏时报，2010-10-16 (29).

[36] 乔九华．进城农民工社会保障问题研究 [N]．周口日报，2007-07-04 (7).

[37] 陈鸿宇．新型城镇化核心要求是人的城镇化 [N]．南方日报，2013-03-25 (F02).

[38] 顾朝林，陈田，丁金宏等．中国大城市边缘区特性研究 [J]．地理学报，1993 (4).

[39] 陈佑启．城乡交错带名辩 [J]．地理学与国土研究，1995，11 (1).

[40] 宋士云．中国职工福利制度的回顾与展望 [J]．理论学刊，2013 (1).

[41] 陶然．户改误区与突破口 [J]．改革内参，2010 (11).

[42] 杨翠迎．中国社会保障制度的城乡差异及统筹改革思路 [J]．浙江大学学报 (人文社会科学版)，2004 (3).

[43] 李军鹏．论中国政府公共服务职能 [J]．国家行政学院学报，2003 (4).

[44] 孙晓莉．公共服务论析 [J]．新视野，2007 (1).

[45] 马建秋，谢宝富．我国城乡结合部公共物品供给问题分析——以北京市城乡结合部为例 [J]．中国软科学，2009 (2).

[46] 任荣荣，张红．城乡结合部界定方法研究 [J]. 城市问题，2008 (4).

[47] 成得礼，谢子平．中国城乡结合部地区失地农民个人转型问题研究——基于北京市、青岛市、成都市和南宁市的入户调查数据 [J]. 华东经济管理，2009 (3).

[48] 陈莹，张安录．农地转用过程中农民的认知与福利变化分析——基于武汉市城乡结合部农户与村级问卷调查 [J]. 中国农村观察，2007 (5).

[49] 杜万松．公共产品、公共服务：关系与差异 [J]. 中共中央党校学报，2011 (6).

[50] 夏光育．论“公共产品”和“公共服务”的区别 [J]. 咸宁学院学报，2009 (5).

[51] 夏光育．论“公共产品”和“公共服务”的并列使用 [J]. 湖北经济学院学报（人文社会科学版），2009 (5).

[52] 周青．农村公共产品和公共服务多元化供给机制创新研究 [J]. 中共福建省委党校学报，2012 (11).

[53] 顾昕．中国城乡公立医疗保险的基金结余水平研究 [J]. 中国社会科学院研究生院学报，2010 (5).

[54] 陈蔚，卢宏．江苏省新农合与城镇居民医保存在的问题比较及对策建议 [J]. 社会保障研究，2010 (6).

[55] 刘琦．浅析新农合与城镇居民医保的并轨问题 [J]. 巢湖学院学报，2014 (2).

[56] 李国庆．论新农合与城镇居民医保一体化的制度前提 [J]. 河南教育学院学报（哲学社会科学版），2015 (2).

[57] 杜志雄，肖卫东，詹琳．包容性增长理论的脉络、要义与政策内涵 [J]. 社会科学管理与评论，2010 (4).

[58] 梅伟霞．从“排斥”到“包容”——中国经济增长方式转变之路探析 [J]. 宏观经济研究，2011 (3).

[59] 葛笑如．“包容性增长”的正义品质 [J]. 求实，2011 (8).

[60] 姜广举．“十二五”规划中“包容性增长”概念探析 [J]. 南华大学学报，2011，12 (4).

[61] 刘燕妮，任保平，高鹏．包容性增长中人的全面发展的评价 [J].

中国人口·资源与环境，2012，22（8）.

［62］高传胜．论包容性发展的理论内核［J］．南京大学学报，2012（1）.

［63］张明斗，王雅莉．中国新型城市化道路的包容性发展研究［J］．城市发展研究，2012，19（10）.

［64］朱云平．包容性发展的三重蕴义［J］．太原理工大学学报（社会科学版），2013，31（1）.

［65］张艳明，章旭健，马永俊．城市边缘区村庄城镇化发展模式研究——以江浙经济发达地区为例［J］．浙江师范大学学报，2009，32（3）.

［66］张华东，吕军利．马克思的"包容性发展"思想及其当代意义［J］．西北农林科技大学学报，2012，12（4）.

［67］何丰，高礼霞，葛俊．城市包容性发展的制度重构［J］．南京理工大学学报，2012，25（5）.

［68］李仁质．包容性增长理念的提出及其内涵的发展［J］．中央社会主义学院学报，2012（2）.

［69］蔡银莺，王亚运，朱兰兰．城市边缘区农户耕地利用功能对土地转出的影响——武汉、成都、苏州1022户农民的典型实证［J］．自然资源学报，2016，31（10）.

［70］徐晓勇，韩增林，王利．大城市边缘区城镇化区位特征和发展阶段研究［J］．辽宁师范大学学报，2017，40（1）.

［71］刘玉．城乡结合部混和经济形态与驱动要素分析——以北京市海淀区为例［J］．城市规划，2012，36（10）.

［72］田方林．试析包容性增长的思想内涵与科学发展观的关系［J］．毛泽东思想研究，2012，29（4）.

［73］史红亮，张正华．城市边缘区土地置换对农民财产性收入的影响分析［J］．经济问题，2013（12）.

［74］周晓焱，东波，王威．包容性增长与我国发展型社会福利政策构建论析［J］．广东工业大学学报，2013，13（1）.

［75］朱旭靓，邱小云．"包容性发展"内涵的维度解析［J］．重庆工商大学学报，2013，30（2）.

［76］顾欣．我国城市边缘区农地非农化的驱动机制分析及风险预测［J］．经济问题探索，2014（12）.

［77］周家明．包容性发展：从“半城市化”走向“城市化”［J］．淮阴工学院学报，2012，21（4）．

［78］李国敏，卢珂，易荣湘．城市包容性发展下的农民工住房权益保障［J］．中国人口·资源与环境，2013（23）．

［79］阙晓萌．从马斯洛需要层次论看信息需要［J］．情报杂志，2006（5）．

［80］姚顺良．论马克思关于人的需要的理论——兼论马克思同弗洛伊德和马斯洛的关系［J］．东南学术，2008（2）．

［81］徐平川．论中国三元经济结构下农业剩余劳动力的转移［J］．昆明理工大学学报（社科版），2001（4）．

［82］岳澎，黄解宇．从“二元结构”到“三元结构”——中国“农民工”的户籍演变路径及其解决方案［J］．农业现代化研究，2008，29（2）．

［83］李明月，胡竹枝．失地农民内涵与数量估算——以广东省为例［J］．中国人口科学，2012（4）．

［84］褚福灵．我国城乡医疗保险现状分析［J］．中国医疗保险，2011（12）．

［85］胡文静．安徽省新型城镇化的瓶颈：农民工市民化影响因素［J］．经济研究导刊，2013（2）．

［86］翟年祥，项光勤．城市化进程中失地农民就业的制约因素及其政策支持［J］．中国行政管理，2012（2）．

［87］邵国平，许慧霞，夏凤．失地农民子女教育现状调查及对策——以浙江省金华市秋滨街道为例［J］．浙江师范大学学报，2005，30（5）．

［88］宋艳林．三元结构与中国乡村城市化模式选择［J］．攀登，2002，21（1）．

［89］陈汉平，张莎．进城农民工失业保障问题初探［J］．消费导刊，2006（11）．

［90］李英东．农民工城市住房的困境及解决途径［J］．西北农林科技大学学报，2016，16（2）．

［91］陈广桂．房价、农民市民化成本和我国的城市化［J］．中国农村经济，2004（3）．

［92］钱忠好，肖屹，曲福田．农民土地产权认知、土地征用意愿与征地

制度改革——基于江西省鹰潭市的实证研究［J］. 中国农村经济，2007（1）.

［93］郑功成. 中国社会福利改革与发展战略——从照顾弱者到普惠全民［J］. 中国人民大学学报，2011（2）.

［94］张淑英. 农民工资收入与受教育程度关系研究［J］. 科技与经济，2009，22（5）.

［95］陈君武. 城镇化推进中包容性发展的制度创新［J］. 文史博览（理论），2011（3）.

［96］刘恩民. 失地农民子女教育问题探析［J］. 教育与职业，2007（24）.

［97］崔向华. 市民化与土地脱钩——北京城乡结合部新型城镇化问题思考［J］. 国际城市规划，2014，29（4）.

［98］贾凯. 新型城镇化背景下城乡结合部社会治理问题研究［J］. 理论导刊，2014（3）.

［99］高畅，赵永艳. 城镇化进程中城乡结合部生态环境治理路径探析［J］. 河北青年管理干部学院学报，2016（6）.

［100］马树颜. 新型城镇化进程中维护城乡结合部社会稳定问题研究［J］. 山东行政学院学报，2016，151（6）.

［101］周江评. “空间不匹配”与城市弱势群体就业问题：美国相关研究及其对中国的启示［J］. 现代城市研究，2004（9）.

［102］罗峰. “过渡性市民化空间”的理论分析与现实思考［J］. 学习与实践，2015（12）.

［103］桂勇. 城市“社区”是否可能？——关于农村邻里空间与城市邻里空间的比较分析［J］. 贵州师范大学学报（社会科学版），2005（5）.

［104］郭星华，杨杰丽. 城市民工群体的自愿性隔离［J］. 江苏行政学院学报，2005（1）.

［105］张世勇. 新生代农民工逆城市化流动：转变的发生［J］. 南京农业大学学报（社会科学版），2014（1）.

［106］田毅鹏，齐苗苗. 城乡结合部非定居性移民的“社区感”与“故乡情结”［J］. 天津社会科学，2013（2）.

［107］田毅鹏，齐苗苗. 城郊“村落单位化”的社会管理功能及其限度［J］. 社会科学，2014（1）.

[108] 权衡．包容性城镇化是城乡协调发展的实践形式 [J]. 文理博览（理论），2016 (5).

[109] 余敏江．从技术型治理到包容性治理——城镇化进程中社会治理创新的逻辑 [J]. 理论探讨，2015 (1).

[110] 王潇．新型城镇化背景下基于包容性发展视域的农村社会管理创新全景模型的构建 [J]. 西北人口，2016，37 (4).

[111] 石泉．城镇化发展中的包容性就业探讨 [J]. 人民论坛，2016 (7).

[112] 廖富洲，张月赢．以包容性增长理念促进城镇化健康发展 [J]. 黄河科技大学学报，2011，13 (4).

[113] 陈甬军．中国城市化发展实践的若干理论和政策问题 [J]. 经济学动态，2010 (51).

[114] 符永鑫，邢苏颖．城市包容性发展与中国新型城镇化关系的文献综述 [J]. 商，2012 (8).

[115] 王新建，唐灵魁．包容性上多给力——我国城镇化建设现状和理念蒙太奇 [J]. 理论探讨，2011 (3).

[116] 仝志辉．征地留地制度改革与包容性城镇化 [J]. 农村·农业·农民，2013 (8).

[117] 张明斗．农民工市民化：新型城镇化包容性发展的一个政策思路 [J]. 农业经济，2015 (11).

[118] 黄彧，罗鹏庭，卢祥宇．基于包容性视角的小镇发展道路探索——以浙江龙港镇为例 [J]. 重庆科技学院学报（社会科学版），2017 (3).

[119] 熊莉．高质量的城镇化必须突出其包容性 [J]. 新经济，2014 (6).

[120] 刘玉，冯健．城乡结合部农业地域功能实现程度及变化趋势——以北京为例 [J]. 地理研究，2017，36 (4).

[121] 许经勇．解读新型城镇化的内涵 [J]. 北方经济，2014 (5).

[122] 田静．新型城镇化评价指标体系构建 [J]. 四川建筑，2012 (4).

[123] 张占斌．新型城镇化的战略意义和改革难题 [J]. 国家行政学院学报，2013，48 (1).

[124] 解安，朱慧勇．新型城镇化：内涵式城镇化发展之路［J］．中国党政干部论坛，2013（12）．

[125] 薛坤坤，李晓姣．新型城镇化的制度资本理论研究［J］．四川理工学院学报（社会科学版），2013（5）．

[126] 田利军，宋殿青．包容性增长视域下的新型城镇化道路探索［J］．中国集体经济，2013（7）．

[127] 周金城，王家合．城镇化进程中推进包容性增长的路径选择［J］．商业时代，2012（19）．

[128] 周阳敏．包容性城镇化、回归式产业转移与区域空间结构优化——以河南省固始县为例［J］．城市发展研究，2013，20（11）．

[129] 陈丽华，张卫国．中国新型城镇化包容性发展的路径选择——基于城镇化的国际经验比较与启示［J］．世界农业，2015（8）．

[130] 王雅莉，刘洋，齐听等．城市包容性发展与我国新型城市化道路［J］．城市，2012（7）．

[131] 何景熙．包容性发展：中国城市化的导向选择——基于社会系统化原理的解析［J］．社会科学，2011（11）．

[132] 关国才，佟光霁．新型城镇化的包容性体系构建及实现路径［J］．学术交流，2015（12）．

[133] 李迎成，赵虎．理性包容：新型城镇化背景下中国城市规划价值取向的再探讨［J］．城市发展研究，2013（8）．

[134] 宋娟．由城镇化实现包容性增长的路径选择［J］．农业经济，2013（10）．

[135] 陆传英，高兴武．国内城乡结合部问题与对策的研究综述［J］．辽宁行政学院学报，2016（10）．

[136] 李云雀．城市化背景下制约新生代农民工融入城市的影响因素分析——以成都市为例［J］．临沂大学学报，2016，13（6）．

[137] 田毅鹏，张帆．城乡结合部“村落终结”体制性影响因素新探［J］．社会科学战线，2016（10）．

[138] 毛哲成．国家治理视野中城乡结合部问题分析与对策探讨［J］．湖北经济学院学报（人文社会科学版），2016，13（11）．

[139] 田贞浩，史艳梅．我国城乡结合部土地利用问题及对策探讨［J］．

北方经贸，2016（6）.

［140］王娟．城乡结合部失地农民社会融合的意愿分析［J］．中共天津市委党校学报，2017（1）.

［141］左世元．城镇化进程中失地农民养老保障研究——以河北省石家庄市为例［J］．河北社会主义学院学报，2013（1）.

［142］尚教蔚．城乡统筹背景下的农民工住房保障问题研究——基于公共租赁住房制度［J］．城市，2016（11）.

［143］唐凯娥，魏炼红，李忠云．农民工进城就业保障制度创新研究［J］．重庆工商大学学报（西部论坛），2008（1）.

［144］王春光．新生代农民工城市融入进程及问题的社会学分析［J］．青年探索，2010（3）.

［145］曾幼亮．我国户籍制度二元路径改革——破解农民工市民化的制度性障碍［J］．学理论，2015（1）.

［146］张燕，王欢．土地信托——农地流转制度改革新探索［J］．西北农林科技大学学报：社会科学版，2015（2）.

［147］张佳伟．“三权分置”背景下农地流转风险防范问题研究［J］．改革与开放，2017（11）.

［148］马睿，周伟，黄保华．城乡结合部农地非农转换价值感知研究——以西宁市郊区农户调查为例［J］．资源科学，2016，38（12）.

［149］刘伟，吴志江，徐云涌等．新型城镇化背景下“农转居”的影响因素分析及公共政策［J］．长春工程学院学报（社会科学版），2016，17（4）.

［150］陈春，于立，吴娇．“人的城镇化”需解决农民工融入城市的制约因素：重庆农民工调研分析的启示［J］．城市发展研究，2016（7）.

［151］徐美银．农业转移人口市民化进程中的农村土地制度创新［J］．华南农业大学学报（社会科学版），2015，14（4）.

［152］罗春香，杨君，何欢等．城乡结合部生态时空演变及其驱动力因素分析［J］．农村经济与科技，2016，27（1）.

［153］赵聚军．保障房空间布局失衡与中国大城市居住隔离现象的萌发［J］．中国行政管理，2014（7）.

［154］商爱玲，彭雪容．政府在农业转移人口居住中的角色重建［J］．中

共福建省委党校学报，2016 (5).

[155] 徐道稳. 生存境遇、心理压力与生活满意度——来自深圳富士康员工的调查 [J]. 中国人口科学，2010 (4).

[156] 张莹莹. 新生代农民工住房保障“PPP”模式研究 [J]. 劳动保障世界，2017 (17).

[157] 冉淑青. 县域城镇化的包容性增长分析 [J]. 西部资源，2011 (4).

[158] 迟兴臣. 城乡结合部稳定与区域中心城市和谐社会建设问题研究 [J]. 中共济南市委党校学报，2005 (2).

[159] 王飞飞，彭德远. 城乡结合部社会生态平衡研究文献综述 [J]. 云南农业大学学报 (社会科学)，2017，11 (2).

[160] 卢小君，张宁. 农民工培训现状及对城市定居意愿的影响研究——以大连市调查为例 [J]. 调研世界，2017 (4).

[161] 徐琴. 我国城乡基本公共服务差异及其效应研究 [D]. 武汉：武汉大学，2012.

[162] 闫越. 我国公共服务供给的体制机制问题研究 [D]. 长春：吉林大学，2008.

[163] 孙彦鹏. 城乡结合部基本公共服务均等化问题与对策研究 [D]. 长春：吉林大学，2015.

[164] 卢树斌. 城乡结合部外来务工人员子女教育问题研究 [D]. 苏州：苏州大学，2009.

[165] 孙守相. 城乡结合部失地农民权益保障问题研究——以济宁市为例 [D]. 泰安：山东农业大学，2007.

[166] 廖秀峰. 我国农民工就业的制度保障研究 [D]. 湘潭：湘潭大学，2009.

[167] 龚茂文. 成都市失地农民社会保障问题研究——以成华区龙潭街道为例 [D]. 雅安：四川农业大学，2013.

[168] 王彩平. 甘肃省城乡结合部失地农民安置与权益保障的长效机制研究 [D]. 兰州：甘肃农业大学，2010.

[169] 郭丹丹. 健全农民工住房保障制度相关问题研究 [D]. 长春：东北师范大学，2014.

[170] 刘丽君. 城镇居民医保与新农合制度并轨研究 [D]. 郑州: 郑州大学, 2013.

[171] 杜凌坤. 中国社会保障制度的城乡差异及统筹改革 [D]. 厦门: 厦门大学, 2009.

[172] 王敏. 城镇居民医保与新农合医疗保险制度并轨研究 [D]. 保定: 河北大学, 2015.

[173] 张晓慧. 我国农村社会养老保险制度发展状况及对策研究 [D]. 长春: 东北师范大学, 2009.

[174] 张勃. 对农民工工伤保险问题的分析 [D]. 广州: 暨南大学, 2007.

[175] 蒋丽娟. 从需求角度看人的全面发展 [D]. 上海: 东华大学, 2012.

[176] 方喜. 人的城镇化——基于经济学"人的发展"视角的城镇化理论与实践 [D]. 成都: 西南财经大学, 2014.

[177] 郭强. 失地农民养老保险问题研究 [D]. 济南: 山东师范大学, 2011.

[178] 刘琳娜. 科学发展中的包容性增长研究 [D]. 武汉: 华中师范大学, 2013.

[179] 霍飞. 城镇化进程中泊头市城乡结合部土地利用研究 [D]. 西安: 长安大学, 2015.

[180] 王磊. 包容性发展视角下海南城镇化发展路径探究 [D]. 海口: 海南大学, 2014.

[181] 朱健. 户籍制度改革背景下农业转移人口市民化问题研究 [D]. 湘潭: 湘潭大学, 2016.

[182] 云磊. 中国城市化进程中城乡结合部土地利用问题研究——以大连市甘井子区为例 [D]. 大连: 东北财经大学, 2015.

[183] 王玉林. 我国城乡结合部中青代被征地农民养老保障问题研究 [D]. 济南: 山东大学, 2016.

[184] 常艳祺. 包容性发展理念下的我国新型城镇化道路研究 [D]. 天津: 天津师范大学, 2007.

[185] 肖芝兰. 我国新生代农民工城市融入的困境及对策研究 [D]. 南

昌：江西财经大学，2015.

[186] 王丽维．新型城镇化失地农民社会保障问题研究——唐山湾生态城为例［D］．成都：西南交通大学，2016：39.

[187] 王炜，王治尹．“我想城里安个家”［N］．人民日报，2011－10－27（017）.

[188] 陆晓华．我市医保参保人数近900万［N］．苏州日报，2016－09－17（A01－A02）.

[189] 史耀疆，马跃，易红梅，刘承芳，张林秀．中国农村中学辍学调查［J］．中国改革，2016，（2）.

[190] 新华网．教育部：国家专项计划今年招收贫困地区学生6.3万［EB/OL］．［2017－04－16］．http：//news.xinhuanet.com/politics/2017－04/16/c_1120817204.htm.

[191] 经济体制综合改革司．胡锦涛在第五届亚太经合组织人力资源开发部长级会议上发表题为《深化交流合作实现包容性增长》的致辞［EB/OL］．［2010－10－10］．http：//tgs.ndrc.gov.cn/gg1QC/t201 01011_374582.htm.

[192] 薛澜．城镇化核心是保证人的城镇化［EB/OL］．［2013－3－23］．http：//news.xinhuanet.com/house/2013－03/23/c_124495148.htm.

[193] 新华网．住建部谈农民工居住条件：通过公租房等形式改善［EB/OL］．［2015－02－28］．http：//news.xinhuanet.com/politics/2015－02/28/c_127528311.htm.

[194] 中华人民共和国国家统计局．2014年全国农民工监测调查报告［R/OL］．［2015－04－29］．http：//www.stats.gov.c；n/tjsj/zxfb.

[195] 中华人民共和国国家统计局．2016年全国农民工监测调查报告［R/OL］．［2017－04－28］．http：//www.stats.gov.cn/tjsj/zxfb/201704/t20170428_1489334.html.

[196] 17号线1月开建 成都地铁征集PPP合作伙伴［EB/OL］．［2017－08－05］．http：//www.sc.gov.cn/10462/12771/2016/12/10/10407109.shtml.

[197] 田祎萌，刘广平，陈立文．保障性住房项目PPP模式识别与选择研究［J］．管理现代化，2016，（6）.

[198] 杨慧，郑潇蓉，周熙．新型城镇化下城乡结合部地区“缝合规划”探讨——以银川丰登镇为例［C］．海口：2014年中国城市规划年会，2015.

[199] RobinJ. Pryor. Defining the Rural – Urban Fringe [J]. Social Forces, 1968, 47 (2).

[200] Carter H, Wheatlay S. Fixation Lines and Fringe Belts, Land Uses and Social Areas: 19 – Century Change in the Small Town [J]. Transaction of the Institute of British Geographers, 1979, 4 (2).

[201] Roemer, J. Econmic Development as Opportunity Equalization [R]. Yale University, New Haven: Cowles Foundation for Research in Economics Discussion Paper, 2006.

[202] Tan K C. China's small town urbanization program: Criticism and adaptation [J]. PubMed, 1993, 29 (2).

[203] Moomaw R L, Shatter A M. Urbanization and Economic Development: A Bias toward Large Cities [J]. Journal of Urban Economics, 1996, 4 (1).

[204] Kain J F. Housing Segregation, Negro Employment, and Metropolitan Decentralization [J]. Quarterly Journal of Economics, 1968 (82).

[205] Kain J F. The Spatial Mismatch Hypothesis: Three Decades Later [J]. Housing Policy Debate, 1992, 3 (2).

后　记

本书是教育部人文社会科学研究基金项目——中国城镇化进程中城乡结合部“准市民”包容性发展研究的最终成果。城乡结合部是城市化进程的必然产物，而城乡结合部“准市民”的聚集则是我国城镇化进程中的特殊产物。本书以城乡结合部“准市民”的包容性发展为研究重点，从人的包容性发展角度剖析“准市民”与市民经济福利差异以及制度缺失，探讨推进城乡结合部“准市民”包容性发展的制度建构与创新，力求为推进“准市民”的市民化提供一定的政策建议与决策参考。囿于我们的视野和水平，书中难免存在不足，敬请专家与读者批评指正。

本书在撰写与出版过程中，受到福建师范大学经济学院院长黄茂兴教授的关心与支持。云南大学的邓春宁博士、福建师范大学经济学院的阮小雪、王明蕾等同学为本书的资料收集与整理做了大量的前期工作，在此一并对他们表示感谢。

本书由三位作者共同完成，具体分工如下：全书由蔡秀玲进行框架设计和总纂定稿，其中第一章、第二章由蔡秀玲撰写；第三章、第四章由严思屏撰写；第五章和第六章由柳杨撰写。本书在写作过程中参考和吸收了大量国内外相关研究成果，在此向专家学者们表示衷心的感谢！

蔡秀玲

2017 年 7 月